MONOGRAPHIE

DE LA

VILLE D'AX

(AX-LES-BAINS — ARIÈGE)

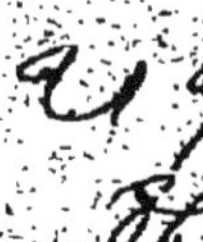

PAR

M. Hte MARCAILHOU-D'AYMERIC

PHARMACIEN DE PREMIÈRE CLASSE

Lauréat de l'École de médecine et de pharmacie de Rennes
(2e prix, médaille d'argent, concours de 1875)
(1er prix, médaille d'argent, concours de 1876)
Lauréat de l'École supérieure de pharmacie de Montpellier
(1er prix, médaille d'or, concours de 1878)
Ex-préparateur de chimie et de pharmacie
Membre de la Société de pharmacie du Sud-Ouest; membre correspondant
de la Société d'histoire naturelle de Toulouse, de la Société d'hydrologie
médicale de Paris, etc., etc.

TOULOUSE

IMPRIMERIE VIALELLE ET Ce, RUE TRIPIÈRE

1886

MONOGRAPHIE

DE

LA VILLE D'AX

(Ax-les-Bains — Ariège)

MONOGRAPHIE

DE LA

VILLE D'AX

(AX-LES-BAINS — ARIÈGE)

PAR

M. Hte MARCAILHOU-D'AYMERIC

PHARMACIEN DE PREMIÈRE CLASSE

Lauréat de l'École de médecine et de pharmacie de Rennes
(2e prix, médaille d'argent, concours de 1875)
(1er prix, médaille d'argent, concours de 1876)
Lauréat de l'École supérieure de pharmacie de Montpellier
(1er prix, médaille d'or, concours de 1878)
Ex-préparateur de chimie et de pharmacie
Membre de la Société de pharmacie du Sud-Ouest; membre correspondant
de la Société d'histoire naturelle de Toulouse, de la Société d'hydrologie
médicale de Paris, etc., etc.

TOULOUSE

IMPRIMERIE VIALELLE ET Ce, RUE TRIPIÈRE

1886

PRÉFACE

AUX HABITANTS D'AX

Le passé de notre ville natale a été peu étudié jusqu'à ce jour. Pour ne pas laisser dans un plus long oubli de précieux souvenirs, nous venons, modeste ouvrier, combler cette lacune et apporter notre pierre à l'édifice des traditions locales.

A cet effet, nous avons consacré nos loisirs à la recherche des documents épars, au dépouillement des anciennes archives de notre ville, afin d'attirer l'attention sur une contrée dont l'histoire, si peu connue, offre cependant un grand intérêt.

Les titres authentiques de la ville d'Ax, dont le plus ancien remonte à l'année 1241 et la première collection à 1587, ont été l'objet d'un tra-

vail complet d'organisation de la part de M. Boileau, ancien secrétaire de la mairie ; ce dernier a eu l'heureuse pensée de reconstituer les archives, de colliger des titres épars qui auraient été perdus pour l'historien, et qui forment un des plus curieux et des plus importants dépôts historiques du pays de Foix.

C'est un devoir pour nous d'exprimer nos remerciements aux personnes qui ont bien voulu nous honorer de leurs bienveillants conseils.

Qu'il nous soit donc permis d'adresser nos sentiments de sincère gratitude à M. l'abbé Authié, chanoine honoraire, lauréat de la Société archéologique du Midi ; *au savant historien ariégeois, M. Ad. Garrigou, cet aimable causeur, doué d'une activité sans égale, malgré son grand âge ; à M. Ad. d'Assier, écrivain profond, philologue érudit, auquel la* Revue des Deux-Mondes *a souvent ouvert ses colonnes ; à M. Boileau, notre premier maître et l'ami constant de notre famille ; à M. Pasquier enfin, l'archiviste si distingué de notre département.*

Puisse ce livre recevoir les suffrages de nos compatriotes et nous serons suffisamment récompensé.

Ax, le 1er mars 1886.

MONOGRAPHIE DE LA VILLE D'AX

(AX-LES-BAINS — ARIÈGE)

CHAPITRE PREMIER

Origine probable de la ville d'Ax.

L'origine de la ville d'Ax est fort obscure et se perd dans la nuit des temps. Les recherches à faire pour percer ce chaos sont fort difficiles ; il paraît cependant très probable qu'à raison de ses eaux thermales, Ax a dû être connu dès une haute antiquité.

Les historiens ne sont pas d'accord sur les noms des premiers peuples qui, vingt siècles environ avant notre ère, ont dû habiter la vallée supérieure de l'Ariège ; les uns croient qu'ils étaient *Basques* (Euskes) et autochtones ; d'autres, *Ibères* et immigrants.

La discussion de cette diversité d'origine nous obligerait de sortir du cadre imposé ; d'ailleurs des auteurs plus compétents ont longuement disserté et écrit sur ce point ; ils ont exhumé de l'oubli une foule de faits historiques du plus grand intérêt (1).

Nous dirons cependant que certaines expressions patoises se rapportant principalement à la vie agricole et pastorale semblent indiquer l'origine basque dans notre pays.

Dans « *les Vallées ariégeoises avant l'invasion romaine.* » M. Ad. Garrigou, le vénérable doyen des érudits ariégeois, donne un tableau où le mot patois est en regard du mot basque ; cette liste doit être réduite d'un certain nombre de mots dont l'origine *euske* n'est pas bien constatée, mais on peut l'agrandir de mots nouveaux, car la question est loin d'être épuisée (2).

Il est possible que les marées humaines, amenées par les grandes invasions celtiques, aient introduit chez ces peuples primitifs quelques éléments étrangers, mais les contrées sauvages qu'ils habitaient dûrent peu tenter les nouveaux arrivants, et il est vraisemblable qu'ils ont vécu très clairsemés dans nos montagnes, tourmentés par les fréquentes visites des bêtes fauves (ours, loups, renards, sangliers, aurochs...).

Pays de pâturages, population flottante, et,

(1) Voir Amédée Thierry, *Histoire des Gaulois.* — *Histoire générale de Languedoc*, par dom Devic et dom Vaissette. — *Géographie de la Gaule romaine*, par E. Desjardins. — H. Martin, *Histoire de France.* — Ad. Garrigou, *Etudes historiques sur le pays de Foix et le Couserans*, 1846. — *Ibères et Ibérie* (1884), etc.....

(2) Voir Ad. d'Assier, *Souvenir des Pyrénées.*

par suite, presque insaisissable pour l'historien, tribus vivant de la chasse, de la pêche et de l'élevage des troupeaux, tel a dû être le partage de notre contrée à l'époque nomade.

Ces tribus, essentiellement pastorales, étaient limitées de telle sorte, dans notre vallée, qu'elles trouvaient, sans sortir de leurs enclaves, tout ce qui était nécessaire à leur existence ; les restes de ces mœurs rustiques sont encore conservés dans une partie des villages du canton d'Ax.

Les Romains ne paraissent pas avoir attaché une aussi grande importance stratégique à la vallée de l'Ariège qu'aux vallées de la Garonne et du Salat, où ils fortifièrent Saint-Bertrand-de-Comminges (*Lugdunum Convenarum*), capitale des *Convenæ*, et Saint-Lizier (*Austria*), capitale des *Consorani*.

D'après M. Ad. Garrigou, ces conquérants sont venus dans la vallée de l'Ariège vers l'an 58 avant J.-C.

Les communications directes avec le centre de l'Espagne étaient, en effet, plus faciles par les cols de Salau (Ariège) et de Peyra-Blanca ou de Béret (val d'Aran) que par celui de Puymaurens (limite de l'Ariège et des Pyrénées-Orientales) qui relie particulièrement Toulouse et Foix à l'Espagne orientale ; cela nous explique l'absence à Ax de monuments romains, tandis qu'ils abondent, au contraire, à Saint-Bertrand-de-Comminges, à Luchon et à Saint-Lizier.

De ce que les géographes romains ne mentionnent point le nom de certaines localités, il faut bien se garder d'en conclure à leur non existence. On peut difficilement admettre que la vallée de l'Ariège, conduisant par des routes praticables dans le nord-est de l'Espagne, n'ait pas eu quelque *oppidum* important pour défendre le pays contre une invasion, mais dont les vestiges ont disparu sous la dent aiguë du temps, et par cette mystérieuse loi de la nature qui condamne les pierres remuées par la main de l'homme à être recouvertes de terre ou de mousse gazonnée.

Les Visigoths, une fois maîtres du pays Toulousain *(pagus Tolosanus)*, sont venus dans la vallée de l'Ariège au commencement du cinquième siècle après J.-C., mais ils n'y laissèrent point des traces durables de leur séjour. Sous leur domination, saint Udaut avait confessé, dans notre vallée, la foi évangélique et reçu pour récompense la palme immortelle du martyre (1).

Si notre ville eût été une place importante à l'arrivée des Sarrasins, ceux-ci en eussent fait le siège, comme ils le firent pour Saint-Lizier (736) et la tradition en aurait conservé le souvenir ; tout porte à croire que les Maures ou Sarrasins n'attachèrent qu'une importance se-

(1) Voir *Histoire de saint Udaut*, par M. l'abbé Authié, chanoine.

condaire à la vallée de l'Ariége, mais ils dûrent y élever diverses fortifications, notamment à Foix (1), à Tarascon (2) et à Ax (3), afin de dominer ces places et de se réserver surtout un refuge en cas de déroute. Llivia (4) (ce non-sens géographique appartenant aujourd'hui à l'Espagne) était alors une de leurs villes importantes. C'est même aux environs de cette ville que le chef berbère Abu-Neza, dont le nom a été transformé par les chroniqueurs chrétiens en celui de Munuz, fut tué par Ghedi-ben-Zecan, lieutenant du redoutable Ab-del-Rhaman, à cause de son alliance avec la chrétienne Lampégia, fille d'Eudes, duc d'Aquitaine (5).

Ax existait donc vraisemblablement avant le huitième siècle, mais était peu important.

Le château Maü devait être une place redoutable par sa situation, commandant l'entrée de la haute vallée de l'Ariège et le lieu d'Ax, c'est-à-dire le confluent de cette rivière avec celles de l'Auze et de l'Oriège.

Ce fort avait une réelle importance stratégique pour défendre la route d'Espagne ; les vestiges qui restent encore debout paraissent dater, en

(1) Château de Mont-Maü.

(2) Tour de Maü-Négro ; château de Roquemaure, disparu au douzième siècle.

(3) Château Maü.

(4) Enclavée, depuis le 12 novembre 1660 (traité de Llivia), dans la Cerdagne française.

(5) *Histoire générale de l'Eglise*, par l'abbé Darras, tome XVII, chapitre Ier.

partie, du quatorzième siècle ; c'est une question que nous développerons plus loin.

La ville d'Ax (c'est ainsi qu'elle est séculairement nommée) appartient aujourd'hui au département de l'Ariège et à l'arrondissement de Foix, où elle est chef-lieu de canton. Etablie dans une pittoresque vallée des contreforts pyrénéens, elle a été le théâtre d'évènements nombreux, d'occupations successives, d'invasions et de luttes ; elle doit avoir eu des fortunes très variées sous les dominations changeantes qui ont, tour à tour, présidé à ses destinées.

CHAPITRE II

Faits historiques, d'après les documents et chartes concernant la ville d'Ax jusqu'à la fin du seizième siècle.

Avant l'ère chrétienne, la légende et le mythe règnent en souverains dans notre contrée ; les textes des historiens sont d'une rareté désespérante. Un mystère, que la linguistique, la numismatique et l'archéologie peuvent seules dissiper, enveloppe les évènements dont le pays de Foix a été le théâtre durant la domination romaine et même sous les Visigoths et les Sarrasins.

A dater du neuvième siècle, des chartes, des monuments authentiques mettent en lumière des faits jusque-là environnés de nuages ; cependant la rareté des titres du neuvième au dixième siècles rend encore difficile la tâche de l'historien durant ce laps de temps, et c'est seulement au onzième siècle que commence, pour le pays de Foix et pour notre vallée en particulier, l'époque réellement historique.

Des noms latins que l'on trouve dans les anciennes chartes sont la transcription en cette langue des noms basques et celtiques.

Ainsi le mot Ax ou Acqs (en roman), connu à la période celtique sous le nom de *Aie, Ain, Aix*, et signifiant *eau*, devint *Aquæ, Aquas, Aquis*, suivant l'orthographe des scribes et le sens des textes. C'était, sans aucun doute, une allusion aux eaux thermales qui jaillissent du sol, de temps immémorial.

Tous les ouvrages de science où il est question de notre contrée ont été compulsés, soigneusement examinés par nous, et les titres, mis par ordre de date, formeront les bases de notre histoire locale. Nous énumérons les plus importants.

En 817, le pays de Foix, comme l'attestent les actes du concile d'Aix-la-Chapelle, faisait partie du *Toulousain*, que l'on distingue expressément de la Septimanie et de l'Aquitaine (1).

(1) *Hist. génér. de Languedoc*, liv. 9, p. 8 à 88.

Vers 960, Hugues, évêque de Toulouse, donna le lieu de Mérens, voisin d'Ax, à un certain *Godalric*, dont le nom dénote l'origine gothique. Ce fait prouve évidemment que le pays, en amont d'Ax jusqu'aux sources de l'Ariège, le *Savartés*, appartenait au diocèse de Toulouse (1).

En octobre 994, une charte fort importante pour notre ville relate qu'Arnaud, fils de Garsinde, donne à l'abbaye de Lagrasse (2), la ville d'Ax (Aquis), en Toulousain, *in pago Tolosano*, avec les églises Saint-Vincent, Saint-Jean et l'alleu de Tignac, ne se réservant que deux maisons ; il donne en outre d'autres alleux (3), notamment la moitié de Mérens *medietatem de Merengos*, y compris la moitié de son église de Saint-Pierre et la moitié de l'alleu de Gobernic (4), l'alleu de Vaychis, *Vexis* ; celui d'Ignaux, *Aninus* ; celui de Sorgeat, *Burco* ; celui d'Ascou, *Ausa* ; celui des Bazerques, *Beceras* ; ceux d'Orgeix et d'Orlu, *Urdexio* et *Urla*.

(1) *Hist. génér. de Languedoc*, t. 2, p. 92 et 106, édit. Paya.

(2) Abbaye de Lagrasse, à 32 kil. de Carcassonne et à 43 kil. de Narbonne, fondée au huitième siècle. Les bâtiments de ce monastère, reconstruits ou réparés à diverses époques, sont encore en assez bon état et recouvrent une étendue considérable de terrains. L'église de l'abbaye renferme des tableaux de l'Espagnolet, représentant les *Sacrements*.

(3) Terre exempte de toute redevance seigneuriale.

(4) Probablement Godalric, par erreur du scribe ; les chartes latines n'écrivent pas toujours également les noms d'origine gothique.

Le donataire s'en était en outre réservé la jouissance, et la naissance d'un enfant légitime en révoquait la donation ; mais dans le cas où l'abbaye de Sainte-Marie de Lagrasse ne pourrait l'utiliser, Arnaud avait stipulé qu'elle profitât à l'abbaye de Saint-Michel de Cuxa (1) (*Sancti Michaelis a Cuxano*). Le même acte signale l'intervention de Bernard, comte d'Oliba, et de ses frères qui offrirent en don à l'abbaye de Lagrasse mille sous (*solidos mille*) pour le repos de l'âme d'Arnaud et de ses parents (2).

Arnaud avait déjà légué à Eudes, son frère puîné, la viguerie du *Sabartés*, puisque celui-ci la céda à son tour, en 1002, à Roger, et ce dernier en laissa la *baillie* en gouvernement à sa femme Adelaïx, et, par un partage testamentaire, la possession définitive à son second fils Bernard (3).

En 1034, Bernard céda à son fils cadet Roger, qui fut le premier comte de Foix, les châteaux

(1) Abbaye de Saint-Michel de Cuxa, située à 3 kil. de Prades (Pyr.-Or.), dans le vallon de la Taurinya, fondée en 878 par des moines du couvent de l'*Exalada*, près d'Olette. Plusieurs grands personnages vinrent y terminer leur vie, entr'autres un doge de Venise, Pietro Orsealo, qui suivit l'abbé Garin dans cette solitude et y mourut en 987.

(2) Collection Doat, vol. 66, folio 155, charte rapportée dans le cartulaire du diocèse de Carcassonne, par M. Mahul, t. II, p. 227. Mentionnée dans l'*Hist. du Lang.* édit. Privat, t. V, p. 1651.

(3) *Inventaire de Boulbonne*, folio 265.

de Foix, de Castelpenent, Roquemaure et Lordat, qu'il possédait dans la *viguerie Sabartésienne* ou *Sabartés* (1).

L'acte de délimitation du comté de Foix, un des plus anciens monuments de la langue romane, est daté de 1034; le dialecte roman y est mélangé au latin (2).

En 1047, une transaction, qui eut lieu entre Bernard, vicomte de Serdaigne (Cerdagne), et son suzerain le comte Raymond, proclama que *Mérens* avait de tout temps fait partie du *Toulousain*, qui arrivait par conséquent aux frontières d'Espagne (3).

Cet acte démontre suffisamment que notre pays, contrairement aux assertions de certains auteurs, ne fit jamais partie des comtés de *Comminges* et de *Couserans*.

On ignore l'époque exacte à laquelle les droits d'Arnaud, fils de Garsinde, relatés dans la charte de 994, passèrent dans la famille de Foix.

Roger Ier, que l'on considère comme le chef des comtes de Foix, étant mort sans enfants, son frère Pierre hérita de son comté et le transmit à son fils aîné qui porta le nom de Roger II.

Obsédé par les prières de l'évêque de Toulouse,

(1) *Hist. gén. de Languedoc*, t. II, p. 165, édit. Paya. On écrit indifféremment *Sabartés* ou *Savartés*.

(2) Note de M. Pasquier archiviste.

(3) *Hist. gén. de Languedoc*, édit. Paya, t. II, p. 186, et notes 22, 23, preuves, 586.

ce dernier donna, le 25 janvier 1074, à l'abbaye de Cluny le château de Lordat et quelques autres alleux situés dans la vallée de Sabartés. Deux ans après, les mêmes donateurs lui remirent la belle église qu'ils venaient de faire construire auprès d'une de leurs forteresses (1).

C'était l'église d'Unac, protégée par un château (2).

1118. — Le pape Gélase II, par une bulle datée de Maguelonne, confirma la donation faite dans le temps à l'abbaye de Lagrasse, par l'empereur Charles le Chauve, des églises de Saint-Pierre de Mérens, de Saint-Pierre de Prades, de Saint-Pierre de Sorgeat et d'autres (3).

Nous ne devons pas oublier que déjà la moitié de l'alleu de Mérens avait été donnée à l'abbaye de Lagrasse par Arnaud, comme le relate la charte de 994.

1202. — Raymond Roger, comte de Foix, maria son fils Roger-Bernard à Ermessinde, fille unique d'Arnaud, vicomte de Castelbou et de Cerdagne, et assigna à sa belle-fille pour douaire le Lordadais avec tout le pays qui s'étendait jusqu'aux Pyrénées et confins de ses Etats avec l'Espagne (4).

(1) Mabillon, v. 78, *ad annum* 1074, 102, *ad annum* 1076.
(2) *Hist. du pays de Foix*, par André de Ravenac ; manuscrit publié par M. Ad. Garrigou, dans ses *Etudes historiques sur le pays de Foix et Couserans*, p. 238.
(3) *Hist. génér. de Languedoc*, tome II, preuves, 405.
(4) Id. t. III, page 115 ; de Marca, *Hist. du Béarn*, p. 72.

1212. — Le pays de Foix était le théâtre d'une lutte sanglante occasionnée par l'hérésie des Albigeois et par les guerres intestines que fomentait le farouche et ambitieux chevalier Simon de Montfort.

L'autorité comtale dut faire de grandes concessions à la bourgeoisie des villes au sein desquelles s'étaient conservées des traditions de liberté. Le lieu d'Ax n'était pas aux premiers temps du moyen-âge un lieu inféodé à une famille seigneuriale, quoiqu'il fût de la mouvance des comtes de Foix. Cette circonstance nous explique le silence des chartes antérieures au treizième siècle. Aussi, lorsque les comtes, pressés par les gueres intestines, voulurent trouver un appui, force leur fut d'octroyer aux villes des privilèges qui ont peu à peu miné l'autorité comtale d'abord, et qui, plus tard, de proche en proche se transformant en droits civiques, servirent à briser les ressorts du pouvoir dynastique, né du droit du plus fort (1).

1241. — Le 4 juin de cette année, Roger IV, dit Rotfer, avait succédé à Roger-Bernard, son père, décédé le 30 mai 1241.

Pénétré de reconnaissance pour les services que son aïeul avait reçus de ses fidèles sujets durant la guerre des Albigeois et celle qu'il soutint

(1) Ad. Garrigou. *Études hist. sur l'ancien pays de Foix*, tome I.

avec insuccès contre le roi d'Aragon, ce comte, dans une charte conservée aux archives d'Ax et citée en 1839 dans un rapport de M. Cros (1), octroya à notre ville ses plus anciens privilèges.

Voici les principales dispositions de cette pièce :

1° Roger Rotfer veut que pour le présent et l'avenir les habitants d'Ax et leurs biens soient libres de tout *cens* et service envers qui que ce soit ;

2° Il leur concède à perpétuité le droit de prendre du bois, de jouir des eaux et des dépaissances qui leur sont nécessaires ;

3° Le seigneur d'Ax s'engage à ne point changer le terrain du marché et de la promenade ;

4° Interdiction est faite à tout étranger de vendre ou de faire étalage sur ces terrains ;

5° Engagement de la part du seigneur de fournir à perpétuité la cire qui pourra s'employer dans la célébration de la fête de la sainte Vierge, au mois d'août ;

6° Droit à chaque habitant, s'il lui est fait du mal sans motif, de s'assurer du malfaiteur jusqu'à ce qu'on lui ait donné réparation, l'intervention du bailli n'étant pas nécessaire dans ce cas.

7° Le seigneur défend d'inquiéter en aucune

(1) Chargé par le ministre de l'instruction publique de faire un rapport historique sur les archives d'Ax.

manière les habitants dans leur personne et dans leurs biens ; il leur assure la protection de son bras et de sa justice, comme il compte aussi sur leur empressement à le suivre, en cas de guerre (1).

Nous trouvons, en outre, dans le dénombrement de 1672 (2), un diplôme qui ajoute encore quelques privilèges à ceux précédemment énumérés.

Le même comte Roger IV accorde aux habitants de la *nouvelle ville* d'Ax la faculté de ne pouvoir être déshérités, ni réduits à l'intestat ; d'user pour leurs besoins, non seulement des eaux, bois et dépaissances dépendant du consulat d'Ax, et encore du consulat de Mérens ; de tenir un marché le mercredi de chaque semaine ; de prohiber à tout étranger la vente en détail des marchandises ; d'avoir deux foires, l'une à Sainte-Croix de mai, l'autre à Sainte-Croix de septembre, avec toute liberté des personnes et franchise des marchandises, quinze jours avant et quinze jours après la foire ; d'être exempts du droit de *leude* et de *péage* dans le consulat ; de n'être tenus envers le seigneur qu'*à une journée* de chevauchée à pied ou à cheval (3) ; d'exercer

(1) Archives d'Ax. Charte traduite par M. Cros et insérée dans le registre des *Souvenirs historiques de la ville d'Ax*.

(2) Collection des titres et privilèges. Archives d'Ax.

(3) Il y a évidemment erreur ; il faut lire un *mois* (le service féodal était ordinairement de 40 jours).

la justice haute, moyenne et basse, par toute la juridiction du consulat, soit au civil, soit au criminel, de nommer des greffiers, de régler la jouissance des pâturages.

Aux consuls et habitants d'Ax furent encore accordés les privilèges : de n'acquitter le service de l'affouage que de sept ans en sept ans, à raison de sept sols par feu, le feu devant être déterminé sur la valeur de cent livres ; d'imposer un droit d'*aide* ou *ajude* (taxe) au profit de la communauté et de l'augmenter, le diminuer ou l'ôter à volonté ; l'exemption de la coupe du blé et du droit de gabelle (1) ; enfin le pouvoir et la liberté de construire des fours dans leurs maisons pour cuire le pain, de posséder des poids et mesures et une boucherie (2).

Cette nouvelle charte, rapportée également par Doat (3), est remarquable en ce que les privilèges concédés par le comte Roger sont octroyés à la *nouvelle ville d'Ax* ; nous sommes donc porté à croire que la ville venait d'être rebâtie et qu'un incendie, allumé peut-être par la malveillance des hérétiques albigeois, avait détruit l'ancienne cité.

(1) Droit sur le sel ; il remonte à Philippe le Bel. Le roi en avait le monopole comme aujourd'hui l'Etat a celui des tabacs.

(2) Dénombrement de 1672. Archives d'Ax.

(3) Collection des manuscrits, vol. 170. Archives nationales.

1243. — Une autre charte, datée de 1243, nous apprend que le comte de Foix donna à Loup, son oncle paternel, et à ses descendants le lieu d'*Ax* et toutes ses appartenances, à la condition expresse qu'il ne pourrait aliéner ledit fief (1); quelque temps après, il inféoda à ce même Loup le village d'*Ascou*, à la charge de l'hommage que ce dernier rendrait au comte (2).

1245. – Roger donna à Guillaume Bar et à sa postérité, au même titre d'inféodation qu'à son oncle Loup, la baillie de tout le pays compris entre la rivière d'Estampes (3) et le port de Puymaurens, avec tous les droits appartenant à ladite baillie ou viguerie, y compris les moulins d'Ax et de Mérens (4).

1260. — Ce même comte jeta, le 13 octobre 1260, les fondations d'une léproserie, à la prière de saint Louis, roi de France. Ce bassin, alimenté par les eaux chaudes et sulfureuses, porta le nom de bassin des *ladres* ou des *lépreux*.

L'historien moderne Cros, déjà cité par nous au sujet de la charte de 1241, ne donne pas, dans son *Mémoire sur les archives historiques de la ville d'Ax*, la source où il a puisé ce renseigne-

(1) Collection des manuscrits, vol. 170, et *Histoire générale de Languedoc*, édition Paya, tome III, preuves, 428.

(2) *Inventaire de Boulbonne*, folio 101.

(3) Cours d'eau descendant du col de Marmare dans la vallée de Caussou.

(4) *Inventaire de Boulbonne*, folio 56.

ment ; le fait peut être exact, mais il y a erreur manifeste sur le nom du comte de Foix ; car, en 1260, le comte n'était pas Roger Bernard, mais bien Roger Rotfer.

La plupart des historiens n'ont pas été d'accord sur la date de la mort de Roger IV, dit Rotfer. Arnaud Squerrer, Laperrière, Bertrand Elie, le font mourir en 1245 ; ils sont dans une grave erreur, comme l'ont démontré les *historiens de Languedoc* (dom Devic et dom Vaissette) (1) ; d'après leurs recherches minutieuses, le comte serait mort en 1265 (24 février), à l'abbaye de Boulbonne.

1261. — Le comte de Foix ordonna aux baillis et consuls d'Ax de sévir contre toute personne accusée d'hérésie (2).

1272. — Son fils Roger Bernard III obtint de Philippe le Hardi l'investiture de toute la partie méridionale du comté de Foix (3).

Dans l'enquête faite, le 7 juillet de cette même année, par les sénéchaux de Foix, Carcassonne et Toulouse, pour connaître les limites du haut pays de Foix, nous trouvons les villages du consulat d'Ax avec les noms et l'orthographe suivante : *Villa d'Ax, Ynhaus, Vayssis, Tinhaco,*

(1) *Histoire générale de Languedoc*, première édition, in-folio, vol. 3, note XXIII, page 571.

(2) *Histoire générale de Languedoc*, édition Paya, tome III, page 551 ; preuves, et *Inventaire de Boulb.*, page 142.

(3) *Histoire générale de Languedoc*, tome IV, page 9.

Perlis, Savinhao, Pradis, Montalyone, Ascone, Soriacho, Orluno et Orgeis, Mérens et *l'espital de Sancto-Suzanno* (1).

1292. — A cette même époque, notre ville faisait un commerce assez important de fer et de laine. Adam Aubervillier, sergent du roi dans la vallée d'Ax, ayant défendu de transporter le fer fabriqué dans le pays au delà de la frontière, le bailli d'Ax, nommé Asnard, en appela au roi (2).

Ce même bailli, avait défendu, l'année précédente, les immunités du pays, au nombre desquelles était la liberté de transport des laines et autres marchandises, contre les officiers du Carcassès qui la contestaient (3). Néanmoins, le bailli précédemment nommé se trouva quelquefois en désaccord avec nos consuls, puisque nous voyons ces derniers faire appel au roi, de l'ordonnance dudit Asnard, qui avait interdit l'usage de toute autre monnaie que la monnaie française, avec l'autorisation du comte de Foix (4).

Cette antagonisme entre l'autorité du roi et celle du comte n'est pas un des faits les moins curieux à étudier dans l'histoire de cette époque

(1) L'Hospitalet. — Voir *Histoire générale de Languedoc*, tome IV, preuves, 49.

(2) *Inventaire de Boulb.*, folio 77.

(3) Id., folio 77.

(4) Id., folio 79.

étrange. Tandis qu'il se révélait de la sorte dans les actes de simple administration, les communes, de leur côté, luttaient contre ces deux puissances féodales en faveur de leurs libertés.

Nous voyons, en effet, les consuls d'Ax s'opposer, le 19 mars de cette même année 1292, de concert avec les consuls et syndics des autres localités de Foix, Tarascon, Molandier, le Fossat, Mazères, au dénombrement des feux du comté (1). Ils refusèrent de se rendre aux ordres du sénéchal, sous le prétexte que le pays ne devait au roi ni le service militaire, ni aucun subside de guerre.

Cette résistance n'aboutissait pas toujours au gré des communes, et l'autorité centrale finit par triompher ; ainsi, sous le règne du comte Gaston Ier, les seigneurs du pays lui rendirent hommage en 1301, pour les terres de leur mouvance ; au nombre de ces seigneurs figure le chevalier Izarn, qui fait don « de ce qu'il tenait encore à la *vieille ville* d'Ax » (2).

1309. — Au moment où l'hérésie albigeoise expirante était aux abois, le célèbre inquisiteur Bernard Gui avait fait appel à tous les catholiques du Midi pour rechercher les hérétiques.

Dans une remarquable *Histoire de l'Inquisi-*

(1) *Inventaire de Boulb.*, folio 146.
(2) Id., folio 254.

tion toulousaine (1) (1307-1322), nous relevons les sentences suivantes :

1° Livraison au bras séculier de Jean Amiel, de Perles, hérétique obstiné, qui s'est soumis dans sa prison à la terrible coutume de l'*endura*, c'est-à-dire le suicide amené par l'abstinence complète (2).

2° Condamnation à mort de Pierre-Guillaume de Prunet, hérétique et relaps, disciple ardent de Pierre Authié, d'Ax, qui fut un des derniers chefs de l'albigisme au commencement du quatorzième siècle ; ce dernier, activement recherché, finit par tomber entre les mains des inquisiteurs et fut condamné à mort (3).

3° Sentence rendue contre les hérétiques défunts, au nombre desquels figure Raymond Rocat, de Montaillou, qui fut toujours impénitent (4) (p. 79, 2me partie).

4° Dispense de porter la croix sur leur vêtement en signe de pénitence, accordée à divers hérétiques, y dénommés, d'Ax et des villages de Prades d'Ascou, de Vaychis, de Tignac, ayant abjuré leurs erreurs devant le seigneur Saisset, évêque de Pamiers (5).

(1) *Historia Inquisitionis Tolosanæ*, Philippe Limborch. — Amsterdam, 1692.

(2) P. 36, 2me partie, idem.

(3) *Pratica*, 1a pars, folio 3, A, idem.

(4) P. 79, 2me partie. — *Historia Inquisitions Tolosanæ*, de Limberch.

(5) P. 294, 2me partie, idem.

1313. — Le comte Gaston Ier, pour satisfaire les goûts somptueux de sa seconde femme, Jeanne d'Artois, avait épuisé toutes ses ressources pécuniaires ; il avait déjà aliéné, en 1313, en faveur de Raymond Izalguier, de Toulouse, pour trois années, les rentes et revenus des baillies d'Ax, Mérens et autres (1).

Ce délai expiré, le 21 décembre 1316, les mêmes revenus, y compris la gabelle d'Ax, furent donnés en garantie du prêt fait à son fils, agissant au nom de Jeanne, sa mère, depuis la mort du comte (1315), par le roi et la Compagnie Pérusienne de Florence (2).

1330. — Le 16 mars, le comte de Foix céda à Raymond Pagés, marchand d'Ax, pour 400 livres les droits qu'il prélevait sur le pas d'Ax en Sabartés (3).

L'année suivante, Gaston II, voulant faire le voyage de Terre-Sainte, donna en bail à Pierre Elie, marchand à Foix, « les *leudes* de Foix, *Mérens*, Château-Verdun, le bladatge et le forestage des baillies de Foix et d'*Ax* (4). »

Comme on peut en juger, des impôts onéreux pesaient sur les communautés.

1335. — L'inquisition, à la recherche des héréti-

(1) *Inventaire de Boulb.*, folio 118. Les revenus consistaient en 180 livres pour Ax et 220 livres pour Mérens.

(2) Id., folio 143.

(3) Id., folio 120.

(4) Id., folio 258.

ques, continuait le cours de ses perquisitions sur les terres du comte de Foix ; les frères dominicains poursuivaient même les athéistes avec la dernière rigueur ; ils firent condamner à une prison perpétuelle, *aux Allemands*, près de Pamiers, Raymond de Masiana, d'Ax, prévenu d'avoir dit : « que le monde était éternel, et qu'il n'y avait pour l'homme, après la mort, ni récompense, ni punition » (1).

Au milieu du mouvement qui emportait la société féodale, au quatorzième siècle, vers des destinées imprévues, le règne de Gaston Phœbus, comte de Foix, fut une bonne fortune pour la vallée d'Ax.

1344. — Ce comte confirma les privilèges de notre ville (2) ; il confirma ensuite à Eléonore de Comminges, sa mère, femme d'un rare mérite, la donation à elle faite par son père en usufruit seulement des lieux et terres d'Ax, de Mérens, d'Andorre et autres (3) ; enfin, il fit procéder, deux ans après, au dénombrement des terres d'Ax (4), dont la possession était devenue fort problématique. Ce dénombrement eut pour résultat, le 20 août 1358, l'exemption de *la leude* dans toute la contrée (5).

(1) *Inventaire de Boulbonne*, folio 144 ; et Archives de Pau, série E, page 109, n° 391 du registre in-4°.

(2) *Mémoire de M. Cros*, déjà cité.

(3) *Inventaire de Boulbonne*, folio 155.

(4) Id., folio 254.

(5) Archives d'Ax. — Registre des souvenirs historiques.

1381, 22 janvier. — Ce prince très libéral autorisa même la communauté d'Ax, qui n'avait eu jusque-là que deux consuls, à en nommer quatre ; il confirma, à cette occasion, tous les privilèges antérieurement concédés (1), et par lettres datées de Pau, le 8 août 1385, il exempta les habitants d'Ax de la *leude* de la ville de Foix.

1386. — Aussi, lorsque l'abbé de Foix voulut exiger des habitants d'Ax un droit de péage sur le pont de Foix, une sentence intervint et débouta l'abbé de sa demande (2). Le 15 septembre, le même comte, par lettres données à Orthez, ordonna que l'abbé de Foix ne prendrait que le quinzième sur la partie de la *leude* lui revenant dans la ville de Foix.

1390. — Un dénombrement du comté de Foix fut dressé par ordre de Gaston Phœbus ; les villages du canton d'Ax y figurent avec l'orthographe suivante : Ax, Ignaus, Tignac, Peylas, Savignan, Méreux, Suriac, Orlu, Vigeys, Montaliu, Pradis (3).

1391. — Le 17 août, le comte Mathias et la comtesse Géralde, sa mère, confirmèrent aux habitants d'Ax les privilèges antérieurs (4).

(1) Archives d'Ax.

(2) Idem.

(3) Archives de Pau. — Série E, registre 414, in-4°, 90 feuillets.

(4) Archives d'Ax. — Voir pièces justificatives, n° 1.

1416. — Cette année eut lieu un acte de réformation pour la ville d'Ax (1).

1437. — On fit le relevé des registres des divers notaires concernant les rentes des biens-fonds des environs d'Ax (2).

1444. — Le roi de France ordonna au sénéchal de Toulouse et à ses officiers, près le sénéchal du comté de Foix, de percevoir le droit de *rêvé* au *pas d'Ax* pour les marchandises entrant dans le royaume (3). Cette prétention donna lieu à un long litige.

1445. — Le 3 juillet, les consuls et habitants d'Ax obtinrent de Gaston IV de jouir des mêmes franchises que celles concédées à la ville de Foix.

1451. — Le 25 juin, les habitants d'Ax remirent aux mains de M. Lescun, envoyé du roi, durant la guerre contre les Anglais, les clefs de leur château (4).

1456. — Le pas d'Ax fut vendu par le comte de Foix, représenté par Géraud de Maromer, abbé de Saint-Lobar, à Pierre Fournié, habitant d'Ax, pour le prix de 2,000 écus d'or (5).

1472, 18 octobre. — La princesse de Vienne, Madeleine, tutrice de François Phœbus, comte de Foix, son fils, fit des concessions à Raymond

(1) *Inventaire de Boulbonne*, folio 200.
(2) Id., folio 254.
(3) Id., folio 102.
(4) Id., folio 33.
(5) Id., folio 172.

Sans, notaire de la Bastide-de-Sérou, pour obtenir de lui l'acte de réformation de son domaine dans les *châtellenies d'Ax*, *Mérens*, *Lordat* et autres (1).

1473, 30 juillet. — On dressa une copie du *leudaire* pour l'entrée du pas d'Ax dans le royaume d'Aragon (2).

1476. — Jean et Paul Gary exerçaient quelques droits seigneuriaux sur la ville d'Ax et ses alentours (3).

1499, 7 décembre. — Jean et Catherine, roi et reine de Navarre, comte et comtesse de Foix, confirmèrent, au château de Pau, les privilèges de notre ville (4).

1500, 1er avril. — Le comte précédemment nommé accorda par privilège aux consuls d'Ax le droit d'administrer la police et la justice, comme par le passé, et celui de porter robes et chaperons comme les autres villes du comté de Foix (5).

1557. — Les commissaires réformateurs établirent leurs sièges et tinrent leurs audiences à Ax (6).

1559, 27 avril. - Les consuls firent un recen-

(1) *Inventaire de Boulbonne*, page 37.
(2) Id., folio 38.
(3) Id., folio 170.
(4) Archives d'Ax. — Dénombrement de 1672.
(5) Idem.
(6) *Inventaire de Boulbonne*, page 300.

sement général de la population et des biens communaux (1). Le 6 mai suivant, on inféoda un pré du bailli, près de l'église Saint-Vincent, *hors des murs* de la ville, à Olive Seguin, marchand d'Ax (2).

Le 12 octobre de cette même année, le sieur Rignac, greffier des domaines du comté de Foix, remit aux consuls un cartulaire format in-4°, ayant pour intitulé ces mots : *In nomine nostri Jesus Christi, Amen.*

En ce livre et cayer (sic) sont les extraits des titres, privilèges et tous autres droits concédés aux consuls, manants et habitants de la ville d'Ax, au comté de Foix.

Ce cartulaire de 82 pages était formé de la réunion de six pièces, énumérées dans le registre des *souvenirs historiques de la ville d'Ax* ; Elles sont conformes aux titres relatés précédemment, et contiennent, en outre, un titre du 26 mars 1333, concernant nos privilèges sur la fixation des salaires des notaires, juges, châtelains et sergents.

Le procès-verbal d'expédition a été signé par toutes les parties à la dernière page du cartulaire (3).

Un acte d'inféodation fut passé, le 31 octobre,

(1) *Inventaire de Boulbonne*, folio 300.
(2) Id., folio 300.
(3) Archives d'Ax.

en faveur de Jacques Caussonnel, de *la tour del Moulina* (1), près la portanelle des murs d'Ax, sous la censive de deux deniers et dix sols d'entrée au comte de Foix (2).

Dans le cours de cette même année, un procès s'éleva entre Jean de Monguillon, prêtre de la ville d'Ax, soutenu par ses neveux (les frères Gary), et le syndic de ladite ville, touchant la *leude d'Engarri*, qui est l'entière *leude* qui se percevait à Ax et Mérens, à l'exception de celle que l'on percevait le mercredi, jour de marché (3).

On fit droit à la requête du sieur Monguillon, prêtre, et l'on défendit à toute personne de dépasser les limites du consulat sans avoir, au préalable, acquitté les droits de *leude*.

Nous reproduisons *in extenso*, à la fin de l'ouvrage, ce curieux document qui donnera une idée des mœurs, coutumes et commerce de l'époque (4).

1560. — Le 6 juin, les habitants d'Orgeix, dans un acte retenu par le greffier Rignac, reconnurent pour leur seigneur le sieur Raynaud Munier, marchand d'Ax (5).

(1) *Inventaire de Boulbonne*, p. 299.
(2) *Inventaire de Boulbonne*, page 299. Les vestiges de cette tour existent encore à l'angle des maisons situées au confluent des rivières d'Auze et de l'Ariège.
(3) *Inventaire de Boulbonne*, folio 299.
(4) Voir pièces justificatives, n° 2.
(5) *Inventaire de Boulbonne*, folio 309.

1567, 25 mars. — François Périer, notaire royal d'Ax, devint feudataire du moulin à blé dans cette ville, à la charge de la moitié de la mouture en faveur du comte de Foix (1).

1575, 14 mai. — L'eau chaude de la fontaine d'Ax fut inféodée à Arnaud Bonnel pour l'usage d'un *moulin battant* (2), qu'il voulait faire reconstruire audit lieu, sous la censive de six deniers (3).

1577, 12 novembre. — Le comte de Foix inféoda un moulin à farine, au lieu des Bazerques, terroir de Surgins (4), en faveur de Bernard Méric d'Ax, qui venait de plaider contre les habitants des Bazerques, prétendus copropriétaires dudit moulin ; une transaction termina le différend et maintint les Bazerquans dans leurs anciens privilèges (5).

Ici se termine la série des actes, la plupart contenus dans le précieux recueil intitulé : *Cartulaire des archives du pays de Foix pour l'abbaye de Boulbonne* », qui se trouvent à la bibliothèque publique de Toulouse (salle des manuscrits), mais ne constituent en réalité qu'un *inventaire* assez complet des actes de l'abbaye de Boulbonne.

(1) *Inventaire de Boulbonne*, folio 300.
(2) Foulerie.
(3) *Inventaire de Boulbonne*, folio 300.
(4) Probablement *Sarginié*.
(5) *Inventaire de Boulbonne*, folio 301.

M. Ad. Garrigou, qui en a pris une copie en 1845, a eu l'obligeance de la mettre récemment à notre disposition. Nous y avons relevé 68 actes relatifs au consulat d'Ax, mais nous n'avons cité que les plus essentiels.

Ce cartulaire-manuscrit, rédigé par les moines de l'ancienne abbaye de Boulbonne, se compose de 323 pages in-folio, relatant les principaux événements de 842 à 1680 ; il contient environ 3,500 actes sur le pays de Foix.

CHAPITRE III

Topographie. — Fortifications. — Ax ancien et moderne.

Un terrible incendie, arrivé le 14 mai 1586, dévora la majeure partie des archives publiques de la ville d'Ax (voir chapitre XV, § 3) ; à partir de cette époque, le zèle de nos consuls à conserver dans les registres communaux de précieux souvenirs nous permettra de suivre pas à pas l'histoire de notre cité.

En adaptant ces fidèles documents à ceux déjà énumérés dans le précédent chapitre, nous aurons pu reconstituer le passé de notre pays.

Le berceau de notre population était situé près de l'église paroissiale Saint-Vincent, en un lieu appelé encore de nos jours *Ville-Vieille*. L'ancienne cité occupait la rive droite de la rivière d'Ause(1), et cet emplacement, réclamé peut-être par l'exposition méridionale et la rigueur du climat, ne la mettait guère à l'abri des incursions et des ravages des ennemis ; les maisons s'élevaient sur des assises formées de pierres roulées (comme on a pu s'en convaincre, pour les fondations de l'église paroissiale, lors de la récente édification de la chapelle de Saint-Udaut). C'étaient de modestes constructions en torchis(2) et pans de bois (vulgairement *massaca*), en rapport avec la simplicité, les besoins et la fortune des habitants.

Une preuve indéniable de l'existence de l'ancienne ville à l'endroit ci-dessus désigné, se trouve dans l'*acte de reconnaissance* fait par les consuls et habitants d'Ax au roi Henri le Grand (sic), devant M. J. de Regerte, docteur en droit, conservateur et réformateur général des domaines et patrimoines, en son comté de Foix (3).

Au folio 39 de ladite reconnaissance, on lit :

« Au surplus, les dénombrants ont dit qu'il est mis par privilège et faict notoire que jadis et de

(1) Plus tard appelée la Lauze(*Laouso*), torrent descendant du col de Paillères, sur un lit schisteux.

(2) Mortier composé de terre grasse et de paille hachée.

(3) Archives d'Ax. Registre de 649 pages, commencé en 1554 et fini en 1560.

longtemps la présente ville d'Ax solait (1) estre bastie à un lieu près de ceste cy qui est à présent, lequel lieu est appelé vulgairement et proprement *Ville-Vieille*, à cause comme la ville était illec (2) assise; qu'elle fut ruinée par feu et par après, aucune personne n'y voulait venir peupler ladite ville, de tant que le pays est sauvage.

« Le comte, qui voulait donner occasion au monde d'y venir habiter, par son privilège et pleine puissance, accorda permission de bastir et réédifier la ville à l'endroit qui serait advisé, déclarant toutes maisons qui seraient édifiées dans ladite ville, quant à leur part directe qui appartient audit seigneur et comte, nobles, franches, quittes, immunes et exemptes de tous fiefs foriscapy (3) et autres droits seigneuriaux, excepté les maisons qui seraient joignantes et appuyées au mur de ladite ville, sur chacune desquelles ledit seigneur se retenait et se réservait un denier tolza de fief, ce qui fait trois deniers tolzas de fief mort, c'est-à-dire sans foriscapy, et ainsi est escript et couché au livre terrier de ladite ville appelée ville *franque*, livre contenant les droits appartenant audit seigneur et dame.... »

(1 et 2) Termes empruntés à la basse latinité.

(3) Avancement des constructions sur les rues (*foris capere*, prendre en dehors).

Ce document vient confirmer l'opinion que nous avons émise dans le chapitre précédent ; nous avons dit, en effet, d'après la charte rapportée par Doat, que les privilèges concédés par le comte Roger s'appliquent à la *nouvelle ville* ; dès lors, la destruction de l'ancienne ville par un incendie n'est plus douteuse. Il ne resta sur la rive droite de l'Auze, à partir de la seconde moitié du treizième siècle, que l'église Saint-Vincent, la chapelle Saint-Jean, les moulins banaux et quelques rares maisons.

Cette assertion est confirmée par les deux titres suivants :

1° Une délimitation du comté de Foix, faite en 1243 par ordre de saint Louis, et dont l'acte est conservé aux archives de Pau (1), mentionne des droits seigneuriaux à Ax et à Mérens et ajoute en termes très précis *que la ville vieille de ce lieu était abandonnée* (2).

2° Le 17 mars 1301, une charte relate l'hommage fait à Gaston de Foix, par Izarn, chevalier coseigneur du pays, de ce qu'il tenait encore à la *vieille ville* d'Ax et *autres lieux* (3).

Un autre incendie, arrivé vers 1355, et men-

(1) Série E, registre 292, in-folio, 334 pages.

(2) Il est probable que l'ancienne ville était murée ; mais il est difficile d'en avoir la certitude, le sol ayant été bouleversé et les pierres enlevées pour servir à la reconstruction de la nouvelle ville, surtout après le terrible incendie de 1355, relaté plus loin.

(3) *Invent. de Boulbonne*, folio 254.

tionné plus tard dans une supplique adressée au comte de Foix par les habitants d'Ax (1), anéantit la nouvelle cité assise, depuis 1240 environ, sur la presqu'île formée par les torrents de l'Auze, de l'Oriège et de l'Ariège qui la défendaient naturellement contre les incursions des bandes errantes.

La générosité et les largesses de Gaston Phœbus, qui confirma nos privilèges et en accorda de nouveaux (voir chapitre II), permirent à la nouvelle ville de se relever de ses ruines et de s'entourer, vers 1358 (2), de fortifications, afin d'opposer une sérieuse résistance aux routiers, la plupart anglais et gascons. Divisés en petites bandes soumises à des chefs particuliers, ils se réunissaient au moment du danger.

Ils avaient parcouru le Languedoc, mais on les avait momentanément repoussés au-delà dès Pyrénées, cet immense rideau jeté entre la France et l'Espagne.

A ce moment notre contrée était fort bouleversée. — En 1366, Gaston Phœbus s'opposait d'abord au passage de douze cents mercenaires déjà en route pour rejoindre le prince de Galles qui se trouvait aux environs de Montauban ; il leur permit ensuite de passer sur les terres de

(1) Archives d'Ax.

(2) Les fortifications de Pamiers furent élevées à la même époque.

son comté, à la condition que ces bandits respecteraient ses vassaux et leurs propriétés. Ils tinrent parole, mais dès qu'ils eurent quitté le pays, ils se divisèrent en trois corps et ravagèrent le Toulousain (1).

Décrivons maintenant l'aspect de la ville dans le cours du dix-septième siècle. (Voir le plan.)

Tours et portes de la ville. — Une muraille, flanquée de distance en distance de huit tours principales (2) et de quelques tourelles sur les courtines en forme de culs-de-lampe, enceignait la ville, qui comptait six portes : celles du Couzillou, du Breil, de la Boucairie (ou du Bain), du Coustou (ou de Brancade), d'Encaralbou (ou d'Espagne) et d'Encastel.

Chaque porte était surmontée d'une tour de défense, à l'exception de celle de la Boucairie, protégée par deux tours très élevées, situées à gauche et à droite, et à peu de distance d'elle : 1° la tour *Courounade* (3) servant de prison royale, et 2° la tour *Mourettou* (4), située au milieu de la rue de Brancade (aujourd'hui close).

(1) *Histoire générale de Languedoc*, édit. Paya, tome VII, page 251. — Cenac-Montaut, *Histoire des peuples et des Etats pyrénéens*, tome III, p. 422.

(2) Ces tours étaient carrées, et mesuraient en moyenne 5 mèt. de largeur sur 10 mèt. de hauteur ; elles étaient couvertes d'une toiture.

(3) Maison actuelle de M. Sierre (Jean-Baptiste), limonadier.

(4) Maison actuelle de M. Souquet (Toussaint).

AX AU XVIIème SIÈCLE

LÉGENDE EXPLICATIVE

A
1. Porte et Tour du Couzillou
1bis. Tour antérieure -id-
2. Tour de l'Auze
3. Porte et Tour du Breil
4. Tour Courounade
5. Porte de la Boucairie
6. Tour Mourettou
7. Porte et Tour du Coustou
8. Porte et Tour d'Encaralbou
9. Porte et Tour d'Encastel
10. Porte et Tour du bout du Breil
11. Porte et Tour del Bourdeillas
v.x.y.z. Tours de guêt

B
12. Église Paroissiale St Vincent
13. Chapelle de St Jean d'Auze
14. - id - N-Dame du Bain
15. - id - St Jacques (maison commune dès 1674)
16. - id - des Pénitents Blancs (maison commune)
17. - id - des Pénitents Bleus (St Jérôme)

C
18. Bassin des Ladres
19. Hopital St Louis
20. Maison d'école

D
I. Place du Mazel-Vieil
II. - id - d'Encastel
III. - id - du Breil
IV. - id - de la Ville-Vieille
V. - id - de la Manobre
VI. - id - du Couloubret
VII. - id - du Couzillou

E
a.b.c.d.e. moulins
f.g. fouleries

Deux autres tours importantes existaient : l'une en avant du pont du Couzillou ; l'autre, dite tour de l'Auze (1), entre les tours du Breil et du Couzillou.

Au levant et en dehors de l'enceinte de la ville se forma un faubourg ou barri, *le barri du Bain*, ainsi appelé du grand bassin des *Ladres*, situé près de l'hôpital. Un mur très épais, moins élevé cependant que celui de la ville, partait de l'angle est de la tour Courounade (désignée quelquefois sous le nom de *Mange-gat*), s'étendait en ligne droite jusqu'au *Bout du Breil* (2), et de là remontait brusquement, par un coude à angle droit, au quartier *del Bourdeillas* (3) pour rejoindre ensuite la porte du Coustou.

Cette enceinte, sorte de camp retranché, servait de refuge, en temps de guerre, aux troupeaux du consulat et les garantissait des entreprises des ennemis.

Deux tours de moyenne grandeur (4), l'une située au quartier du Breil et jouie par le sieur Arnaud Thonel, seigneur d'Orgeix (5), et l'autre, dite *del Bourdeillas*, complétaient la défense de la ville et protégeaient le faubourg.

(1) A la maison qui devint plus tard la propriété de la famille Abat.

(2) Hôtel Sicre actuel.

(3) Cournil actuel.

(4) 3 mètres de largeur sur 6 mètres de hauteur.

(5) Qui l'utilisait comme pigeonnier, sous la censive d'un sol payé annuellement au roi, avec l'obligation de la laisser libre en cas de guerre (Dénombrement de 1672).

Tour de guet. — Pour mieux surveiller les alentours, on avait construit dans l'intérieur de la ville des tourelles d'observation aux endroits élevés ; de ce nombre étaient la *tour d'en Barre* (1) et la tour existant à la maison du seigneur d'Orgeix (2).

On peut encore voir dans les caves de cette maison une vaste cheminée, dont le manteau a 3 mètres de largeur sur 2 mètres 20 de hauteur, et à côté, un vaste lit de camp taillé dans le roc ; quelques meurtrières, aussi bien conservées, laissent pénétrer à travers le mur de la ville la lumière du jour, et un magnifique escalier en pierre de taille conduit de ce corps de garde au sommet de la tour d'observation, haute de 20 mèt. 80 cent.

Primitivement, aucune des portes ne fermait à clef ; au premier bruit de guerre, on les murait, suivant l'imminence du péril, à pierre sèche ou à pierre et à chaux, à l'exception de celles du Couzillou et du Breil qui eurent, par décision du 28 décembre 1594, une serrure.

Plus tard, sur la demande des habitants du quartier d'Encaralbou (3) (3 janvier 1595), une troisième serrure fut placée à la porte de ce nom.

Les suppliants invoquaient en leur faveur la

(1) Entre les maisons de MM. Sylvestre et Bonnel.

(2) Propriété actuelle de M. Rivière-Boulié.

(3) Du nom d'*Encaralp* qui avait vaillamment défendu la ville au seizième siècle.

difficulté de franchir ailleurs, surtout en temps d'inondation, la rivière d'Orlu, pour le service des propriétés de Castel-Maü et de Petches et pour la communication directe avec le consulat de Mérens et l'Espagne (1).

On fit droit à leur requête.

La ville, ne se trouvant pas assez bien protégée par ses murs d'enceinte (1 mètre d'épaisseur) et redoutant les attaques des Espagnols, releva les ruines du château Maü. Ce fort fut ensuite rattaché à la ligne de télégraphie ignée du Sabartés, formée par les châteaux du Castelet, de Lordat, de Saint-Pierre, de Calamés, de Garrabet, de Montgrenier (2), de Foix et par plusieurs tours intermédiaires.

L'une d'elles, située près de la Ville-Vieille (3), transmettait les signaux du château Maü au château du Castelet, ci-dessus mentionné. L'examen attentif des pans de murs encore existant et l'opinion d'archéologues compétents, nous permettent d'affirmer que la restauration de ce château ne date guère que du quatorzième siècle, probablement de l'époque où l'on construisit les fortifications de la ville (1358) (4).

(1) Archives d'Ax. — Registre des délibérations.

(2) Montgaillard.

(3) Plus tard, pigeonnier de M. Abat (propriété actuelle de la famille Sicre.

(4) En 1812, le général Miquel, commandant la brigade de l'Ariège, fit édifier à la hâte, dans l'enceinte ruinée

La ville d'Ax possédait à titre d'inféodation :

Places. — 1° La place publique, dite le *Mazel Vieil* (1), était établie au milieu de la ville; là, se tenaient les foires et les marchés, sous la censive au roy d'un denier payable tous les ans pour chaque fête de Toussaint.

C'était, en outre, la seule place où se réunissaient les habitants en temps de guerre, les autres étant situées *extra muros*.

2° La place d'*Encastel*, située entre le portail de ce nom et la rivière de l'Ariège, près de son confluent avec l'Oriège.

3° La place du *Breil*, occupant l'espace compris entre la porte de même nom, le grand mur de la ville, celui du faubourg du Bain et la rivière d'Auze.

4° La place de la *Ville-Vieille* en amont du cimetière.

5° La place Neuve ou *Manobre*, près de l'église Saint-Vincent et devant la chapelle Saint-Jean.

du château Maü, quelques constructions pour établir des batteries et s'opposer à une nouvelle invasion espagnole (*Archives départementales*).

En 1815, le général Lafitte, commandant le département, dérasa les murs d'enceinte du château à 2 mètres 50 centimètres de hauteur et en reconstruisit une partie avec les débris résultant de la démolition (témoins oculaires).

(1) Entre les maisons actuelles de MM. Gomma, Trapé, Authié, Sicre; cette place est nommée dans le cadastre de 1774 la *hière d'en Mazel*, elle servait à cette époque à battre le blé.

Au milieu se dressait un grand ormeau, sous lequel le conseil politique tenait parfois ses séances, et c'est au pied de cet arbre qu'étaient ensevelis les suppliciés et tous ceux n'ayant point droit à la sépulture ecclésiastique.

6° La place du Couloubret, près des bains de ce nom, qui consistaient alors en une piscine à ciel ouvert.

7° La place du Couzillou, devant la petite tour de même nom, sise à l'entrée du pont, sur la rivière d'Auze, et confrontant le chemin public.

Maison commune. — La ville possédait en outre dans son enceinte une maison commune servant à la fois d'arsenal, de magasin de munitions et de prison, indépendamment de la prison royale de la tour Courounade.

Barri du Bain. — Dans le faubourg ou barri du Bain se trouvaient l'hôpital, le grand bassin des eaux chaudes, fondés au treizième siècle, sous le règne de saint Louis, la chapelle *Notre-Dame-du-Bain* et la maison d'école (1).

Vacants. — Trois petits vacants communaux, utilisés pour dépiquer le blé, existaient au *plas d'Entresserre, d'Encastel* et *d'Enfountange.*

Eglises, oratoires et chapelles. — Outre l'église Saint-Vincent et la chapelle Saint-Jean en dehors des murs, on comptait deux oratoires, l'un dédié

(1) Angle nord de l'hôpital.

à saint Roch, au lieu dit le *Picoulou*, l'autre à *Entresserre*.

Dans l'intérieur de la ville, l'on remarquait une chapelle dédiée à saint Jacques (1), une deuxième appartenant à la confrérie des Pénitents-Blancs (2), et une troisième édifiée en 1607 par la confrérie des Pénitents-Bleus (3) (voir chapitre X).

Moulins. — Ax était gratifié de cinq moulins à blé ; l'un, le plus ancien, situé dans l'intérieur de la ville (4), alimenté par la rivière d'Orlu, les autres échelonnés sur la rive droite de l'Auze depuis la Ville-Vieille jusqu'au Couzillou.

Les produits, pour droit de mouture, revenaient par moitié au roi, l'autre moitié était attribuée à divers.

Fouleries. — Deux fouleries importantes pour le travail des draps existaient sur la rive gauche de l'Auze.

Telles étaient la disposition et l'aspect de la ville d'Ax durant le cours du dix-septième siè-

(1) Mairie, rue de l'Horloge.

(2) Aujourd'hui école communale des garçons.

(3) Eglise Saint-Jérôme.

(4) Nous trouvons dans l'*Inventaire de Boulbonne* la date exacte de la fondation de ce moulin. En effet, le 21 septembre 1398, le trésorier-général du comté de Foix donne en fief à Causse Moret, meunier, le droit d'établir un moulin à trois meules au lieu d'Ax, au quartier dit la *Canara de la Teignara*, lui permettant de percer le mur de ville pour y faire venir l'eau, sous la redevance de la moitié de la mouture et de trois deniers morlas en faveur du comte (*Invent. de Boulbonne*, folio 121).

cle; nous avons établi les faits précédemment énumérés d'après les documents authentiques puisés dans les reconnaissances et dénombrements dressés par Jean de Regerte (1554 à 1560) et Pierre Darrassus (mai-juin 1672), et dont les actes originaux se trouvent aux archives.

Malgré les incendies qui avaient ravagé notre ville, celle-ci, dotée de nombreux privilèges, était florissante et entretenait un important commerce de laines, fers, bestiaux, cordeillats (draps grossiers) avec les pays limitrophes (voir chap. XIV).

L'administration consulaire lui témoigna sa tendre sollicitude, en érigeant, en 1664, des fontaines publiques d'eau froide.

Sous le règne de Louis XIV, pendant les guerres d'Espagne, notre vallée servait de passage aux troupes se rendant en Catalogne. Les réquisitions des logements à fournir à ces troupes, les ravages causés par elles avaient épuisé le pays et ralenti son élan commercial.

Dans la seconde moitié du dix-huitième siècle, l'industrie reprit un nouvel essor et nos eaux thermales, jusque-là délaissées, commencèrent d'être plus fréquentées ; en 1754, elles jouissaient d'un grand renom, aussi reçurent-elles cette même année la visite du docteur Vénel. Ce médecin-chimiste prédit qu'elles acquerraient la célébrité des eaux de Bagnères et de Barèges.

Les temps ont marché et la notoriété de nos sources, loin de s'affaiblir, se trouve aujourd'hui invinciblement affirmée ; mais avant d'y arriver, notre ville a éprouvé de nombreuses vicissitudes. Franchissant l'enceinte qui l'enserrait, elle a édifié les quartiers du Couzillou, du Cournil et du Martinet (1).

Les anciens murs de la ville sont aujourd'hui en partie dissimulés et confondus avec les maisons presque sur tout leur parcours. La Tour Basse, située à l'entrée du pont de Couzillou, fut démolie en 1778 (2), parce qu'elle menaçait ruine et gênait la circulation ; les portes furent démolies par ordre de l'intendant Boucheporn, daté de Bayonne 11 juillet 1787 (3), à l'exception de celle du Coustou, qui ne subit le même sort qu'en 1869 et de celle d'Encaralbou, seule aujourd'hui surmontée de sa tour et encore debout avec ses gonds énormes. Elle reste, avec le château ruiné de Maü, comme le témoignage séculaire et indéniable des fortifications de notre *ville libre*.

Les places publiques ont subi des transformations, sauf toutefois celles du Mazel-Vieil et d'Encastel.

Cette dernière n'existe guère que de nom, mais tout auprès, le génie militaire, perçant le mur

(1) Le Coustou date de 1615. Après le terrible incendie du 13 juin, on permit aux habitants sinistrés d'édifier des cabanes contre le mur de ville ; ces dernières ont été par l'usage et le temps transformées en maisons.

(2) Archives d'Ax. Registre des délibérations.

(3) Id. id.

d'enceinte, vient d'établir à grands frais un pont de 20 mètres d'ouverture. C'est le point de départ de la route stratégique qui permettra d'accéder au fort de Pointe-Couronne et au poste défensif de Bonascre. Par cette nouvelle voie, les baigneurs pourront désormais se rendre commodément et en voiture aux belles sapinières de Manceille.

La place du Breil a été agrandie lors de la rectification de la route nationale n° 20, notamment en 1840, 1855, 1868 et 1881.

Le lit de la rivière d'Auze a été déplacé et rétréci ; on a ainsi gagné d'un côté ce qu'avait fait perdre de l'autre la construction de plusieurs maisons contre le mur de la ville (1).

La percée de la route d'Ax à Belcaire (Aude) par Prades et le déplacement du cimetière en 1854, sous l'administration de M. Ad. Authié, ont fait disparaître la place de la Ville-Vieille qui avait été le berceau de notre population.

La *Manobre*, voisine de l'église paroissiale, a été plantée en 1736 (2) d'ormes et de tilleuls qui

(1) Maisons de MM. Garaud, Marty-Fanté, Florence. Nous avons déjà dit que la maison actuelle de Siere (J.-B[te]), limonadier, n'est autre que la tour Courounade, dite encore Mange-gat.

(2) On trouve, dans les comptes de l'administration consulaire, des journées payées à divers y dénommés pour être allés dans les forêts chercher des tilleuls et des ormes, à d'autres pour avoir fait des trous, planté les arbres, posé des pieux en *habel* (sapin) comme tuteurs....

en font l'ornement ; on la désigne encore aujourd'hui sous le nom de Couloubret *supérieur*.

L'expropriation des jardins du Couloubret en 1804 a permis de former à côté d'elle une belle esplanade dont les platanes magnifiques, plantés en 1805 par ordre de M. Boulié, adjoint, offrent aux rayons du soleil une barrière de feuillage que ceux-ci ne pénètrent pas.

Enfin, l'ancienne place du Couzillou a été confondue avec la route nationale n° 20, créée par les Etats de Foix en 1788, élargie en 1818 par l'ingénieur Hubert et terminée en 1840.

Vers le milieu du dix-huitième siècle, on établit au point de croisement des rues de Mercadal (1) et du Salin (2) une petite place, dont une partie couverte existe encore et mesure environ dix mètres carrés, on l'appelait la place du *Marché-Neuf* par opposition avec celle du Marché-Vieux.

En 1859 la commune d'Ax acheta le rez-de-chaussée et le premier étage de la maison Astrié Prédique, pour y établir une halle couverte et agrandir le *marché neuf* déjà transformé, en 1854, en marché aux grains avec bureau de pesage et mesurage public.

La halle disparut lors du terrible incendie du 6 octobre 1880, et sur l'emplacement des maisons ruinées la ville a approprié, à grands frais, la

(1 et 2) Actuellement rues Gaspard Astrié et Joseph Rigal.

vaste place Roussel en rapport avec les besoins de la cité balnéaire.

L'ancienne maison commune, où l'on ne maintint plus tard que la prison royale, a été transformée, de 1837 à 1839, en école communale de garçons.

Le faubourg du Bain a subi d'importantes transformations ; ses murs d'enceinte, ses tours ont disparu ; le quartier du Coustou, dont les maisons sont mentionnées dans le cadastre de 1774, est aujourd'hui un des plus populeux ; des constructions se sont élevées aux alentours du bassin des Ladres ; l'ancienne rue du Bout-du-Breil a disparu pour faire place à des constructions nouvelles et permettre l'agrandissement de l'hôpital, particulièrement en 1847.

Avant la Révolution cet établissement hospitalier était allodial et ne payait pas de tailles, suivant les *reconnaissances* de la ville.

Dans les quinzième et seizième siècles, il acquit beaucoup de biens par des donations et des legs sous des conditions de charges, d'obits...

L'hôpital jouissait alors d'un revenu d'environ 2,400 livres et ses biens consistaient en métairies, pièces de terres, moulins, locateries perpétuelles, rentes foncières, etc...

Tout disparut en 1793, tout fut enlevé aux pauvres par l'avidité et le zèle intempestif de certains administrateurs du district de Tarascon.

Cette maison de charité s'est relevée insensiblement, grâce aux legs généreux de Bonnel de Pradal (27 octobre 1823), du docteur Graulle (22 juin 1827), de dom Bayle du Poussey (27 février 1830), du chevalier Pierre Roch Roussillou (1er mars 1830) et (1er avril 1866), de Mlle Marie Ruffat (6 mars 1871)..... et, aujourd'hui, grâce aux largesses de M. l'abbé Authié, chanoine.

Il bénéficie actuellement d'un revenu annuel excédant en moyenne 10,000 francs ; néanmoins sa situation financière est loin d'être prospère, à cause surtout du trop grand nombre de baigneurs, qui, sous le couvert de l'indigence et grâce au favoritisme préfectoral, y sont reçus à un prix dérisoire, au mépris des conventions établies et de la cherté des vivres.

Si ce triste état de choses se continue quelque temps encore, l'hôpital périclitera.

La chapelle de l'hôpital, indistinctement appelée, dans le temps passé : *Notre-Dame du Bain*, *Notre-Dame de Grâce*, *Notre-Dame des Bonnes Nouvelles*, fut réparée plusieurs fois et notamment en 1872.

L'eau chaude qui circule sous le sol de cette chapelle forme un calorifère naturel, très précieux pendant la saison d'hiver. Sa douce température la fait rechercher par la classe pauvre qui, dans l'exercice de la prière, sur ces dalles chauffées par l'eau thermale, oublie pour quelques instants que le foyer domestique est sans feu.

Les deux oratoires d'*Entresserre* et de *Saint-Roch*, situés aux quartiers de ce nom, l'un à l'est, l'autre au sud de la ville, ont disparu dans la tourmente révolutionnaire. Celui de Saint-Roch avait été érigé à la suite de la terrible peste de 1631 (voir chapitre XV, § 2); l'emplacement de celui d'Entresserre est encore indiqué par une croix.

La chapelle Saint-Jacques a disparu au dix-septième siècle pour faire place à la mairie, et la destination de cette dernière aura cessé dès que le nouvel hôtel-de-ville, qui va être édifié sur l'un des côtés de la place Roussel, sera terminé.

La chapelle Saint-Jean, changée par le vandalisme de la Révolution en café (1), possédait anciennement une châsse contenant les reliques de ce saint patron ; la clef en fut remise, le 15 janvier 1703, au sieur G. de Bonnel, premier consul et marguillier de l'église archipresbytérale de Saint-Vincent (2).

Saint-Jérôme est l'église ou chapelle des Pénitents-Bleus ; cette confrérie existe encore (voir chapitre X). La première pierre en fut posée, le 24 avril 1607, par l'archiprêtre d'Ax, et la chapelle inaugurée solennellement le 22 janvier 1608 (3). Elle a été plusieurs fois réparée, notamment en 1705 et 1831.

(1) Actuellement café du Commerce.
(2) Archives d'Ax, registre des délibérations.
(3) Archives de la confrérie des Pénitents-Bleus.

Le dénombrement de 1672 ne la mentionne point, sans doute parce que c'était un établissement privé.

Le monument n'offre aucun caractère architectural; il a la forme d'un rectangle, long de 19m25, large de 10m30; sa hauteur n'est que de 6m70. On y remarque :

1° Une planche de rétable, de la fin du quinzième siècle, représentant les têtes des apôtres. Au-dessus de chaque tête (du tiers de la grandeur naturelle) est inscrit le nom du saint en dialecte roman; la peinture est sur fond de cire (1). Cette planche, de provenance inconnue, est accrochée à la tribune, en face d'un christ en bois sculpté, admiré des connaisseurs.

2° Le maître-autel, avec tabernacle en bois doré et sculpté. C'est un type de la riche ornementation adoptée dans le milieu du dix-septième siècle (2).

L'église paroissiale Saint-Vincent a subi diverses transformations importantes qu'il est bon d'énumérer.

Fondée probablement à la fin des persécutions, elle dut être placée sous le patronage de saint Udaut, martyrisé à Ax, le 11 mai 452 (3).

(1-2) V. F. Pasquier, *Inventaire des richesses d'art de France.*

(3) Voir *Histoire de saint Udaut*, par M. l'abbé Authié, chanoine.

Les reliques de ce saint, exhumées par la piété de nos pères en l'an 780, furent solennellement déposées dans l'église-mère de la contrée; elles y restèrent jusqu'en 978, époque de leur translation à l'abbaye de Ripoll en Catalogne, où le saint apôtre avait exercé son zèle.

En 1004, les habitants de cette dernière ville, témoins des nombreux miracles du martyr Udaut, érigèrent en son honneur une splendide basilique et y déposèrent ses précieux restes dans une urne d'argent, ciselée par des artistes en renom, au lieu où on les voit encore aujourd'hui (1).

Dès l'année 978, les habitants d'Ax durent placer leur église sous le vocable de saint Vincent, martyr de Saragosse; déjà, en 994, nous voyons Arnaud, fils de Garsinde (v. chapitre II, page 10), donner sous condition, à l'abbaye de Lagrasse, cette église et la chapelle de Saint-Jean.

L'absidiole du douzième siècle attenant le clocher vient de faire place à la chapelle de Saint-Udaut, nouvellement construite.

Dans la deuxième partie du quinzième siècle, l'édifice fut agrandi pour répondre aux exigences de l'accroissement de la population. Au seizième siècle, il est fait mention d'un cloître (2) donnant

(1) Nous avons admiré cette urne, lors de notre passage à Ripoll (21 octobre 1882).

(2) Archives d'Ax, registre des délibérations.

accès de l'église Saint-Vincent à la chapelle Saint-Jean ; le conseil politique y tenait parfois ses séances. Il est devenu aujourd'hui l'oratoire de la congrégation des jeunes filles.

Après des restaurations importantes, les années 1627, 1645, 1704, 1767, le monument fut augmenté, en 1774, d'un magnifique sanctuaire, embelli plus tard en 1811 et orné de fresques à sa voûte, en 1824.

L'église possédait déjà un orgue en 1595 (1) qui rehaussait la splendeur des cérémonies lorsque l'archiprêtre officiait avec ses insignes abbatiaux ; cet orgue a disparu dans la tourmente révolutionnaire.

Le plan général de l'église était celui d'une croix latine fort régulière ; elle n'a longtemps possédé que deux chapelles (celles de la Vierge et de Saint-Vincent) ; plus tard on construisit sans goût architectural deux autres chapelles qui enlevaient à l'édifice le caractère primitif.

Nous devons au zèle et à l'intelligence de M. l'abbé Authié, chanoine honoraire, et à la sollicitude de M. l'abbé Jolieu, curé doyen, l'unification de toutes ces chapelles, en conformité avec le style de l'ogive rayonnante de sa voûte.

Grâce à eux, le monument a repris son cachet gothique du dix-septième siècle, nettement accusé : par l'élancement hardi de l'arcature du sanc-

(1) Archives d'Ax, registre des délibérations.

tuaire ; les anciens arcs doubleaux à plate-bande de la nef, formant six travées, avec des tympans à la Philibert Delorme construits en 1854 ; son gracieux portail d'entrée en pierre appareillée et sa porte au millésime de 1649.

Un beau maître-autel en marbre, avec son riche tabernacle de la renaissance, surmonté d'un élégant baldaquin, a remplacé l'ancien autel en bois doré semblable à ceux que l'on voit encore dans les églises d'Espagne.

On remarque dans le chœur cinq grandes toiles ; quatre sont l'œuvre de Roques fils, peintre toulousain, qui a eu sous la Restauration une certaine renommée dans le Midi. Ces toiles, placées en 1830, représentent : la *Prédication de saint Jean dans le désert* et la *Cène* (4m de largeur sur 3m30 de hauteur) ; l'*Annonciation* et l'*Assomption* (3m30 de largeur sur 2m50 de hauteur). Au fond du sanctuaire, apparaît le *Christ en croix*, ayant à ses pieds la Vierge et Marie-Madeleine (2m65 de largeur sur 3m70 de hauteur) ; c'est une copie du tableau de Girodet (1).

Dans la nef, on admire surtout une véritable œuvre d'art, le *Mariage mystique de sainte Catherine de Sienne avec l'enfant Jésus*. Ce tableau

(1) Don de Louis-Philippe, en 1839, sur les instances de Michel Chevalier, candidat à la députation de l'Ariège aux élections législatives du 2 mars 1839, où il échoua contre Dugabé.

non signé (1), mesure 1m15 de hauteur sur 0m85 de largeur ; il est attribué par les connaisseurs à l'Albane, peintre de Bologne, dont nous avons pu contempler les chefs-d'œuvre au musée de cette vieille cité italienne (2). Il ornait, dit-on, l'appartement de Marie-Antoinette aux Tuileries ; une dame d'honneur de la reine le sauva du pillage du 10 août 1792, et en fit don à une demoiselle d'Ax sa parente (3) ; cette dernière, par testament du 6 mars 1871, le laissa à l'église paroissiale.

L'église Saint-Vincent mesure dans œuvre 38m40 de longueur, 12m de largeur à la nef, 24m au transept, 15m35 de hauteur.

Le clocher, massive tour carrée (hr 26m95) en pierres de moyen appareil, recouvert à tort d'un

(1) A propos des signatures des tableaux.

Sous l'Empire, un monsieur se fait présenter à M. Villot, alors directeur du musée du Louvre.

— Je viens, lui dit-il, vous révéler l'existence d'un chef-d'œuvre.

— Oui, monsieur, répond froidement M. Villot, habitué sans doute à ces révélations.

— Je vous demande la permission de vous l'apporter.

— Soit... et de qui est-il ?

— C'est un Albane !

— Il est signé, au moins ?

— Oh ! certainement et très lisiblement.

— Oh alors, fait poliment M. Villot, ce n'est pas la peine de vous déranger, il est faux !

En effet, Albane ne signait pas ses tableaux.

(*Figaro* du 7 juillet 1883.)

(2) V. nos *Souvenirs et Impressions de Voyage en Italie.*

(3) Mlle Ruffat.

affreux badigeon, doit être contemporain des clochers similaires d'Unac et de Mérens (XIe siècle.

Avec son bizarre toit en auvent (7m80) plusieurs fois réparé, notamment en 1827, il s'élève au dessus du sol à 36m25 (sommet de la croix).

Il possède un carillon de sept cloches, six intérieures et une extérieure donnant une quinte majeure. La première a été baptisée en 1784, sous M. Gardebosc, archiprêtre; cinq autres en 1876, sous M. Commenge, curé doyen ; celle du dehors a été transportée de la *Tour de l'Horloge*(1) au clocher en 1827.

Des améliorations importantes dans notre ville ont été faites durant le cours de ce siècle. En 1843, Gaspard Astrié, maire, reprenant le projet de Paul-Emile Abat (2), fit établir dans les rues de la ville, sur les points les plus avantageux, des fontaines d'eau chaude pour faire disparaître à volonté la glace et la neige.

Diverses prises d'eau, versant à gros volume une source animée par une température de 70° centigrades, ont permis de résoudre ce curieux problème et de donner à notre ville un certain cachet d'originalité durant la période hivernale; par ce moyen la plupart de nos rues sont rapi-

(1) Démolie en 1828.
(2) Maire de 1828 à 1830.

dement dépourvues de neige, tandis qu'un blanc linceul enveloppe la cité thermale et couvre nos habitations..

Des fontaines d'eau froide furent établies dans les divers quartiers de la ville en 1845, et grâce à la sollicitude de la municipalité actuelle nous avons été dotés d'un filtre convenablement installé.

Le quartier du Couzillou, doté, en 1845 également, d'une fontaine chaude, amenée par canalisation spéciale de l'une des sources du Rossignol, vient de voir récemment (mai-juin 1885), cette fontaine plus soigneusement aménagée et son débit considérablement augmenté.

Divers projets grandioses d'établissement de quais parallèles sur les deux rives de l'Auze, proposés le 29 novembre 1840, par Gaspard Astrié, maire, et, le 29 mai 1847, par Adolphe Authié, son successeur, ne purent malheureusement être exécutés, vu la pénurie des ressources budgétaires.

Ce projet, dont le devis estimatif ne s'élevait qu'à 10,000 fr., est irréalisable aujourd'hui, vu les nouvelles constructions élevées sur les rives du gave d'Ascou.

Dans une brochure publiée en 1885 (1), nous avons avantageusement parlé des établissements thermaux dont la célébrité ne remonte

(1) *Nouveau guide pratique de l'étranger à la station thermale d'Ax-les-Bains (Ariège).*

guère au-delà d'un siècle ; il ne sera pas indifférent, pensons-nous, de dire un mot sur l'origine de ces thermes.

C'est en 1780, sur les plans du sieur Pic, maçon-charpentier, et sous l'intelligente direction du Dr Pilhes, plus tard intendant de nos eaux, que fut édifié le doyen des établissements thermaux du département, le *Couloubret.* Complètement réédifié de 1869 à 1872, il est aujourd'hui en rapport avec les besoins de l'époque et les progrès de l'art.

Un chirurgien distingué, Boulié, fit dresser, en 1801, quelques cabanes en planches sur la rive gauche de l'Oriège, *au Teich*, pour utiliser les sources qu'il avait provisoirement captées ; cet établissement trop primitif, où la nymphe sulfureuse distribuait également ses faveurs au malade de tout rang, fut remplacé en 1842 par une vaste construction, érigée d'après les plans de l'architecte Delor et de Laurent, ingénieur du cadastre.

Ces deux établissements appartiennent aujourd'hui à la *compagnie générale des thermes d'Ax.*

En peu de temps, dès l'édification des thermes rudimentaires au Couloubret et au Teich, la population qui fréquentait nos eaux avait triplé ; il y avait là un enseignement dont un homme intelligent sut tirer un parti utile.

De 1815 à 1819 J.-S. Sicre capta les sources naissant dans son jardin, et, sous l'habile direction de l'hydraulicien anglais Myers, les abrita dans un établissement sanitaire, coquet, élégant et simple, qui n'a presque point subi de transformation. Cet établissement fut déclaré d'utilité publique le 5 mai 1821, et à l'exemple de ses devanciers, il prit le nom des lieux où on l'avait bâti : on l'appela *le Breil*.

Un nouvel établissement thermal, celui *du Modèle*, remarquable par son architecture et sa belle galerie, a été fondé en 1863. Les travaux d'aménagement, dirigés par M. Izac, de Pamiers, ont permis de l'inaugurer en 1867. Il appartient à une société d'actionnaires à responsabilité limitée.

L'esprit d'entreprises pouvait faire dans notre pays de belles opérations. Le défaut d'unité et d'entente entre les divers propriétaires n'a point permis jusqu'ici de réaliser le monopole thermal, proposé notamment en 1849, en 1862 et en 1880.

En 1862, le projet d'achat des établissements thermaux, Teich, Couloubret, Breil, par la commune, échoua malheureusement, et disons au grand détriment de notre ville, que la plus-value de ces thermes a mis la commune dans l'impossibilité de réaliser à l'avenir cette acquisition, véritable source de richesse pour elle.

Il ne faut point désespérer, le temps n'est peut-être pas éloigné où une compagnie puissante par ses capitaux réalisera le monopole thermal et embellira notre ville.

Un hôpital militaire pourra être créé sur l'emplacement du bassin des Ladres, dont la destination a vécu et qui dépare la place du Breil. Vainement réclamée : par le vœu unanime des habitants ; par un pays qui n'a d'autre avenir que dans la prospérité de ses eaux thermales et l'affluence des baigneurs ; par l'avis favorable plusieurs fois renouvelé du conseil général, l'obtention de cet hôpital militaire comblera tous nos désirs. Nous ne doutons point qu'Ax ne soit appelé un jour à devenir, comme Barèges et Amélie, célèbre dans les annales de la médecine militaire (1).

De grands et confortables hôtels s'élèvent aujourd'hui sur les rives droite et gauche de la rivière d'Auze ; ils permettent aux étrangers de se loger convenablement, de respirer un air plus pur que dans l'intérieur de la ville. La belle route de Puycerda, terminée en 1869, celle du Rebenty par Ascou et le col du Pradel, le chemin de grande communication d'Ax à Prades se greffant sur la précédente route, ont donné un nouvel essor commercial à notre cité et facilité les communications avec l'Espagne, les départe-

(1) Le général Borel, ministre de la guerre en 1879, avait reconnu l'insuffisance de Barèges ; il avait témoigné l'année suivante à M. de Bellissen, député, ses intentions de créer à Ax un établissement militaire ; n'étant plus ministre, il n'a pu, à notre grand regret, réaliser ses projets. (Extrait de notre correspondance avec M. de Bellissen.)

ments des Pyrénées-Orientales et de l'Aude.

Le chemin de fer est à nos portes, on annonce la mise en exploitation pour la saison balnéaire de 1887, et nous sommes certain que le premier coup de sifflet de locomotive qui fera retentir les échos de nos vallées sera pour notre pays le signal d'une nouvelle ère de prospérité ; les améliorations projetées, l'agrément de notre site, le voisinage du val d'Andorre qui évoque tant de souvenirs historiques ; les ruines féodales qui nous avoisinent (1) et dont l'aspect nous rappelle toute la poésie des troubadours du moyen-âge ; la richesse de nos eaux thermales, tout fait pressentir que la station d'Ax va devenir très florissante dès la livraison de la voie ferrée et que baigneurs et touristes y afflueront en masse.

(1) Château Maü, châteaux de Lordat, de Prades.

CHAPITRE IV

Châtellenies d'Ax, de Mérens, de Montaillou.

Le plus ancien historien du pays de Foix, Arnaud Squerrer, nous apprend dans sa chronique, écrite en 1456, que le comté se divisait en seize châtellenies.

Chaque châtellenie formait une division territoriale et administrative, instituée par le roi. C'était des gouvernements particuliers, qui d'abord avaient été créés pour la garde des châteaux-forts soumis au roi de France. Un châtelain en avait la direction, mais la garde et la défense en étaient assurées par un capitaine résidant au chef-lieu.

Ax était le chef-lieu d'une châtellenie qui embrassait les villages d'Orlu, d'Orgeix, Ascou, Sorgeat, Ignaux et Vaychis (1) ; le château Maü, appartenant au roi, la commandait.

Les lieux de Savignac, de Perles et Castelet, de Tignac, ne sont pas mentionnés, parce qu'ils dépendaient de l'abbé de Saint-Volusien, de Foix,

(1) On lit dans *la chronique* d'Arnaud Squerrer : « *La Castellenie d'Ax ou soun les bans caudis, et que comprend : Ax, Orlu, Urgès, Asco, Souryat, Ynhaus, Baychis* ».

seigneur direct et foncier de ces communes depuis l'année 1144.

Dans les environs de notre châtellenie, on en comptait, à la même époque, deux autres, celles de *Mérens* et de *Montaillou*, qui seraient aujourd'hui comprises dans le canton d'Ax.

La première comprenait Mérens et l'hôpital de Sainte-Suzanne (l'Hospitalet). Le château-fort de Mérens est mentionné, dans le rapport sur le pays de Foix en 1585, par le sire d'Audou (Claude de Levis), au roi de Navarre Henri IV (voir chapitre XV, § 1).

La deuxième ne comprenait que Montaillou ; le lieu de Prades avait également un château-fort, dont on voit encore de belles ruines ; il est désigné par les habitants de ce village sous le nom de château de la reine Marguerite. L'acte de « limitation et confrontation du comté de Foix rapporté par Arnaud Squerrer, en 1456 » mentionne les deux châteaux de Prades et de Montaillou *(castelz de Pradas et de Montaliou).*

Ajoutons en terminant, comme mémoire, que les deux villages de Mérens et de Prades étaient gratifiés d'un consulat.

CHAPITRE V

Privilèges concédés aux habitants d'Ax par les comtes de Foix.

La communauté d'Ax a toujours été très jalouse de ses privilèges ; elle peut être considérée comme l'arche sainte des anciennes mœurs et coutumes du pays de Foix ; ses remparts et ses portes lui valurent le nom de *ville* dont ses habitants accompagnèrent constamment celui d'Ax.

Cette localité a joué un rôle important dans le passé du comté de Foix ; elle lutta énergiquement contre l'envahissement des droits féodaux qui devenaient de plus en plus oppresseurs.

La ville, indépendante, était gouvernée par les consuls, sous l'autorité des comtes de Foix. — Le consulat d'Ax est mentionné dès les premières années du treizième siècle, mais il existait bien antérieurement.

On distinguait alors : les *droits seigneuriaux* (censives, lods, ventes, foriscapes, redevances de diverse nature), concédés par les comtes de Foix aux anciennes familles, et les *droits des communautés* du consulat et de la châtellenie (lignerage, affouage, compascuité, etc).

Grâce à son titre de cité consulaire, notre ville

jouissait de franchises considérables ; aussi lorsque Loup de Foix, oncle de Roger IV, qui avait obtenu de ce comte des droits seigneuriaux à percevoir dans son dîmaire, voulut porter atteinte aux franchises des habitants, ceux-ci arrêtèrent les prétentions de ce seigneur, en lui opposant la charte à eux concédée en 1241 (voir chapitre II), qui leur octroyait leurs plus anciens privilèges.

Cette charte fut expédiée plus tard en 1441 par Raymond Sans, notaire, par ordre du comte de Foix et de Bigorre, et sur l'humble demande faite à ce dernier par les consuls et habitants d'*Ax en Savartés*, qui avaient une connaissance imparfaite des privilèges et franchises de leur communauté (1).

Les comtes de Foix confirmèrent successivement les privilèges des habitants d'Ax, les années 1344, 1358, 1381, 1385, 1386, 1391, 1445, 1499 et 1500 (voir chapitre II aux dates précédemment indiquées) et leur en accordèrent de nouveaux.

Par privilège donné à Nérac le 11 février 1579, Henri, comte de Foix et roi de Navarre (2), confirma les précédents et accorda en outre aux consuls, manants et habitants d'Ax :

1° D'exiger des habitants de Mérens, qui furent

(1) Archives d'Ax — et Doat, collection des manuscrits, vol. 170.

(2) Roi de France, à partir de 1589.

autorisés à mener paitre leurs bestiaux sur les montagnes de ce consulat, une redevance de 5, 6, ou 7 petits écus payables à chaque fête de Toussaint ; cette redevance fut ensuite réduite à 4 écus petits faisant 5 livres 8 sols, et à quatre fromages d'*orry*, du poids de 4 livres chacun (1).

2° Le droit de chasse dans les consulats d'Ax et de Mérens, sans payer le quartier de venaison d'usage.

3° L'exemption de tous emprunts ou demandes et de tout subside, sauf toutefois la donation ordinaire que les Etats de la province imposent tous les ans pour le Roy.

4° D'édifier des tours particulières, d'y placer des girouettes avec armoiries.

5° De tenir un livre pour les legs, obits et fondations pieuses qui se feraient en faveur de la chapelle de Saint-Jean d'Auze.

Par autre privilège donné à Nérac le 31 décembre 1581, le même comte accorda aux habitants d'Ax la faculté de percevoir deux écus par cheval venant d'Espagne et d'employer ce

(1) Le 28 décembre 1611, les consuls de Mérens refusèrent de payer la redevance d'argent et des fromages. On décida de les y contraindre par la voie de la justice. Le 22 mai 1612, un de nos consuls fut délégué à Foix, pour défendre nos droits ; l'affaire traina en longueur et, le 13 janvier 1615, un jugement condamna les consuls de Mérens ; inutile d'ajouter que les frais de ce procès ridicule furent bien supérieurs à ceux de l'objet en litige.

revenu à la réparation des tours et murailles de la ville.

Tous ces droits et facultés reçurent leur confirmation lors de l'avènement du comte de Foix au trône de France (1589) (1); par lettres datées du camp de Folembré le 21 décembre 1595, Henri IV permit aux habitants du consulat d'Ax et de Mérens de trafiquer et négocier les blés, vins et d'assurer leurs bestiaux sur leurs montagnes en temps de guerre de couronne à couronne avec les habitants de la Cerdagne et du Capcir (2).

Par lettres patentes, Louis XIII confirma en 1611 nos privilèges, et dans une lettre datée de Paris, le 10 mars 1655, et adressée aux manants habitants de la ville d'Ax et de son consulat, au comté de Foix, Louis XIV s'exprime en ces termes :

« Pour reconnaître les services et fidélités, conserver toujours ladite ville d'Ax en son obéissance et donner aux habitants le moyen de tenir en estat la muraille et les tours de ladite ville, pour résister, comme ils l'ont fait toujours aux ennemis, et considérant que le consulat d'Ax est situé à l'extrémité du royaume, du côté de l'Espagne, n'a qu'une étendue minime, et que la ville d'Ax est comme un boulevard et une forteresse redoutable pour les ennemis ; ayant

(1) Archives d'Ax, dénombrement de 1672.
(2) Archives d'Ax, dénombrement de 1672.

souffert des invasions, pertes et enlèvements de bestiaux sur les montagnes, à cause du voisinage de l'Espagne; considérant encore qu'elle tient en sûreté le haut pays de Foix; qu'elle possède six canons de campagne, qu'elle a peu de ressources, que son terrain est peu fertile...

Pour tous ces motifs, Louis XIV déclara les habitants d'Ax : « francs et exempts de tous logements, routes et passages de guerre » (1).

Enfin, Louis XV au mois de février 1743 et Louis XVI en 1776 confirmèrent définitivement tous nos privilèges et nos franchises.

(1) Archives du Parlement de Toulouse, sac C, nº 9. Lettres patentes imprimées, qui furent enregistrées à Toulouse, le 10 janvier 1656.

CHAPITRE VI

Organisation et administration municipales, communauté, consuls, maires, échevins, lieutenant de maires, adjoints...

Les municipalités du moyen âge portèrent le nom général de « *communautés.* » Leur régime était basé sur le municipe romain. Œuvre admirable de l'organisation de Rome, ces règles d'administration communale ont traversé les siècles de barbarie avec la pérennité qui en fait un héritage vraiment digne du grand peuple civilisateur.

Sous le règne de Louis VI, lors de la création des *communes* par les habitants des villes alliées contre les exigences des seigneurs, une charte fixa les droits et les devoirs respectifs de chacun ; les premières communes furent les villes du Nord, mais presqu'en même temps les villes du Midi obtinrent de leurs seigneurs le rétablissement des coutumes municipales, comme au temps des Romains, c'est-à-dire le droit de s'administrer elles-mêmes et de choisir leurs magistrats.

Nées le plus souvent à la suite de luttes, et quelquefois dans des circonstances dramatiques, les communautés virent leur existence se dessiner à mesure que le pouvoir seigneurial s'affaiblissait.

L'élément originaire, l'assemblée générale des habitants, connue souvent sous la dénomination de *conseil général de la communauté* (image fidèle des temps primitifs), était la forme la plus simple et théoriquement la plus complète des intérêts collectifs de la localité.

L'objet de cette réunion, dit Merlin de Douai, était «de délibérer sur les affaires communes, de nommer des magistrats (consuls, syndics et autres officiers), selon l'usage du lieu, pour administrer les affaires communes, des assesseurs et des collecteurs dans les lieux taillables, pour l'assiette et le recouvrement de la taille (1), des messiers et autres préposés pour la garde des moissons, des vignes et autres fruits... »

Nous trouverons l'application de ces principes dans les faits qui vont suivre.

Les membres de la communauté, nommés *à vie* par les consuls, formaient le *conseil politique*, composé primitivement de seize membres des plus qualifiés de la ville, non parents entre eux, au degré prohibé par l'ordonnance et chargés

(1) L'origine du mot *taille* est très incertaine. On retrouve ce mot appliqué aux impôts que les seigneurs levaient sur leurs serfs; peut-être venait-il de ce que dans les temps d'ignorance les sergents ou collecteurs de taxes se servaient du moyen primitif d'une *taille* de bois pour marquer les sommes reçues. La taille de bois est encore en usage chez beaucoup de boulangers.

d'élire chaque année, le jour de Saint-Jean-l'Evangéliste, 27 décembre, deux consuls; à partir de l'année 1381, le nombre des consuls fut porté à quatre et celui des conseillers polititiques à vingt-quatre, en vertu d'un privilège concédé par Gaston Phœbus, comte de Foix.

On convoquait le conseil « à son de trompe et à cri public par toutes les rues et carrefours de la ville. » — Lorsque le temps était beau, les arrêtés et délibérations se rendaient comme au temps de saint Louis (1), sous l'orme de la *Manobre* ou Couloubret supérieur (voir chapitre III, page 41). — Cet orme, dont on voit encore un spécimen à la métairie d'Enrameil, près de la route de Sorgeat, avait été planté bien longtemps avant les ordres de Sully, le grand ministre d'Henri IV; d'autres fois, les séances avaient lieu à la place du Breil.

Lorsque le temps ne le permettait point, l'assemblée se réunissait, tantôt dans l'église Saint-Vincent, tantôt sous le porche (cabanat) ou dans le cloître de cette église, tantôt dans la chapelle Saint-Jean ou celle de *Notre-Dame-du-Bain*.

Vers l'an 1650, une ordonnance synodale de messire François de Caulet, évêque et seigneur

(1) Le bon roi saint Louis s'asseyait sous le chêne de Vincennes pour donner audience au pauvre peuple et rendre la justice aux plus humbles de ses sujets.

de Pamiers, défendit aux consuls de tenir les séances, ni même de faire prêter serment dans les édifices consacrés au culte, et, dès ce moment, le conseil s'assembla, soit dans la maison d'école, voisine de l'hôpital, soit dans la maison commune ou hôtel-de-ville.

Indépendamment du conseil politique, *le conseil général*, composé de tous les habitants, se réunissait une seule fois l'an ; c'était ordinairement le lendemain de la nouvelle élection consulaire ; il pouvait délibérer et infirmer par ses votes, quand l'intérêt général du pays était en cause, les délibérations du conseil politique, avec l'approbation du comte de Foix (1).

Le premier hôtel-de-ville d'Ax, mentionné dans les archives, était situé à l'ancienne chapelle des Pénitents-Blancs (emplacement actuel de l'école communale de garçons). Mais, par décisions du 28 décembre 1624 et du 20 septembre 1627, on résolut « d'acheter le pâtu (2) de l'esglize Saint-Jacques pour y establir une maison de ville, soubs le bon plaisir de Mgr l'evesque de Pamyers, et la ville dut bailler l'esglize des Penitents-Blancs qui servait de maison commune pour y installer le culte de Saint-Jacques (3). » C'est, en effet, à ce pâtu, qu'a été édifiée, en 1674 seule-

(1) Archives d'Ax. Registre des délibérations.
(2) Terrain inculte, entouré de murs.
(3) Registre des délibérations. Archives d'Ax.

ment, la mairie située rue de l'Horloge. On y a compris aussi l'emplacement de la chapelle Saint-Jacques.

La nomination des consuls présentait un certain cachet de solennité. Nous empruntons au registre des délibérations (1) le mode et le cérémonial de l'élection consulaire.

« Le procureur du roy, chargé de veiller à l'exécution des règlements, a représenté, qu'à pareil jour, suivant les privilèges et anciennes coustumes de la ville, on a l'habitude de procéder à la nomination de nouveaux consuls, et que le nombre des électeurs chargés de faire la nomination étant de vingt-quatre, doit se trouver complet.

« Pour ces motifs, il requiert ladite assemblée de procéder sans retard à cette nomination.

« On distribue des cartels (2) pour y inscrire le nom de ceux qu'on veut élire, et la supputation (3) de ces cartels ayant été faite, il se trouve que la nomination est en faveur des sieurs de Pradal, Gomma, Florence, Bernadac.

« Mandés de venir, les élus ont presté serment sur les saints évangiles de Notre-Seigneur, entre les mains du sieur J. François de Bonnel-Pradal, premier consul et commissaire ; ils ont promis

(1) Séance du 27 décembre 1691.

(2) Correspondant à nos bulletins de vote.

(3) Compte et dépouillement.

de s'acquitter de leur charge, en Dieu et conscience; le sieur de Pradal a également presté serment entre les mains des nouveaux consuls, et se sont tous soubsignés avec lesdits anciens consuls (proconsuls), le sieur Fournier, procureur du roy, et lesdits sieurs électeurs. »

Dans cette même séance, on supprima la clause du 26 décembre 1633, qui exigeait trois ans d'intervalle pour être réélu consul.

A partir du 1er janvier 1762, par ordonnance de l'intendant, les élections consulaires eurent lieu le premier jour de chaque année, et non plus le 27 décembre; l'on obtint également la faveur de réduire à seize le nombre des conseillers politiques, vu la difficulté de trouver dans la ville des conseillers non parents ou alliés (1); la demande de réduction avait été adressée au roy, le 18 juin 1702, et réitérée le 14 mars 1715; elle ne fut, comme on le voit, agréée que fort tard.

Les fonctions des consuls étaient annuelles et gratuites; ils portèrent, comme insignes, à dater du 1er août 1500 (2), des robes avec chaperon

(1) Les consuls qui enfreignaient cette ordonnance s'exposaient à une amende de mille livres, sans compter les dommages et intérêts; en outre, ils étaient tenus d'élire comme conseillers politiques des personnes solvables et cautions responsables des élections, douées d'une certaine capacité intellectuelle.

(2) Privilège concédé par Jean et Catherine, roi et reine de Navarre, comte et comtesse de Foix. (Voir chapitre II, page 27).

moitié rouge et moitié noir, comme dans les autres villes du comté de Foix. Les consuls complétaient le conseil politique, délibéraient ensemble sur les affaires de la communauté, mais ne devaient point être pris dans le conseil ; ils faisaient des règlements et veillaient à la police de la ville, des foires et des marchés ; la levée des troupes urbaines, le commandement et la conduite de ces milices à la défense du territoire sous les ordres du sénéchal du comte de Foix, le soin et l'approvisionnement des munitions, la répartition et la levée des impôts, rentraient également dans leurs attributions.

Comme juges, et avec l'assistance d'un procureur du roi, ils connaissaient des affaires civiles et criminelles, sauf les modifications apportées par les ordonnances royales et l'appel, notamment en matière criminelle, au parlement de Toulouse (voir chapitre VIII) ; ils conservaient dans leurs archives les registres des délibérations, les compoix (livres terriers), les dossiers d'affaires (1).

Les consuls avaient leurs entrées aux états-généraux du comté ; ils recevaient de la communauté, pour frais de déplacement, un salaire de quarante sols par jour (somme importante pour l'époque).

Le consulat d'Ax comprenait dans sa juridic-

(1) Dénombrement de 1672. Archives d'Ax.

tion dix bourgs ou villages, ayant chacun leur territoire distinct, et tous réunis en une circonscription assez étendue, mais exactement déterminée. Ces dix villages étaient : Savignac, Perles, Castelet, Tignac, Vaychis, Ignaux, Sorgeat, Ascou, Orlu, Orgeix. Au roi seul appartenait la souveraineté ; les consuls avaient droit de nommer un capitaine et un bayle dans chaque village pour tenir la main aux choses qui regardaient la justice, veiller à l'exécution des mesures prises par eux, obéir à leurs ordres, prendre les armes pour saisir les voleurs et repris de justice, et généralement pour exécuter leurs ordonnances.

Aux consuls appartenait encore la nomination du syndic, chargé de surveiller les intérêts de la communauté ; celle du clavaire ou receveur et des divers employés de police (sergents et valets de ville), et enfin l'usage exclusif d'un scel (sceau) aux armes de la ville (1).

L'édit du 27 août 1692 créa les offices de *maire*, mais ces fonctions n'étaient point gratuites et l'on devait payer une redevance pour « l'entrée en charge. » En vertu de cet édit, les maires jouissaient du titre et privilège de noblesse et n'étaient tenus à aucune redevance seigneuriale ; cette faveur concernait même leurs descendants.

(1) Voir pièces justificatives n° 3.

Défense était faite aux consuls de procéder à aucune élection, sans qu'au préalable la charge de maire ne fût remplie.

Le titre de maire, qui conférait la présidence d'office de toutes les assemblées, correspondait à celui de premier consul ; c'était le premier magistrat de la communauté, mais dont la nomination était subordonnée au roi.

Le sieur Guilhaume Serda, nommé maire de la ville et communauté d'Ax le 28 juillet 1693, administra sagement jusqu'à sa mort (1696) (1) ; il était en même temps conseiller du roi. Les fonctions de maire furent provisoirement exercées par les premiers consuls, et ce titre ne reparut que le 10 septembre 1702, avec Jean Serda, prêtre et docteur en théologie.

Ce dernier entra en exercice le 22 mars 1703, mais ses fonctions n'eurent pas de durée, et la charge fut même supprimée par édit royal du mois de septembre 1714 avec condition de remboursement des sommes payées par le titulaire.

Pour ce motif, le sieur Serda resta maire jusqu'en 1715, c'est-à-dire jusqu'à la complète liquidation de sa charge.

Le 26 septembre 1733, un arrêt de la cour de Toulouse ordonna de ne nommer consuls et syndics des communautés que des personnes

(1) Assassiné le 21 mars 1696. (Registre des actes de décès de la ville d'Ax.)

solvables et de ne faire aucune députation pour la poursuite des procès que conformément à la déclaration du roi, c'est-à-dire sans avoir obtenu le consentement des habitants convoqués et réunis en assemblée générale suivant la forme prescrite et dont l'ordre de délibération aurait été confirmé et autorisé par une permission écrite de l'intendant de la province (1).

L'arrêt du parlement daté du 20 novembre 1733, l'édit de mars 1734 et l'arrêt du conseil du roi en date du 23 septembre 1735, défendirent de procéder à l'avenir à aucune élection consulaire sous peine de désobéir aux ordres de S. M. le Roi. L'édit de 1733, ratifié par les deux autres ci-dessus mentionnés, ajoutait « que les officiers en exercice continueraient d'en faire les fonctions jusqu'à ce qu'il plût à Sa Majesté le Roi d'en ordonner différemment. » Cet état de choses dura trois années, et l'on dut se conformer aux ordres supérieurs.

Un nouvel arrêt royal, en date du 4 décembre 1737, rendit aux communautés du royaume la liberté de procéder aux élections consulaires.

De 1742 à 1750, il n'y eut point de nouvelles élections.

L'édit du mois d'août 1764, confirmé par celui du 20 mai 1765, amena un nouveau recrutement dans les municipalités; cet édit, qui ne re-

(1) Archives d'Ax. Registre des délibérations.

çut son application que l'année suivante, créait des *échevins* (1er et 2me) pour remplacer les consuls.

A dater de ce jour, le consulat d'Ax, qui avait vécu plus de cinq siècles, succomba et disparut après bien des vicissitudes.

Pour les élections des échevins, la ville fut divisée en deux quartiers dont les chefs des habitants, assemblés le 31 décembre, conformément à l'article 52 de l'édit royal, délibéraient pour nommer des députés ou délégués chargés d'élire, le 1er janvier suivant, les *notables*, au nombre de six, dont quatre de la ville et deux des hameaux. Ceux-ci, à leur tour, élisaient les échevins à haute et intelligible voix ; leur charge devait être achetée et la prestation de serment devenait obligatoire.

L'administration municipale se composa dès lors de deux échevins, de trois conseillers de ville, d'un syndic receveur et d'un secrétaire greffier nommé par le *corps des notables*, ayant remplacé le conseil politique, pour peu de durée, il est vrai.

Tous étaient exempts de *corvée* (1).

Aux termes de l'article 12 de ce même édit : « le plus jeune des échevins nommés devait être

(1) Impôt payé en nature, journées de travail exigées des paysans pour la construction et l'entretien des routes, réquisitions pour le transport des équipages de troupes, etc.

changé après un an d'exercice, » et l'article 53 portait « qu'il serait procédé chaque année à la nomination d'un nouvel échevin, mais que le premier échevin exercerait des fonctions bisannuelles ». On s'y conforma.

En 1767, on rendit les charges d'officiers municipaux purement honorifiques et cet usage s'est perpétué jusqu'à nous.

Un édit du mois de novembre 1771 rétablit les fonctions de maire et créa *des lieutenants de maire* ; l'intendant de la province obligea les conseillers politiques, de nouveau reconstitués, à se rendre aux séances sous peine d'amende de 6 livres, à moins d'excuse légitime.

L'édit de 1771 n'eut son exécution qu'en 1776, et depuis cette époque jusqu'en 1789, il ne subit plus de modifications.

Le maire et son lieutenant présidaient l'assemblée politique, tandis que les échevins restaient dans les rangs du conseil.

Nous résumerons succinctement les principaux décrets et les lois qui ont régi l'administration des municipalités de 1789 à ce jour.

Un décret de l'Assemblée nationale, en date du 14 décembre 1789, institua les municipalités et créa :

1° Un corps municipal, composé de six officiers dont le maire faisait partie ;

2° Le conseil communal formé par les notables au nombre de douze, un procureur syndic, et les officiers municipaux.

Tous étaient nommés à la majorité des suffrages, par l'assemblée générale des citoyens *actifs* (1) (voir chapitre XV, § 4).

L'organisation administrative fut modifiée par la constitution du 23 juin 1793, et plus encore par les lois du 19 vendémiaire an II et le décret du 14 frimaire suivant, qui, au mépris de toute constitution, livraient la France au régime arbitraire et sanglant de la Convention nationale.

La constitution de l'an III établit dans chaque canton des administrations collectives composées des *agents municipaux*, nommés par toutes les communes du canton.

La loi du 28 pluviôse an VIII (17 février 1800) supprima les agents municipaux créés par la révolution et maintint le nom de maire, elle institua des suppléants ou *adjoints* et un *conseil municipal* élu ; mais la nomination des fonctionnaires était attribuée aux préfets (2) ; ce qui était une source de favoritisme.

Les conseillers municipaux étaient nommés pour trois ans.

(1) On entendait par ce mot tout citoyen âgé de vingt-cinq ans, domicilié de fait dans la communauté, taillable et contribuable de la valeur de trois journées de travail.

(2) La loi du 28 pluviôse an VIII créa des *préfets* nommés par le pouvoir exécutif, pour administrer les départements, et des *sous-préfets* chargés d'administrer les arrondissements.

La loi du 15 avril 1806 fixa le renouvellement des maires, des adjoints et des conseillers municipaux, chaque cinq ans ; elle fut mise en vigueur à dater du 1er janvier 1808.

L'ordonnance royale du 13 janvier 1816 porta à dix ans le renouvellement des conseillers municipaux et maintint à cinq ans celui des maires et des adjoints.

Par la loi municipale du 21 mars 1831, les fonctions administratives des maires et adjoints devinrent triennales, mais la nomination en resta au chef de l'Etat ou en son nom au préfet.

Le nombre des membres du conseil municipal était proportionnel au chiffre de population des communes, et variait de 10 à 36, pour 500 et 30,000 âmes et au-dessus.

Ces membres furent nommés par l'assemblée des électeurs communaux obligés de payer le *cens électoral*, c'est-à-dire 300 fr. d'impositions ; ce chiffre fut plus tard réduit à 200 fr.

Le maire pouvait être pris en dehors du conseil municipal. L'Assemblée constituante proclama le *suffrage universel* et publia sa constitution républicaine le 12 novembre 1848 ; la loi électorale du 31 mai 1850, restrictive du suffrage universel, n'attribua plus le droit de suffrage qu'aux citoyens ayant trois ans de domicile dans leur commune, inscrits sur le rôle de la contribution personnelle ou de la prestation en nature. Cette loi supprimait en France plus de trois mil-

3.

lions d'électeurs. Par le décret présidentiel du 4 novembre 1851, le suffrage universel fut rétabli ; il s'est maintenu jusqu'à ce jour.

Avec quelques modifications acceptées par la Chambre des députés, le Sénat adopta, le 12 août 1876, une nouvelle loi concernant l'élection des maires, qui furent désormais nommés par les conseils municipaux, sauf dans les chefs-lieux de département, d'arrondissement et de canton.

La loi du 28 mars 1882 laissa aux conseils municipaux la faculté d'élire les maires et les adjoints.

Enfin la nouvelle loi municipale promulguée le 5 avril 1884, par décret du président de la République, innova les séances publiques. Le maire et l'adjoint continuent d'être élus par le conseil, leurs fonctions comme celles des conseillers durent quatre ans (1).

(1) Voir aux pièces justificatives n° 4, le catalogue des consuls, maires, échevins, lieutenants de maire, adjoints... qui se sont succédé de 1587 à 1887.

CHAPITRE VII

Justice consulaire au dix-septième siècle. — Procès criminels.

Dès l'origine des communautés, les consuls exerçaient la justice criminelle concurremment avec le juge royal et le bailli (seigneur justicier); ce dernier connaissait seul des affaires civiles.

Dans le comté de Foix, la haute justice, en matière d'appel, était administrée par un sénéchal résidant à Pamiers ; cette ville devint plus tard le siège d'un *Présidial* (1).

Les consuls y jugeaient les criminels de concert avec le sénéchal, assistés d'assesseurs, pris le plus souvent parmi les avocats qui devaient être âgés de vingt-cinq ans, licenciés ou gradués.

En dernier ressort, l'appel avait lieu devant le parlement de Toulouse.

La ville d'Ax possédait un siège de justice *consulaire*, mais ses attributions étaient parfois restrictives. Au seizième siècle, le droit de justice reçut

(1) Institués en 1552 par Henri II, les présidiaux correspondaient aux tribunaux de première instance actuels; ils avaient remplacé les anciens tribunaux des bailliages. Dans le Midi, le mot de sénéchaussée était le synonyme des bailliages du Nord.

une atteinte sérieuse, heureusement passagère. Jeanne d'Albret, la fière reine de Navarre, nomma Antoine Martin, licencié en droit, son *juge ordinaire* dans les villes d'Ax, de Prades, de Mérens et de Lordat. Vive opposition des consuls de ces localités ; mais sur la plainte de l'officier, qu'on refusait de reconnaître, la reine de Navarre ordonna de plus fort son investiture. Peu de temps après, Henri IV rétablit la justice dans son état normal.

Aux consuls était départie la justice criminelle jusqu'à la peine de mort, et pour les causes civiles jusqu'à trois livres cinq sols (soixante-cinq sols) ; la police était aussi de leur ressort.

En matière criminelle et de police, les jugements étaient adressés au parlement de Toulouse ; en matière de justice civile, au présidial de Pamiers.

Un procureur nommé par le roi, ou à défaut son substitut, était chargé non seulement de veiller à l'exécution des lois, mais encore de soutenir l'accusation, de prononcer les sentences après un réquisitoire (1).

Le tribunal criminel se composait :

1° Des officiers attachés au tribunal de police (quatre consuls, procureur du roi et greffier).

2° Des officiers du corps de ville (six ou huit

(1) Il correspondait aux fonctions actuelles du ministère public.

conseillers politiques des plus instruits, délégués à cet effet par le conseil) (1).

Ces derniers étaient appelés d'urgence pour ratifier le jugement du procureur du roi et des consuls et présenter leurs observations sur la peine infligée aux criminels.

La commune d'Ax possède un dossier complet de justice criminelle, de 1604 à 1662, qui présente un grand intérêt. Nous y trouvons le mode de procédure usité à cette époque semi-barbare et la nature des peines infligées aux criminels.

Les procès se rattachent, pour la plupart, aux évènements que nous allons décrire.

Le comte de Carmaing, Adrien de Montluc, avait succédé, en 1604, au duc de Roquelaure, comme gouverneur du comté de Foix ; à cette époque, la vallée de l'Ariège était troublée par la présence de gens sans aveu, qui, réfugiés dans nos montagnes, commettaient toute sorte de brigandages. On les désignait sous le nom de *bandouliers* ; ils se rètranchaient dans les châteaux forts et tenaient *bandols* (2), d'où leur nom. Le château d'Urs était leur principal repaire.

Dès le 13 septembre 1604, nos consuls adressèrent une supplique au parlement de Toulouse

(1) Ils jouaient le rôle de nos jurés de cours d'assises.
(2) Bande, réunion, assemblée.

pour l'informer que ces voleurs et assassins désolaient tous les villages du consulat.

Vainement, le Parlement avait donné des ordres pour s'emparer de ces malfaiteurs qui échappaient toujours aux poursuites de la justice.

Aussi voyons-nous, le 5 mai 1613, le sieur de Pretiane, premier consul, les sieurs Ferriol et Martin informer à nouveau la cour de Toulouse de la présence des bandouliers au château d'Urs; « il serait urgent, disaient-ils, de garder les avenues de ce château, afin de cerner complètement ces brigands homicides. »

Le gouverneur du comté, qui avait donné l'ordre dans tout le pays « de leur courir sus, » envoya le sieur de Celles pour les combattre et s'opposer à leurs déprédations incessantes (vols de bestiaux, arrestation à main armée, dépouillement des voyageurs, etc.).

Le 27 juillet 1616, quelques bandouliers s'étaient réfugiés dans notre ville; défense fut faite aux habitants de les loger sous peine de prison; plus tard, les consuls de Prades firent arrêter et conduire à Ax, le 15 juillet 1618, sous bonne escorte, une compagnie de voleurs qui occupaient le plateau des Gouttines et arrêtaient les habitants de Prades et de Comus pour les dévaliser.

L'accusation se fit devant les consuls d'Ax, aux frais et dépens de la communauté, les consuls de Prades n'ayant point voulu y participer, sous le prétexte que les malfaiteurs arrêtés se trouvaient sur les limites de notre consulat.

Les bandouliers, reconnus coupables d'assassinat, étaient ordinairement condamnés à la pendaison ; ce supplice avait lieu soit à la place de la Ville-Vieille, soit à celle du Breil, soit au col des Escales, au-dessus de la gorge de Berduquet.

Mais l'ancienne procédure contenait encore la *question préalable,* c'est-à-dire les interrogatoires subis au milieu des tourments et la longue série des *peines,* dont quelques-unes étaient affreuses.

Pour en donner une idée, nous mentionnerons les plus usitées par nos consuls : le *bannissement*; l'exposition au *carcan* (collier de fer retenant le condamné a un poteau planté sur la place publique); le *fouet,* avec des lanières garnies de plomb et de fer ; la *marque* ou *flétrissure* au moyen d'un fer chaud (1); l'*amende honorable* qui se faisait devant la principale église, nu-tête, la corde au cou, un cierge à la main ; elle précédait en général le dernier supplice ; les *galères* (2), peine réservée aux faux-

(1) Supprimée en 1832 seulement.

(2) Dès 1748, les condamnés aux galères ne ramèrent plus sur les vaisseaux (galères) de l'État ; on les employait aux travaux des ports et des arsenaux. Les travaux forcés ont remplacé les galères, et les *bagnes* ont même été remplacés par la déportation à Cayenne d'abord, à la Nouvelle-Calédonie ensuite.

monnayeurs ; le *bûcher* et les cendres du criminel jetées au vent ; le plus affreux supplice était celui de la *roue*, lorsqu'on l'exécutait dans toute sa rigueur. En voici une terrible description : après avoir étendu le condamné sur une croix de Saint-André, le bourreau lui brisait à coups de barre de fer les bras, les cuisses, les jambes ; on l'attachait ensuite sur une petite roue de carosse suspendue en l'air par un poteau ; les jambes brisées étaient ramenées derrière lui et sa face tournée vers le ciel, afin qu'il expirât en cet état ; pour hâter sa mort, on lui donnait le *coup de grâce* sur la poitrine.

Quelquefois la sentence portait la clause expresse que le patient serait étranglé, avant d'être roué ; c'était d'ordinaire la forme la plus usitée par nos consuls, lorsqu'ils admettaient des circonstances atténuantes ; nous avons cependant en 1774 (voir page 95) un exemple du supplice de la roue appliqué dans toute son horreur.

Souvent l'on attachait le cadavre d'un condamné à un poteau fixé sur une éminence ; on l'abandonnait ainsi à la proie des bêtes fauves et des oiseaux de proie, afin que ce châtiment servît d'exemple et inspirât de la terreur aux malfaiteurs.

Nous extrayons du dossier de la justice criminelle de notre ville le procès suivant, qui donnera une idée de la législation de cette époque.

Le 5 avril 1651, les consuls d'Ax, avertis qu'un assassinat venait d'être commis au col de Puymaurens, firent aussitôt, sur les indications données, mettre en état d'arrestation un sieur Antoine Delfour, maçon, âgé de 70 ans, originaire du lieu *del Mas*, en Limousin, diocèse de Tulle. On le saisit dans la plaine de Savignac. Après avoir juré sur les saints évangiles de dire la vérité, l'inculpé fut soumis à un premier interrogatoire.

Il raconta d'abord avoir fait la connaissance, à Puycerda, d'un « rhabilleur chaudronnier » dont il ignorait le nom ; il s'était, dit-il, séparé de lui au village de Carol et avait franchi seul le col de Puymaurens.

Ayant passé la nuit suivante à l'Hospitalet, il apprit à son réveil qu'un assassinat venait d'être commis à l'endroit du col de Puymaurens dit « *à l'abet courounat* » (1).

Le lendemain, un deuxième interrogatoire du prisonnier ne permit point aux consuls d'obtenir de lui l'aveu de son meurtre.

Ce même jour, le sieur Gomma, consul, se porta avec quatre hommes au lieu même du crime, pour procéder à la levée du corps du chaudronnier assassiné ; le cadavre gisait sur la neige, la face tournée vers le ciel, la bouche béante, les yeux ouverts ; sa tête était couverte

(1) Au sapin couronné.

d'un chapeau ; le corps ne présentait aucune plaie apparente, une bourse vide et du pain se trouvaient dans ses poches. On l'attacha sur un cheval pour le déposer à Ax, dans la chapelle Saint-Jacques.

Le 7 avril eut lieu la visite du cadavre par les sieurs Durieu, docteur-médecin de la Faculté de Montpellier ; Guilhem Coustiron, Arnaud Florence et J. Antoine Serda, maîtres chirurgiens. A cause de l'originalité de sa rédaction, nous reproduisons *in extenso* ce document qui donnera une idée de l'état de la médecine à cette époque.

« ... Apres examen minutieux du corps, nous avons déscouvert sur l'os temporal et la partie dextre une grande contusion faicte par divers coups que nous jugeons avoir esté faicts avec un instrument pesant, comme pierre, marteau ou baston, et d'aultant que les corps pesants donnés en ceste partie causent une soudaine et violente agitation des esprits animaux, voire la dissolution d'iceux, *inde fit post ictum, percussi voce priventur, non videant nec audiant, et licet cutis remaneat integra et nulla appareat in osse fractura aliquando, attoniti moriuntur* (1). Nous

(1) Traduction : Il arrive, qu'après le coup reçu, ceux qui sont frappés perdent subitement la voix, et n'ont plus le sentiment de la vue et de l'ouïe ; quoique la peau reste intacte et qu'il n'apparaisse parfois aucune fracture, ils meurent tout surpris (étourdis).

concluons de là que la mort peult avoir esté causée par des coups donnés sur l'os temporal droict, attendu qu'après l'avoir faict despouiller tout nud et l'avoir exactement visité, nous n'avons trouvé sur le corps aucune aultre marque considérable et parce que la présente relation est exacte et véritable nous l'avons signée.

« Faict à Ax, ce septième avril, mil six cent cinquante et un.

« Durieu, Coustiron, Florence, Serda. »

Le 8 avril eut lieu le *Verbal d'accarement* (1) du corps de Jean de Bisto (2) avec le prisonnier à la requête du procureur du roi ; les consuls y assistaient.

« D'aultant qu'il est reconnu par la relation des médecin et chirurgiens que le dit J. de Bisto a esté meurtry, et que le dit Antoine Delfour est accusé l'avoir faict, le procureur requiert que le prisonnier soit contrainct à déclarer si le dit corps est celuy du chaudronnier qui estoit à sa compagnie, l'y faire passer et repasser dessus trois fois, à la vue du public pour remarquer les paroles qu'il dira, les gestes et postures qu'il fera et quel visage il tiendra ; sur quoy nous avons commandé à Jean Martuchou, concierge, d'amener le dit Delfour au devant de la chapelle

(1) Confrontation.
(2) Nom de la victime.

Saint-Jacques; le cadavre a esté estandu au milieu de la rue publique, prés de ladite chapelle, et aprés avoir presté serment sur les saincts évangiles, nous lui avons enjoinct de nous déclarer la vérité, et de passer et repasser trois fois, en plaçant un pied de chaque costé du corps du mort, et il aurait dict les paroles suivantes : « *Diou té perdoune, Diou et la sancto Bierjo et toutz les sancts del Paradis y mountren miracle, si yo ay faict mal ny tort al paouré payrouillié que tenio in my* ».

« Ce qu'il réitéra par deux ou trois fois sans aulcun estourdissement ny changement de couleur, réitérant aussy plusieurs fois que c'estait le mesme chaudronnier qu'il laissa au lieu de Carol, et duquel il n'auraict ouy parler ny vu depuis ce moment jusqu'à ce qu'il a esté en prison, et qu'il lui a esté exhibé mort. Interrogé sur le nom du chaudronnier et son lieu de naissance il respond ne le scavoir.

« En foi de quoy nous avons faict dresser le présent verbal à nostre greffier, qui estait présent à tout ce différend, et nous sommes tous signés.

« Béringuier consul, Fornier procureur, Martin bourgeois, Belesta greffier. »

Du 8 au 13 avril inclus, on procéda à l'inquisition (interrogatoire) des témoins appelés, à leur accarement (confrontation) avec le sieur Delfour, inculpé ; le tout à la requête du roy.

La plupart des témoins (on en compte huit) furent à charge.

Le 17 avril eurent lieu les conclusions du réquisitoire prononcé par le procureur du roy et la sentence suivante fut rendue :

« Le sieur Antoine Delfour se trouvant par les premières et deuxièmes auditions des témoings et leur accarement, atteint et convaincu du faict et crime à luy imputé, il est conclu que le coupable doit être remis entre les mains de l'exécuteur de la haute justice, lequel luy mettra le hart (1) au col, et après lui avoir faict faire, teste et pieds nus, *le tour accoustumé par les places et rues de la présente ville,* le forçera à l'amende de son crime, au devant de l'esglise Saint-Vincent du dit Ax, tenant un cierge allumé à la main, demandant pardon à Dieu, au roy et à la justice de son méfaict; puis le présentera à la question préalable, pour l'obliger à descouvrir ses complices, et après le conduira au pech dén Barre, près du chemin tirant en Catalogne, où il sera dressé un eschafaud sur lequel il y aura une croix de bois, et sur icelle le dit sieur Delfour sera estendu, ses bras et ses jambes liés ; cela faict, l'estranglera et aussitôt luy brisera les membres. La mort s'en estant suivie, le corps du sieur Delfour sera placé sur une roue dressée à quatre pas de là, pour y demeurer fixé et ser-

(1) Corde servant à étrangler les criminels.

vir d'exemple et y donner terreur aux meschantes gens.

« Ses biens seront confisqués et acquis au roy, après avoir distraict la somme nécessaire pour payement des frais de justice et la troisième partie pour sa femme et ses enfants s'il y en a. »

Le même jour, 17, le premier consul rapporta la sentence du procureur du roy et les quatre consuls signèrent cette pièce.

Cette sentence devait être ratifiée par le tribunal au complet; les conseillers politiques, présents d'obligation à cette séance, devaient discuter, approuver ou improuver la peine infligée au criminel.

Ce jour-là ils furent d'avis « qu'il était utile d'appliquer la question ordinaire et extraordinaire pour tirer de la bouche du coupable l'aveu de son crime. »

Le procès-verbal fut signé par les sieurs Fornier de Garanou, premier consul rapporteur, Jean Béringuier, Bernard Gomma, Jean Boulié, consuls également; Arnaud de Thonel, seigneur d'Orgeix ; Guilhaume de Fornier, sieur de Larroque; Guilhaume de Pretianc, sieur de Lascoumes; Jean-François Martin, Bernard Ferriol, Arnaud Perpère, Jérôme Gomma, conseillers politiques, faisaient suivre leur signature du mot : *opinant*.

Le condamné voulant faire appel devant « la cour souveraine du parlement de Tolose », le greffier, Bélesta, dressa « un inventaire général des pièces, actes et productions », afin de ne point égarer aucun document important du procès.

L'appel ne fut pas écouté et la cour de Toulouse confirma le jugement rendu par les consuls ; le sieur Delfour fut exécuté comme nous l'avons dit précédemment.

APPENDICE

Vers la fin du siècle suivant, un procès qui a eu grand retentissement dans notre ville, et que nos aïeux ont vu se dérouler, est celui des frères Dézou, en 1774.

Ces malfaiteurs arrêtaient et assassinaient les passants, au lieu désigné vulgairement sous le nom de *Pas étroit du Castelet*, se trouvant à l'extrémité de la petite plaine de Savignac.

C'était alors un vrai coupe-gorge.

Un jugement les condamna, vu l'énormité de leur crime, à être *roués vifs* et exposés ensuite à la roche d'Encastel, dite *roche des pendus*.

Leur appel devant la cour de Toulouse fut rejeté.

L'exécution de ces misérables eut lieu à la Crouzette, ligne divisoire et séparative actuelle des communes d'Ax et de Savignac.

La tradition rapporte que les mères de famille souffletaient leurs enfants, au moment où l'exécuteur de la justice brisait les membres des criminels exposés sur la roue, pour leur inspirer la crainte du vol et de l'assassinat ; leurs squelettes flottèrent longtemps au gré des vents sur la roche d'Encastel, et cette vue inspira une terreur profonde aux habitants (1).

CHAPITRE VIII

Police locale jusqu'à la Révolution française.

De temps immémorial, la communauté d'Ax nommait, chaque trois ans, deux agents chargés de la police, qui recevaient de modiques honoraires.

Ils portaient la dénomination de sergents.

Leur mission était : « de surveiller l'entrée des vins étrangers, de les déguster, de percevoir les taxes établies et de faire observer les divers règlements. »

Outre leur salaire, ils recevaient une rémuné-

(1) Rapport des témoins oculaires aux personnes âgées qui nous ont raconté les péripéties de cette terrible exécution.

ration « d'un *huchau* (1) de vin par charge, que les cabaretiers étaient tenus de leur bailler annuellement sous peine de 50 livres d'amende. »

Pour donner une idée des coutumes locales, des anciens règlements, tarifs et droits municipaux de notre ville, aux seizième, dix-septième et dix-huitième siècles, nous les énumérerons, par ordre chronologique, jusqu'à la Révolution française. Nous les extrayons du registre des délibérations du conseil politique.

1588, 18 janvier. — Les consuls arrêtèrent : « que tout argent court et rogné qui s'employait dans la présente ville serait pris et rompu, que la moytié de l'argent provenant de la vente des pièces en serait baillée aux pauvres et l'autre moytié affectée à la réparation des tours et murailles de la ville, ordonnant de faire en outre la criée de cette confiscation. »

La boucherie était la propriété exclusive de la ville qui la règlementait à sa guise, l'affermait tous les ans et prélevait le droit *d'ayde* ou *ajude*.

Les conditions du bail à ferme devaient être contrôlées par le conseil politique assemblé ; ce contrôle était obligatoire pour les consuls ; ajou-

(1) Mesure équivalente, à Foix, à 0 litre 500, mais variant suivant les villages de 0 litre 406 (Bélesta) à 1 litre 060 (Saint-Paul-de-Jarrat) à l'époque de la Révolution. (*Anciennes mesures, d'après l'ingénieur Mercadier*). L'huchau valait anciennement ~~à Ax~~ 0 litre 673 (*Métrologie de Souquet*).

tons que les fermiers des boucheries avaient le monopole de la viande.

1593, 18 août. — La viande fut taxée comme suit :

« La brebis à 4 sols la livre, la chèvre à deux sols, le chevreau à 18 ardits, le ventre de la ouelhe (brebis) à 3 ardits ; la tétone à 6 ardits ; le cap (tête) à un sol, et le biscor (trachée-artère) à 2 sols, la bassive (vache ou brebis) à 4 sols 6 deniers la livre.

« A la condition de ne prendre bestail malade sous peine de 50 livres d'amende. »

1595, 16 janvier. — Un arrêté des consuls porta : « que le chernell (1) était défendu, et que l'on citerait en justice ceux qui vouldraient le faire. »

27 Avril. — L'on décida « de faire visiter le blé et d'en permettre la vente à un prix raisonnable ».

14 Mai. — Les consuls firent proclamer à son de trompe, par les carrefours et rues de la ville, « qu'il était défendu de sortir en armes hors du consulat sous peine de la vie. »

Cette mesure était prise dans le but d'empêcher les maraudeurs de commettre des vols à main armée.

(1) Charivari : bruit tumultueux avec huées et instruments discordants, réservé aux ménages désunis ; encore usité de nos jours.

1596, 25 mars. — L'on fit crier : « qu'il était inhibé et défendu de mettre poison à la rivière, sous peine de 20 écus et 2 mois de prison » ajoutant encore « que le dénonciateur aurait 2 écus ».

1598, 28 décembre. — Par délibération prise « dans l'enclos du bain et dans l'escole de la présente ville » l'on établit droit de *barre*, c'est-à-dire « que l'on paierait un sol par charge de sel entrant en ville ».

1599, 3 janvier. — On ajouta à cet impôt : « que le vin venant d'Espagne paierait trois sols par charge » et ce même jour on fixa les gages du monteur du reloge (horloge) à 12 livres.

28 Mai. — Sur la plainte des acheteurs du marché, on décida « de mettre un *poids public* (1), et de l'arrenter (payer une somme de... pour le pesage) ».

1607, 3 janvier. — Il fut établi par les consuls que l'on mettrait aux enchères les droits d'*ajude* ou *ayde* (impôt sur la viande, le vin, les denrées, les huiles, etc.), de *barre* (droit d'entrée) et de *poids* (droit de pesage).

1612, 17 mai. — En vue de la disette qui commençait à sévir dans la contrée, on décréta : « qu'on ne pourrait vendre du grain qu'aux gens du consulat et à ceux du Lordadais pour leur nourriture seulement ». Défense fut faite aux ha-

(1) *Romaine*, sorte de balance pour peser avec un seul poids, basée sur les principes du levier.

bitants de la ville, des villages de Savignac et de Perles, de transporter du blé en dehors des limites du consulat, sous la peine de 10 livres et confiscation du grain ».

30 Mai. — De temps immémorial, on conduisait à Ax le bois à brûler au moyen des rivières. Le sieur Serda, propriétaire d'une forge située sur la rivière d'Auze, au quartier dit le Martinet, voulait s'y opposer, prétextant que les bois entraînés par l'eau détérioraient « la paichère » (digue). Les consuls prirent l'arrêté suivant : « Si le dit Serda continue d'empêcher l'usage de l'eau pour la conduite des bois à brûler, de la vallée d'Ascou à Ax, on lui démolira sa digue et l'on continuera à faire passer le bois comme est de toute ancienne et immémoriale coustume ».

1613, 26 août. — L'autorité des consuls était souvent vexatoire ; nous voyons en effet : « que le meunier du Couzillou refusant de réparer le mur du canal, on lui coupera l'eau et qu'on lui prendra du grain du moulin pour faire les dites réparations.

1616, 27 mars. — Après le terrible incendie du 13 juin 1615 (voir chapitre XV, §3), les consuls s'adjoignirent quatre membres du conseil politique, pour visiter soigneusement les maisons renfermant du fourrage, et obliger les habitants à le retirer de la ville, afin d'éviter un nouveau désastre.

1618, 24 juin. — L'on ordonne à Jean Arnaud

adjudicataire de la boucherie, « de tenir soufflet » et ne pas tuer bestail malade ».

1624, 22 juin. — L'on arrête que si le sieur Arnaud et les autres bouchers trompent le public en vendant de la brebis pour du mouton, « ils seront condamnés à cent livres d'amende, dont la moitié sera baillée au dénonciateur et l'autre moitié servira à la réparation des tours et murailles ».

1625, 27 avril. — Un bureau de mesurage public venant d'être établi à la place du marché, un arrêté consulaire porta : « que tous les porteurs de grain seraient tenus de payer le droit de mesure, et que le fermier de ce droit mesurerait à la place pour les étrangers, et à leur maison, pour les habitants.

1636, 10 avril. — Un *rasteil* (râtelier) fut placé, par décision du conseil politique, à la rivière d'Auze, près la place du Breil ; on le consolida au moyen de *pitges* (pieux) ; chaque habitant avait un jour fixé pour aller prendre le bois à brûler, arrêté par ce râtelier. Nous avons déjà vu (30 mai 1612) que l'on utilisait l'eau des torrents pour transporter le bois de chauffage.

1629, 24 mai. — Un arrêté de ce jour fixa la vente de la livre de truites (400 gr.) à 3 sols.

1671, 10 juillet. — Les consuls décidèrent que la pêche des truites ne pouvait avoir lieu, que le vendredi, le samedi et les jours de vigile ; ils portèrent la livre de ce poisson à 3 sols 6 deniers et renouvelèrent sous les peines les plus sévères la défense d'empoisonner les rivières.

1693, 8 août. — Interdiction fut faite aux habitants de bâtir dans le quartier du barry du Bain, afin de laisser libre l'accès de la place du Breil ; cela semble prouver clairement que le grand mur allant de l'angle nord de l'hôpital à la tour Couronnade (voir chapitre III, page 37) devait être en partie démoli ou qu'on y avait pratiqué une porte pour communiquer librement du faubourg avec la place du Breil.

1694, 8 juillet. — Pour la première fois, on décida que la viande de boucherie serait marquée du sceau de la ville par le fermier des droits *d'ayde* et qu'on ne pourrait taxer (1) ou débiter la viande qu'aux prix suivants :

Le mouton à 4 sols 8 deniers la *livre carnissière* ; le bœuf à 4 sols 8 deniers ; la brebis à 4 sols 4 deniers. Ce même jour l'on interdit aux bouchers d'acheter du bétail dans l'étendue du consulat, si ce n'était pour le débiter en ville, et cela sous peine de l'amende de 10 livres et de confiscation du bétail pour la première fois ; en cas de récidive, les bouchers étaient passibles d'une plus forte amende et de la prison.

1696, 6 mars. — Le sieur Arnaud, boucher, ayant contrevenu aux tarifs fixés pour la viande,

(1) La taxe sur la viande par les municipalités s'est maintenue jusqu'en 1850 environ.

les consuls se transportèrent chez lui, dressèrent procès-verbal et le condamnèrent à l'amende.

1704, 23 mai. — Plainte fut portée par les habitants d'Ax, devant le conseil politique, pour tapage nocturne occasionné par les rôdeurs de nuit qui frappaient aux portes, tiraient des coups de feu, etc.., en un mot troublaient le repos public. — On prit un arrêté punissant d'*un mois* de prison les auteurs du tapage, qui, en cas de récidive, encouraient une plus grande peine.

Le même jour, on défendit aux cabaretiers et hôteliers de recevoir chez eux aucun enfant de famille, de jour ou de nuit, et de ne donner ni vin ni lumière aux grandes personnes après neuf heures du soir.

1728, 31 janvier. — Les consuls ayant appris que le prix du grain et du vin avait diminué, firent crier par les rues et carrefours de la ville l'obligation : 1° à tous les boulangers de faire le pain de seigle de 4 sols à 19 *quarts et demi*, bien cuit et assaisonné, et celui de blé à 4 sols également, à raison de 14 *quarts*, pareillement bien cuit et assaisonné ; 2° à tous les cabaretiers, de vendre le vin à raison de 32 deniers (1) l'huchau, sous la peine de confiscation et de 20 livres d'amende.

1730, 4 janvier. — On décida d'habiller le valet

(1) Le sou (cinq centimes) de notre monnaie actuelle correspond à douze deniers anciens.

de ville avec une livrée, se composant : 1° d'une casaque rouge ; 2° de drap de Lodève doublé d'une sergette ou cadis bleu ; 3° d'un chapeau de laine bordé de sceaux en argent.

1781, 3 mars. — Une ordonnance de police, concernant l'hygiène et la salubrité, afin de prévenir les épidémies, prescrivit aux habitants de tenir les rues, les boucheries en état de propreté excessive, et de faire de grands feux de genièvre sur les places de la ville.

1782, 12 juin. — Malgré ces mesures préventives, l'épidémie, qui avait dévasté plusieurs villes du Midi, Castelnaudary en particulier, se propagea jusqu'à Ax, et plusieurs médecins étrangers furent appelés pour prodiguer leurs soins aux malades, entre autres le sieur Rouch, de Limoux.

A partir de ce jour la communauté prit un médecin et fixa ses honoraires ; ajoutons que l'épidémie (peste ?) disparut bientôt et qu'elle fit peu de victimes.

L'hiver de 1788-1789 avait été rude, le pain était cher : le peuple s'insurgea et réclama la suppression de l'octroi.

Voici divers prix de l'été de 1789 : bœuf, 12 sols la livre ; veau, 14 sols ; brebis, 10 sols ; chèvre, 8 sols ; setier de blé, 27 livres, 10 sols ; le seigle, 19 livres ; poivre blanc, 3 sols 1 denier ; pain brun, 2 sols 6 deniers ; pain de seigle, 2 sols 4 deniers.

CHAPITRE IX

Administration religieuse. Archiprêtres d'Ax et Savartès.

La ville d'Ax jouissait depuis des siècles d'un privilège ecclésiastique peu connu et assez rare, celui de posséder un archiprêtré dont le titulaire avait le droit d'officier aux grandes solennités, revêtu d'insignes abbatiaux : la mitre, la crosse, l'anneau pastoral, les gants et les sandales brodées.

La mitre en toile de fin lin, de forme haute et conique, était ornée de deux fanons ou larges bandeaux fixés par derrière et retombant sur les épaules, telle qu'elle est représentée dans les portraits des premiers papes recueillis par les *bollandistes*, parmi les plus anciens monuments de Rome.

La crosse était de bois peint et doré; on peut encore voir dans la chapelle du Sacré-cœur de l'église paroissiale, celle du dernier *archiprêtre d'Ax et Savartès*, M. Gardebosc, auprès de son buste modelé.

Les canonistes sont unanimes pour reconnaître que le pape seul peut accorder le privilège de porter la mitre aux ecclésiastiques qui ne sont point évêques, mais ils ne parlent nulle part de la concession faite à de simples prêtres de la crosse pastorale, de l'anneau et des sandales brodées.

L'usage de ces droits ayant cessé à la Révolution de 1793 et le concordat de 1801 ne l'ayant pas rétabli, les curés d'Ax ne prennent plus que le titre de *curés-doyens*, et celui d'archiprêtre d'Ax et Savartés est entré dans le domaine de l'histoire (1).

Ce dignitaire ecclésiastique n'exerçait sa juridiction que sur trois vicaires des églises de Vaychis, Sorgeat et Ascou, annexés d'Ax et sur les autres prêtres résidant dans sa paroisse.

Ces trois vicaires et quelques confrères des paroisses voisines assistaient solennellement l'archiprêtre pour les cérémonies des grandes fêtes. Ses ministres étaient les prêtres assistants, diacre, sous-diacre et quatre chapiers.

Les autres paroisses du consulat étaient : Orlu avec son annexe Orgeix, Perles (2) avec ses annexes le Castelet et Savignac.

Tignac dépendait du prieuré d'Unac, et Ignaux de Sorgeat, ces deux derniers villages ne for-

(1) Aujourd'hui le titre d'archiprêtre est purement honorifique ; donné aux curés des chefs-lieux d'arrondissement, ce titre n'a rien de commun avec celui des anciens archiprêtres d'Ax et Savartés.

(2) Dépendance de l'abbaye de Saint-Volusien de Foix, depuis l'an 1144.

mant ensemble qu'une seule et même commune.

Telle était l'administration religieuse des villages du consulat dans le cours du dix-septième siècle.

Les registres des baptêmes, mariages et décès de nos archives communales en font foi (1).

Une brochure, intitulée : *la ville d'Ax, son consulat, sa châtellenie* (2), imprimée à Foix en 1868, cite, au sujet de la distinction des insignes portés par les archiprêtres d'Ax, les détails d'une ridicule origine, inventée par la malice d'un écrivain huguenot, nommé Pierre Louvet, de Beauvais, dans ses *Remarques sur l'Histoire du Languedoc* (volume in-4° imprimé à Toulouse en 1657). On lit à la page 232 : « Dans le diocèse de Pamiers, sur la frontière d'Espagne, il y a un archiprêtre à Ags, où il y a des bains chauds, lequel a quelque espèce de juridiction pastorale, car il dit la messe avec gants, porte un bonnet fourré de peaux à la teste et une demie crosse. Ayant été curieux de scavoir de cette particula-

(1) Il en fut ainsi jusqu'au concordat de 1801. La répartition des églises fut l'objet d'un arrêté préfectoral, rendu le 6 octobre 1808, en exécution d'un décret du 28 août de la même année. Ax comprit alors une cure ou doyenné et onze succursales (Ascou, Hospitalet, Mérens, Montaillou, Orlu, Orgeix, Perles-Castelet, Prades, Savignac, Sorgeat-Ignaux, Vaychis-Tignac); l'annexe Ignaux fut érigée en cure-succursale d'Ax, le 21 février 1845. Le vicariat d'Ax fut autorisé par décision ministérielle du 8 février 1819.

(2) Par MM. Fonds-Lamothe et Benj. Rivière.

rité, j'ai appris que Pamiers, ayant esté pris par les religionnaires, il y a quatre-vingts ans environ, un chanoine de Pamiers se retira en cette ville là, d'où il estait curé, et comme il avait accoustumé au chœur de Pamiers de porter l'aumusse sur la teste, estant chanoine régulier de Saint-Augustin (comme ceux du chapitre le sont encore), il s'accoustuma à la porter de la mesme façon au dit lieu, et aussi un baston garni d'argent pour le soustenir lorsqu'il allait à l'autel, d'autant qu'il estait boisteux. Son successeur le voulant suivre, haussa le baston, et porta non l'aumusse entière, mais partie de la dite aumusse sur la teste, retroussée à la façon d'un bonnet électoral, laquelle chose, par succession de temps, ayant estée tolérée à cause des troubles de la religion, a depuis passé en coustume. »

Ce factum protestant ne mérite aucune attention, l'auteur ignorait même que ces insignes étaient portés à titre d'archiprêtre de Savartés.

Cette question d'origine semble avoir été sérieusement et convenablement traitée dans une étude inédite sur la fondation des abbés militaires de Charlemagne dans le royaume d'Aquitaine, et sur la fondation de la première abbaye royale, sous le vocable de Saint-Volusien-de-Savartés, par le même roi.

Nous y recueillons l'origine qui est donnée aux archiprêtres du Savartés par une analyse très succincte. Il est incontestable que Charlemagne fonda, en 778 et 779, un ordre d'abbés hauts dignitaires civils et militaires, en même temps que moines réguliers *avec exclusion de cléricature*, dans le royaume d'Aquitaine, qu'il organisa pour son fils Louis le Débonnaire, enfant au berceau, afin de le sauvegarder contre la félonie des seigneurs aquitains et contre les invasions sarrasines.

Un texte de l'annaliste Astronomus (1), contemporain de Charlemagne et biographe de Louis le Débonnaire, texte commenté par le professeur Fauriel (2), par le bénédictin dom Vaissette (3) et par le président de Marca (4), ne permet aucun doute à ce sujet.

Une charte, procès-verbal d'un plaid royal tenu à Narbonne l'an 867, prouve incontestablement que Charlemagne avait fondé la première abbaye de cet ordre religieux d'abbés militaires, sous le vocable de Saint-Volusien-du-Savartès, et l'avait dotée royalement de toutes les hautes vallées de la rivière d'Ariège et de ses affluents, qu'il possédait à titre de roi franc et par droit de conquête sur les Sarrasins, vallées qui prirent alors le nom de *Savartés*, et s'étendirent du pas de la Barre au col de Puymaurens et aux limites de l'Andorre.

(1) *Vita Ludovici Pii, ad annum* 778.
(2) *Histoire de la Gaule méridionale*, tome III, page 387.
(3) *Hist. génér. de Languedoc*, liv. VIII, édit. Paya, page 122.
(4) *Marca-Hispanica*, page 263.

Dans les archives du Vatican, on pourrait trouver les décrétales par lesquelles le recteur de l'église de Foix, alors dédiée à saint Nazaire, fut nommé *archiprêtre du Savartés*, et autorisé sans doute à revêtir, en vertu de ce titre, les insignes abbatiaux que ne pouvait porter l'abbé militaire, laïque, prenant lui-même la charge de donner les secours spirituels religieux au monastère principal de cette abbaye, dont l'église était bâtie sous le vocable de Saint-Volusien.

Ces décrétales sont perdues dans l'Ariège, mais un extrait du livre, intitulé : « *lo libre de las coustumas et libertats dé la billo de Fouich,* » fait par ordre des consuls, en l'an 1458, et inséré dans la *Vie de saint Volusien*, du Père Lecoudre (1), mentionne à la page 88 : « *lo régent de la gleisa et monestier* (2) *de Fouich se intitulant archiprestre de Savartés.* »

On ne saurait assigner au titre d'archiprêtre de Savartés et aux insignes attribués à cette dignité ecclésiastique une autre origine que la fondation des *abbés militaires* (*abbati milites*) et de l'abbaye de Saint-Volusien-de-Savartés, aux années 778 et 779.

(1) Chanoine régulier de la Congrégation de France. — Limoges, 1722.

(2) Il faut entendre par ce mot le presbytère ou encore le lieu où ces prêtres habitaient, car celui de monastère (monestier) n'a pas toujours signifié l'habitation ou la demeure des moines.

La transmission du titre et des attributs d'archiprêtre de Savartés aux archiprêtres d'Ax-sur-Ariège trouve sa date aussi bien motivée à l'année 1104, à l'occasion de la seconde abbaye de Foix.

On connaît tous les détails de cette fondation par l'abrégé du second chapitre du cinquième livre de l'histoire manuscrite de Pierre André de Ravenac, religieux observantin. Nous y apprenons que « Mossen Hector de Mazamet, curé et recteur en seul de la ville de Foix, fut choisi par ses pairs et reconnu *premier abbé* de la congrégation de chanoines réguliers de l'ordre de Saint-Augustin avec le consentement du seigneur évêque de Toulouse et des commissaires pontificaux, sous l'autorité et l'approbation du pape Pascal II, en l'an 1104. Philippe Ier, roi de France, régnant ».

Dès cette année, Mossen Hector de Mazamet, simple curé-recteur de Foix, et sans nul doute comme ses prédécesseurs honoré du titre et des insignes d'archiprêtre du Savartés, étant devenu abbé titulaire, fut probablement autorisé, par le pape et le comte Roger, fondateur, et par l'entremise des commissaires apostoliques, à transmettre son titre honorifique d'archiprêtre du Savartés, avec droits d'insignes abbatiaux, à l'archiprêtre d'Ax.

Ce titre officiel fait défaut depuis l'incendie des archives des comtes de Foix et peut être trouvé dans les archives du Vatican, à Rome.

La conservation et la transmission du titre d'archiprêtre du Savartés, de la part de l'autorité ecclésiastique et de la part de l'autorité civile, ne sauraient être l'objet d'un doute, si nous vérifions la succession non interrompue chez les archiprêtres d'Ax de leur titre honorifique.

Dès l'année 1312 une charte de transaction, passée entre Bernard Saisset, premier évêque de Pamiers, d'un côté, les procureurs fondés de la noblesse et les syndics des communes du pays de Foix de l'autre, transaction sanctionnée par un diplôme d'approbation de Philippe le Bel, roi de France, désigne l'*archiprêtré du Savartés* à titre de circonscription ecclésiastique, renfermant l'abbaye de Foix, les prieurés d'Unac, de Vic-Dessos, de Miglos, la prévôté de Rabat ; ses chapellenies, ses rectoreries et autres bénéfices du diocèse de Pamiers (1).

Il serait facile de citer des témoignages moins éloignés. On peut lire, dans la maison Bonnel de Pradal à Ax, la dédicace d'une thèse de philosophie, de l'année 1651, au « *Reverendissimo Arnaldo Bonelio de Claverii, archipresbytero Aquensi et Savartensi.* »

Les auteurs de la Gaule chrétienne (2) ne men-

(1) *Abbas et conventus monasterii Fuxi, priores de Unaco, de Sos, de Meglesia, præpositus de Ravato et capellani, rectores et aliæ personæ ecclesiasticæ archipresbyteratus Savertensis diœcesis Appamiarum* (Archives de Pamiers).

(2) *Gallia Christiana*, tome XIII, page 151.

tionnent dans l'Ariège que deux archiprêtrés : Ax et Montaut.

Nous devons à l'extrême obligeance de M. l'abbé Authié, chanoine honoraire de Pamiers et notre compatriote, les judicieux renseignements qui nous ont guidé dans la rédaction de ce chapitre.

Les archiprêtres d'Ax et Savartés jouaient dans notre ville un rôle très important ; ils prenaient une part active aux délibérations du conseil politique. Plusieurs fois, ils eurent des différends, soit avec leurs vicaires, soit avec les consuls ; le soin de payer, avec les revenus de l'église paroissiale, les prédicateurs du carême, les vicaires et les précepteurs ou régents leur incombait.

Les registres des délibérations attestent les faits précédents.

Nous lisons, en effet, que « le 8 juillet 1595, l'archiprestre Rauzy, ne voulant point payer ses vicaypres, ni les prebcheur et précepteur, les consuls arrestent que ledit archiprestre sera privé des fruicts de ceste année jusqu'à complet payement. »

Un procès s'ensuivit, et le 17 novembre 1596, les habitants, sommés par le sire d'Audou, gouverneur, de recevoir l'archiprêtre, répondirent « qu'il estait chargé de maléfices et que pour cette raison il ne peult rentrer en ville, mais si son père et sa mère veulent y entrer, il leur sera permis d'y demeurer. »

Ce différend se termina à l'amiable.

L'année 1675 vit s'élever une contestation très orageuse entre l'évêque de Pamiers, Mgr de Caulet, et Louis XIV, au sujet de la *régale*.

C'était le droit que s'arrogeaient de temps immémorial les rois de France de conférer les bénéfices ecclésiastiques et de disposer des revenus *durant la vacance du siège*.

Ce monarque, par sa déclaration du 10 février 1673, mise en vigueur en 1675, voulut étendre ce privilège aux diocèses voisins des Alpes et des Pyrénées, qui jusque-là en étaient exempts. L'évêque de Pamiers protesta de concert avec celui d'Alet et porta ce différend devant le souverain pontife.

Mgr Pavillon, évêque d'Alet, étant mort le 8 décembre 1677, Mgr Caulet resta seul pour soutenir contre le roi et les parlements cette lutte qui renouvelait les querelles de la papauté et de l'empire au moyen-âge.

Il députa, le 3 mai 1678 (1), pour soutenir sa cause auprès du pape Innocent XI, l'archiprêtre d'Ax et Savartés, H. Dorat, un de ses plus hauts dignitaires ; en même temps, il publiait un *traité de la régale* pour montrer l'injustice tant du roi que des officiers, et de nouveau il déclarait séparés de la communion des fidèles tous ceux qui, à titre de régalistes, avaient obtenu et obtien-

(1) Archives d'Ax. Registre des actes de baptême.

draient à l'avenir pour eux ou pour autrui quelque bénéfice dans le diocèse.

Louis XIV, irrité, défendit à l'archiprêtre d'Ax de rentrer en France ; mais le pape Innocent XI, pour honorer ce digne ecclésiastique, le pourvut d'un canonicat à N.-D. de Lorette.

Le roi nomma alors l'abbé J.-F. Moreau à l'archiprêtré d'Ax ; de leur côté, les vicaires capitulaires de Pamiers, après la mort de l'évêque Caulet (le 8 août 1680), firent choix de l'abbé J. Etienne Dufas ; mais la vacance du siège s'étant prolongée jusqu'en 1694 et le chapitre se trouvant divisé par suite de la nomination de trois chanoines régalistes dissidents, déjà excommuniés par le prélat défunt, il est facile de comprendre pourquoi l'abbé Dufas ne put entrer en fonctions qu'à la mort de l'archiprêtre *intrus* Moreau, survenue en 1696.

Dès son entrée en exercice, il reçut l'ordre de Mgr de Verthamon d'effacer le mot *archi* sur tous les registres des actes de baptême, mariage et décès signés de son prédécesseur et de ne laisser subsister que le mot *prêtre* (1).

(1) Voir aux pièces justificatives nº 5 et 6 : 1º les noms des archiprêtres d'Ax et Savartés et des curés-doyens qui se sont succédé de 1587 à 1887 ; 2º les noms des évêques et archevêques étrangers au diocèse qui ont pontifié dans l'église paroissiale Saint-Vincent de 1786 à 1880.

CHAPITRE X

Les Confréries de Pénitents à Ax.

L'origine des confréries de pénitents est fort ancienne ; s'il est difficile d'en saisir l'institution à ses débuts et d'en suivre les progrès à travers le moyen âge, on peut du moins constater avec une entière certitude, à diverses dates, l'existence d'associations fondées sur l'idée, vieille comme le monde, de la pénitence volontaire, de l'utilité et de la nécessité, tant pour le genre humain que pour l'individu, d'expiations spontanément offertes à la divinité.

On ne saurait indiquer, même d'une façon approximative, la date de l'organisation de la plus ancienne confrérie permanente des pénitents.

Au dix-septième siècle, les pénitents se différenciaient entre eux plutôt par la couleur du sac que par leurs statuts.

Certaines villes de France, Limoges, par exemple, en avaient six compagnies : 1° les *noirs*, fondés en 1560 ; 2° les *bleus*, en 1575 ; 3° les *blancs*, vers 1600 ; 4° les *gris*, vers 1600; 5° ceux de la Miséricorde, vers 1615, couleur feuille morte ; 6° enfin, les *rouges* ou *pourpres de charité*, institués en 1662.

Les statuts de toutes ces compagnies se ressemblaient à quelques détails près ; outre la sanctification personnelle des membres, l'édification et la pratique des œuvres de la miséricorde, ils recommandaient l'assistance des offices, punissaient de l'amende les absents, exigeaient un droit d'entrée et une cotisation annuelle ; ils fixaient enfin le nombre des officiers et le mode de leur élection.

Le dépouillement des archives de la chapelle de Saint-Jérôme de notre ville nous a permis de rétablir le passé de deux confréries de pénitents, qui ont eu leur importance au commencement du dix-septième siècle.

C'est le devoir de l'historien de conserver le souvenir des institutions qui ont survécu à tant de vicissitudes, en racontant leur origine, leur constitution, leur fonctionnement.

§ I. — *Confrérie des Pénitents blancs.*

Le 8 mars 1606, l'on fonda à Ax une confrérie de *Pénitents blancs*, approuvée ce même jour par le vicaire général de l'évêché de Pamiers.

On en trouve la preuve dans une sentence arbitrale, rendue le 16 octobre 1610, où nous lisons ce passage :

« Après avoir vu l'original des statuts et règlements de ladite compagnie des blancs, approuvée par vénérable J. Descola, archidiacre et vicaire général de l'évêché de Pamiers, le siège vacant en date du 6 mars 1606... »

Par délibération du 18 mars 1606, le conseil politique, sur une requête à lui présentée par les pénitents blancs de notre ville, leur accorda « de s'assembler à la chapelle N.-D. du Bain ou à celle de Saint-Jacques, pour y exercer la pénitence de leur dévotion » (1).

Enfin, le 10 novembre 1606, des lettres apostoliques *in forma brevis*, de Paul V, expédiées sous l'anneau du pêcheur, autorisèrent cette confrérie. Les lettres imprimées furent déclarées authentiques, le 13 février 1607, par le visa de Mgr d'Esparbès de Lussan, evêque de Pamiers (2).

Leurs statuts étaient à peu près analogues à ceux des pénitents bleus, dont nous allons parler ; ils en étaient différenciés cependant par la couleur de leur sac et par l'admission de consœurs pénitentes dans leur confrérie.

§ II. — *Confrérie des Pénitents bleus.*

Une confrérie de *Pénitents bleus* fut établie dans notre ville, le 12 mars 1607, avec la permission de Mgr d'Esparbès de Lussan, sous l'obser-

(1) Archives d'Ax. Registre des délibérations.
(2) Sentence arbitrale du 16 octobre 1610.

vation des statuts de la compagnie mère, établie et érigée à Toulouse en 1575 (1).

Le jésuite Auger, confesseur d'Henri III, en avait rédigé les statuts en dix-sept chapitres ; le pape Grégoire XIII les approuva l'an 1579 par une bulle expresse.

Les pénitents bleus d'Ax n'avaient pas, dès le début, une chapelle particulière ; ils obtinrent momentanément l'autorisation de l'évêque de Pamiers pour se réunir dans la chapelle Saint-Jean, voisine de l'église paroissiale Saint-Vincent.

Mais, le 1er avril 1607, une requête intimée de Mgr l'évêque de Pamiers leur accorda « de bastir une esglise à la charge de la doter » (2). La première pierre fut posée, le 24 avril 1607, par l'archiprêtre d'Ax et du *Savartés*, Rauzy.

(1) Plus tard, cette confrérie fut dénommée *royale compagnie des pénitents bleus* ; Louis XIII, Louis XIV et Monsieur, comte de Provence, frère de Louis XVI, se firent successivement inscrire sur le registre des membres de cette association qui comptait déjà dans son sein, en 1580, des hommes éminents : Georges d'Armagnac, archevêque de Toulouse ; Bertrand du Barrau du Pairon, évêque de Pamiers ; les frères Anne, Henri et François de Joyeuse, ce dernier archevêque de Rouen ; Duranti, avocat au Parlement (tué en 1625 par les ligueurs), et d'autres hommes éminents de la noblesse et de la bourgeoisie.

En 1625, on inaugura pompeusement la chapelle dont Louis XIII, de passage à Toulouse, avait posé la première pierre, le 12 mars 1622 ; cet édifice somptueux coûta 100,000 livres.

(2) Sentence arbitrale du 16 octobre 1610.

Les dons faits pour la construction de cette chapelle s'élèvent à 2,073 livres, y compris l'achat du crucifix et la façon de la cloche (1). Vu la hausse des salaires de nos jours et le prix excessif des fournitures et matériaux de construction, nous pouvons affirmer que cette chapelle coûterait actuellement plus de 40,000 francs.

Le 7 janvier 1608, une lettre de Mgr Esparbès de Lussan renferme ce qui suit : « Nous avons permis aux dévots confrères de la compagnie des pénitents bleus de faire célébrer la sainte messe dans l'église ou chapelle par eux construite nouvellement, avec notre permission, à l'honneur de Dieu et soubs le titre glorieux de saint Hierosme, leur patron, et dans icelle pratiquer les exercices de la piété portés par leurs statuts, à la charge de tenir une pierre sacrée sur l'autel, ce que nous enjoignons, par ces présentes, signées de notre main et scellées de notre scel. — Joseph D'ESPARBÈS DE LUSSAN.

(1) Nous trouvons, dans un inventaire, les renseignements qui suivent :

Les journées de la main-d'œuvre des hommes, à 7 sols ; celles des femmes, à 3 sols et 3 sols 6 deniers. La canne de maçonnerie, fourniture comprise, à 30 sols ; les journées des maîtres maçons, à 10 sols et nourriture en plus ; celles des maîtres couvreurs, venus de Lagarde, près Mirepoix, au même taux.

Des dons volontaires de seigle, de fer (pour la cloche et les ferrures des portes, etc.).

Le parrain de la cloche fut le sieur Fornier, procureur du roy.

Il est important de décrire l'inauguration solennelle de cette chapelle : « Il appert de ladite permission du seigneur evesque, en date du 12 mars 1607, que les confrères pénitens bleus d'Ax sont autorisés à commencer leur première procession, le jeudi 16 mars 1607; ils sortiront de la chapelle Saint-Jean, la nuit du Jeudi-Sainct faisant la procession, et le dimanche de l'octave du *Corpus Christi* (1) faisant l'autre procession, en attendant que leur esglise soit bastie; cela étant advenu le 22me janvier 1608, jour de Saint-Vincent, ils sont sortis ledit jour de la chapelle Saint-Jean-d'Auze, et en procession, se sont allés retirer à leur esglise, bon matin ; là fut dict une messe haute, avec diabcre, soub diabcre et musique, et se continuera ainsi de dire une grande messe tous les ans audit jour.. »

Nous empruntons une partie des renseignements suivants à une œuvre littéraire de Jean Grange (2) et aux statuts de l'archiconfrérie des pénitents bleus de Toulouse, dont la confrérie d'Ax dépendait.

Les membres de cette compagnie portaient un sac bleu de toile, avec une petite image de saint Jérôme sur l'épaule gauche, un cordon bleu et un chapelet blanc à la ceinture, un capuchon cousu aux épaules, qui descendait en forme de

(1) Octave de la Fête-Dieu.
(2) « *Le prieur des pénitents bleus.* »

voile devant le visage et percé de deux trous vis-à-vis des yeux; il est désigné sous le nom de *cagoule*.

Les assemblées avaient lieu le premier dimanche de chaque mois aux fêtes de la sainte Vierge; tous les soirs, pendant l'octave du Saint-Sacrement, les confrères récitaiant ensemble l'office dans leur tribune; ils avaient aussi des offices particuliers pendant la semaine sainte.

Le premier vendredi de chaque mois, ils se réunissaient le matin, à quatre heures en été, à six ou à sept heures en hiver, pour réciter matines, entendre la messe et communier; l'après-midi, à trois heures, pour chanter vêpres, complies et recevoir la bénédiction du Saint-Sacrement.

Tous les vendredis, pendant le Carême, ils assistaient à une prédication spéciale; ils jeûnaient souvent et s'obligeaient à réciter diverses prières.

La fête principale se célébrait le jour de Saint-Jérôme (30 septembre), et dans l'après-midi, on faisait une procession solennelle avec station aux églises de la paroisse.

Election. — L'élection des dignitaires, d'abord fixée au jour de Saint-Michel, fut plus tard remise au second dimanche de l'Avent.

Les officiers étaient désignés au scrutin et à la pluralité des voix; quant à l'admission des confrères, elle avait lieu à la simple majorité des suffrages.

On comptait parmi les officiers : le prieur, le sous-prieur, les prêtres assistants, le trésorier, le substitut du trésorier, le maître des cérémonies, les conseillers, les visiteurs des malades, les sacristains et les chantres.

L'élection des pénitents était éminemment démocratique ; la fraternité chrétienne en était l'âme. Tous les confrères étaient égaux sous le sac, et quelque chose de cette égalité persistait dans les relations ordinaires de la vie.

Les décisions importantes étaient prises à la majorité des voix, et la voix d'un dignitaire ecclésiastique, d'un officier du roi, d'un riche négociant, ne comptait et ne pesait pas plus que celle de l'artisan le plus obscur.

Ce qui n'était pas décidé par la compagnie l'était par le conseil, composé comme nous l'avons dit précédemment.

L'élection d'un prieur était chose importante ; tel confrère, qui assistait rarement aux offices et aux processions, qui négligeait même de payer sa cotisation, se souvenait qu'il était pénitent lorsqu'il s'agissait de nommer le prieur.

Les trois ou quatre semaines qui précédaient cette nomination étaient fort agitées et mouvementées ; c'était ce que l'on appelle aujourd'hui, sous une autre forme, la période électorale.

Chaque pénitent vantait son candidat et s'efforçait de lui conquérir le plus de voix possible.

Nous n'oserions pas dire que souvent les candidats ne s'aidaient pas eux-mêmes.

L'influence du prieur sur les décisions du conseil était très grande, surtout lorsque ce prieur était pieux, prudent et ferme. Le conseil s'en remettait à lui pour bien des choses, et ratifiait le plus souvent, par un consentement tacite, ce qu'il avait jugé nécessaire ou avantageux à la compagnie.

Il y a peu d'exemples de prieur révoqué pour usurpation de pouvoir ou abus d'autorité ; ils étaient nommés pour trois ans.

Cérémonial de l'élection. — Les confrères, une fois réunis et assis dans leur tribune, on fermait soigneusement les portes, et le maître des cérémonies faisait l'appel nominal. Les pénitents répondaient par le mot : *aderam*, expression latine qui équivaut au mot : *présent.*

Les confrères en retard pour payer leur cotisation annuelle (6 livres) étaient tenus de s'acquitter sur le champ avant de voter.

On chantait ensuite le *Veni Creator* avec l'oraison *Deus qui corda...* ; après cela, le premier assistant allait prendre dans un coffre le manuscrit sur velin et annonçait aux confrères qu'il allait donner lecture du paragraphe des statuts concernant l'élection du prieur ; cette lecture était écoutée avec le plus profond recueillement.

Voici ce document *in extenso* :

« Lorsque le prieur sera décédé, ou démis, ou révoqué, ou encore parvenu au terme de ses pouvoirs, la compagnie procédera à l'élection de son successeur ; cette élection se fera au bout de quatre dimanches.

Chacun des confrères inscrira le nom du pénitent qu'il veut élire et le portera sur l'autel. Les deux assistants et les deux premiers conseillers ouvriront les billets et compteront soigneusement et par contrôle le nombre de voix obtenues par chaque candidat.

« Comme cette élection est de la plus grande importance, messieurs les pénitents bleus auront le soin de s'y préparer par le recueillement, la prière, et, si faire se peut, par la confession et la communion.

« Qu'ils se donnent garde d'entrer dans aucune ligue ou intrigue ; qu'ils n'agissent ni par simonie, ni par politique, ni par orgueil mondain, mais en toute simplicité chrétienne, pour la gloire de Dieu, le salut de leur âme et l'honneur de la compagnie.

« Le prieur nommé, chacun des confrères lui fera modestement la révérence ; on chantera le *Te Deum laudamus*... et la compagnie se dispersera en silence, en répétant :

Sancte Hieronyme, ora pro nobis,

« Saint Jérôme, priez pour nous ; faites que nous restions toujours dignes de votre protection et des pieux personnages fondateurs de notre compagnie. »

Funérailles des pénitents. — Le prieur visitait en personne ou faisait visiter par des pénitents délégués les confrères malades ; les restes du pénitent bleu défunt étaient portés à la chapelle Saint-Jérôme par quatre membres de la compagnie.

Le matin qui suivait les funérailles, un service était célébré pour le repos de l'âme du mort ; de plus, toute la confrérie devait assister le lendemain de la fête de saint Jérôme à un service pour les confrères décédés.

Le trésorier percevait six livres pour droit d'entrée des confrères ou cotisation annuelle, et six livres pour la fourniture du sac, conformément aux statuts. Un service spécial fut tenu à cet effet et commencé le 27 mai 1607.

§ III. — *Fusion des deux confréries de pénitents blancs et bleus.*

Dès le 28 avril 1610, les pénitents bleus prirent l'initiative de la fusion des deux confréries, et par délibération de ce même jour, ils décidèrent, à la pluralité des voix, de nommer des arbitres qui seraient chargés de ce soin.

Le 20 septembre 1610, les pénitents blancs s'étant réunis à la chapelle Saint-Jacques, lieu habituel de leurs séances (leur chapelle n'étant pas encore terminée), délibérèrent qu'il y avait avantage à fusionner avec les pénitents bleus.

Nous donnons *in extenso* les principaux passages de cette délibération :

« Il a été remonstré par M. le prieur que le père Pinaut, religieux du tiers-ordre de Saint-François de Tolose, a faict entendre qu'il est pénitent blanc et qu'il affectionne la compagnie de cet ordre, ne désirant que le bien d'icelle et qu'il trouverait bon, attendu qu'il y a une autre confrérie de pénitens bleus érigée en la présente ville, que toutes deux fussent réduictes en une, d'autant que la ville est petite et deux confréries ne peuvent y subsister, et les deux compagnies estant réunies ensemble, le saint nom de Dieu serait plus honorablement servi.

« Pour ces motifs, l'assemblée propose :

« De choisir des arbitres, de s'en rapporter à leur jugement et de députer deux confrères pour passer le contrat.

« On arreste encore d'une commune voix et opinion que la confrérie trouvera bon, utile et nécessaire que les compagnies des blancs et des bleus soient réunies en une seule. et sur ce est décidé que les sieurs Agramont, marchand, et Tardieu, notaire royal, seront envoyés à Tolose pour passer le dit instrument d'arbitrage avec les Messieurs des pénitents bleus devant quatre théologiens compétents.

« On arreste enfin que les aultres confrères qui seraient absents doibvent accepter les conditions du contrat, si non la compagnie les abandonnera et ne les assistera en rien dans le cas où ils vouldraient contrevenir à la sentence des dits arbitres. »

Cet accord fut accepté de part et d'autre par les syndics des deux confréries qui signèrent, le 21 septembre 1610, le compromis suivant : « Considérant qu'il n'y a rien de sy beau, sy utile et sy sainct que l'unité et concorde fraternelle, comme au contraire, rien n'est sy laid, sy dommaigeable et sy mauvais que la discorde et mauvaise intelligence entre frères, considérant qu'il existe une congrégation des pénitens blancs dite du *Saint-Nom-de-Jésus* et celle des pénitens bleus dite de *Saint-Hiérosme*, en ladite ville d'Ax, au comté de Foix ;

« Considérant que les mutations ordinaires qui naissent entre les dictes compagnies sont irrégulières et peu en rapport avec la dévotion........

« Nous nous sommes assemblés le 21 septembre 1610 avant midi, et avons constitué les sieurs Agramont, prieur, et Jean Tardieu, sous-prieur, députés de ladicte compagnie des blancs, pour s'entendre avec les sieurs noble Hiérosme Fornier, seigneur de Garanou, procureur, et Jean Caussonnel, marchand, députés de la compagnie des bleus, à l'effet de passer un compromis, et les avons autorisés à traiter la question devant des arbitres compétents, sous le bon plaisir de N. S. Père le Pape et de Mgr l'évesque de Pamiers. »

Ce fut le 16 octobre suivant que la sentence arbitrale, prononcée à Toulouse par quatre éminents théologiens (1), ordonna la fusion des deux confréries sous la vocable du Saint-Nom-de-Jésus et de Saint-Jérôme réunis.

Nous connaissons déjà le nom des délégués de chaque confrérie ; ils étaient porteurs de tous les livres, statuts, bulles, titres, renseignements nécessaires pour l'exposé de leurs droits respectifs.

La sentence arbitrale du 16 octobre étant une pièce fondamentale, nous en reproduisons les passages les plus importants :

« Après avoir pris connaissance des droits réciproques des deux confréries, vu les escriptures de l'une et de l'autre et entendu verbalement et par escript tout ce qu'ils ont voulu répondre et observer de part et d'aultre, et de l'advis du conseil des grands de France, personnages en piété et doctrine, nous avons dit déclaré et jugé :

(1) Nicolas de l'Aubespin, prédicateur et custode du grand couvent de l'observance de Tolose ; Georges Laugier, prédicateur et prieur du couvent de Saint-Thomas-d'Aquin, de l'ordre des frères-prêcheurs ; Vincent Mussart, de Paris, prédicateur, custode de la province de Saint-Elzéar ; Seraphin, de Tolose, premier maître des novices du couvent des capucins de Tolose.

« Que bien que la compagnie des pénitens blancs érigée soubs le titre glorieux du Saint-Nom-de-Jésus, en la ville d'Ax, soit sainctement et légitimement instituée, pieuse, dévote et utile au salut des âmes, voire en quelque sorte la plus ancienne, néanmoins la compagnie des bleus, érigée sous le titre Saint-Hiérosme, est mieux, plus authentiquement instituée et approuvée, ses statuts et cérémonies en meilleure forme, plus estroicts, austères pieux et dévots, proposant à son observance plus de vertu et de piété, plus conformes à l'Evangile de N.-S. Jésus-Christ, et par conséquent eu esgard aux fins du compromis et aux règles de l'Escripture Saincte, laquelle veult que les chrestiens cheminent de bien en mieux, suivant cette sentence de saint Paul aux Corinthiens: *Æmulamini charismata meliora.* (Epit. I, ch. XII, verset 31.)

« Eu esgard mesme au préjugé de l'Esglise sur semblable différend, ayant, au dernier concile de Trente, décrété et ordonné que *nul ne pourrait passer à un aultre ordre, si non qu'il fût plus estroict ;* c'est pourquoi nous tenant fermement aux déterminations et sanctions de l'Esglise, qui ne peult errer, nous ordonnons :

« Que la confrérie des pénitens blancs sera transférée à celle des bleus et incorporée soubs les mesme sac, couleur, statuts et observances, que celle de Saint-Hierosme ; mais pour l'effet que dessus, nous désirons que le jour estant pris entre les dictes compagnies pour faire ladicte union, la compagnie des blancs sortira en procession solennelle et ira quérir celle des bleus en leur esglise, et célèbreront tous ensemble un office, le prieur des blancs présidant, et après avoir entendu la prédication de quelque docte personnage, les blancs recevront du mesme prédicateur autorisé de Mgr l'evesque, le droict de porter le sac bleu en public ou en la tribune, ce qu'estant parachevé et accomply, ils feront tous ensemble élection d'un nouveau prieur, lequel pour la première année sera choisi du nombre de ceux qui estaient de la compagnie des blancs, le prieur des bleus demeurant annulé et cassé jusqu'à la nouvelle élection, et de suite les deux compagnies seront tenues pour unies, joinctes et incorporées, comme aussy tous leurs biens, bastiments, meubles, immeubles, vestements et ornements de l'une et l'aultre congrégation pour servir à l'usage commun de ladite compagnie unie ; de laquelle union, pour satisfaire les consciences scrupuleuses, nous ordonnons que les patrons de leur confrérie respective soient unis sous le nom *de compagnie de Jésus et de Saint-Hiérosme*, ce qui sera gravé sur des images qu'ils porteront sur le sac les jours de grande cérémonie, et ajouté par escript sur leurs statuts ; il sera permis aux pénitens blancs de faire teindre leur sac en bleu s'ils ne veulent en acheter de neufs, et pour donner à tous le moyen de bien faire, la compagnie des bleus recevra dans son sein les personnes du sexe féminin déjà reçues dans la congrégation des blancs ou à recevoir à l'avenir ; pour retrancher toute occasion de plaincte, il est encore dit que la compagnie des pénitens bleus payera toutes les dettes loyalement et légitimement dues par les pénitens blancs pour les frais de l'érection de leur compagnie, et la construction du bastiment non encore parachevé, moins encore bénit et consacré, et qu'elle pourra en disposer ou les vendre au profit de ladite compagnie unie. . . . .»

« Donné à Tolose, au couvent de Saint-Thomas-d'Aquin, le 16 octobre 1610. »

Le 2 novembre 1610, une réunion des pénitents blancs eut lieu à la chapelle Saint-Jacques, pour acquiescer à la sentence arbitrale du 16 octobre et se réunir aux pénitents bleus, conformément aux clauses précédemment énoncées dans cette sentence.

Les deux confréries, assemblées le même jour dans l'église Saint-Jérôme, en présence du R. P. l'Aubespin, un des théologiens arbitres, et le frère Antoine de Labergerie, religieux du couvent de l'observance de Toulouse, délibérèrent qu'elles acceptaient les conditions stipulées dans la sentence arbitrale, et l'on décida que l'image commémorative de cette union des confréries représentait saint Jérôme à genoux, un crucifix à la main et un lion à ses pieds, et au dessus le monogramme du Christ (I. H. S.) sur un cœur percé de trois flèches.

Malheureusement, quelques pénitents blancs absents n'adhérèrent pas à cette sentence et formèrent un schisme.

Informé de cette dissidence regrettable, l'évêque de Pamiers défendit le 15 novembre 1610, sous peine d'excommunication, aux pénitents réfractaires de continuer leurs exercices, de ne point sonner la cloche de la chapelle Saint-Jacques (1) et enjoignit, le 22 novembre 1610, à l'archiprêtre d'Ax et à ses vicaires « de ne point prester aide et secours, ni faveur aux susdits dissidents en leurs exercices, et de s'opposer de commun avec les consuls à la sonnerie des cloches. »

La requête adressée par les confrères unis à l'évêque de Pamiers pour lui demander l'application de la sentence arbitrale ne fut signifiée aux schismatiques que le 10 mars 1611. Ces derniers, loin de se soumettre, firent appel au parlement de Toulouse, et à dater du 2 mai 1611, ils continuèrent leur schisme au grand mépris de la religion et des ordonnances de Mgr d'Espar-

(1) Cette cloche était alors placée dans une tour dite *de l'Horloge*, démolie en 1828, et située à l'angle des rues du Breil et Saint-Jacques.

bès de Lussan, évêque de Pamiers ; ils faisaient les exercices sans ornements, sans prêtres, sans livres, au grand scandale du peuple, se confessant même entre eux, etc.

Une lettre de l'évêque de Pamiers, adressée, le 11 août 1611, à tous les prêtres du diocèse, pour leur intimer l'ordre de ne point assister les dissidents sous peine d'excommunication, n'empêcha point les pénitents de continuer leurs scandales.

Enfin un arrêt du parlement de Toulouse, en date du 12 septembre 1611, ordonna la dissolution de cette confrérie dissidente et schismatique sous la peine de 500 livres d'amende infligée à chaque réfractaire ou aux prêtres qui les seconderaient.

L'incident fut clos, le 24 septembre 1611, dès la notification de cet arrêt, par le sergent de ville, aux sieurs J. Serda, Arnaud Pretianc, Castelnau, Cassé, etc.., pénitents révoltés.

La confrérie des pénitents bleus continua sans trouble, à dater de ce jour, l'exercice de ses dévotions, et elle s'est ainsi perpétuée sans modification sensible jusqu'à nos jours ; elle compte actuellement 76 membres. M. l'abbé Jolieu, curé doyen, en est le prieur.

Des peines, peu sévères il est vrai, étaient infligées aux pénitents qui manquaient les offices à moins d'excuse valable ; les plus fervents se donnaient la discipline au moyen de cordes tressées et même garnies de petites bandes de plomb.

Le temps a fait disparaître le nom de *Jésus* de cette confrérie des bleus unie à celle des blancs ; le nom de *Saint-Jérôme* existe déjà seul dans les requêtes adressées à la confrérie dès l'année 1638.

Pour terminer le bilan de cette association pieuse, dont nous avons esquissé à grands traits la physionomie, citons le passage suivant de M. L. Guibert, appréciant le rôle des pénitents pendant la période de ferveur, période qui dura près de deux siècles.

« Les compagnies de pénitents étaient avant tout des associations de piété ; elles n'avaient en vue que l'expiation des fautes, la rentrée en grâce du pécheur, en un mot la gloire de Dieu et le salut de l'homme.

La charité ! nulle part on ne la trouve plus féconde, plus attentive, plus délicate, répondant à tous les besoins, ouvrant les bras aux plus indignes, descendant à toutes les misères.

On peut dire que ces associations avaient conservé quelque chose de l'esprit de fraternité qui animait les premiers chrétiens. On s'appelait *frères* ; n'était-il pas naturel de remplir l'un envers l'autre les devoirs qu'imposait ce nom.

« Il n'y a point de pauvres parmi nous, disaient-ils.

« Vint l'époque de décadence, les pénitents se

laissèrent aller à l'insubordination à l'égard du clergé paroissial ; le désir de figurer en grand nombre aux processions leur fit trop souvent admettre des candidats indignes ; l'hypocrisie se couvrit du voile du pénitent, des hommes de mauvaises mœurs, des usuriers se glissèrent dans les rangs de la confrérie aux environs de 1789 ; malgré cela, les vertus des principaux pénitents l'emportèrent sur le défaut, les vices et le penchant de certains confrères à profiter de toutes les occasions (réunions, élections, processions, funérailles, etc.), pour banqueter et boire ; tout cela fut enrayé par les chefs de la confrérie et surtout par les prieurs qui donnèrent toujours l'exemple de la tempérance et de la sobriété. »

CHAPITRE XI

Instruction publique.

L'histoire de l'enseignement dans notre ville ne remonte pas au delà des dernières années du seizième siècle ; jusque là, l'administration consulaire ne se préoccupait guère de l'instruction du peuple, parce que l'Eglise s'était chargée de ce soin par les canons de ses conciles.

Les consuls décidèrent cependant, le 3 juillet 1588, « sous l'orme de la Manobre, qu'il fallait demander un maistre d'escole, » et le 28 juillet 1591, « les gages accoustumés du maistre d'escole furent fixés à *cinquante livres* (1), payables en deux pactes égaux. »

Les titres que portèrent les maîtres variaient souvent (clers, magisters...), mais ils furent généralement confondus sous le nom générique de *régents*.

En 1609 et le 14 juin, le sieur Mérigon accepta la régence des écoles, confiée jusqu'à ce jour au sieur Péguilhem; mais il demanda une augmentation de gages.

(1) Ce qui correspond à 150 fr. de notre monnaie, l'argent ayant triplé de valeur.

Sa requête fut favorablement accueillie, et il obtint vingt livres de plus, « eu esgard à sa qualité. »

A partir du règne de Louis XIII, nous pouvons suivre, grâce aux archives de notre ville, les efforts tentés par l'administration consulaire pour entretenir dans notre ville un foyer d'instruction.

Nous nous contenterons de signaler les principales modifications apportées dans l'enseignement.

Les consuls renouvelaient tous les ans avec le maître ou régent le *bail des escoles*; cet acte se passait généralement le 24 juin, le plus souvent par devant notaire; il n'était valable qu'à dater du 1er juillet suivant, après avoir reçu l'assentiment de l'évêque de Pamiers. Cette suprématie épiscopale exista jusqu'en 1789 et demeura jusqu'alors un privilège respecté.

L'archiprêtre d'Ax assistait le plus souvent aux séances du conseil, lorsqu'il s'agissait d'agréer un régent; il s'engageait « à lui bailler vingt-cinq livres, » somme égale à celle donnée par les consuls.

Ces derniers avaient le choix du régent; ils le soumettaient ensuite au conseil politique, qui le plus souvent l'agréait et fixait séance tenante les conditions.

Quelquefois on exigeait des régents un examen de capacité, devant des personnes compétentes, surtout devant l'archiprêtre.

Primitivement, l'enseignement était gratuit.

La modicité des gages motivait sans doute le changement très fréquent des régents ; aussi voyons-nous, par délibération du 25 juin 1670, le sieur Manaud être autorisé «à recevoir une rétribution des escoliers, appelée droit *d'escolage.* »

Ce régent offrit « d'instruire la jeunesse le mieux possible, pour les élever dans les lettres et la crainte de Dieu. »

Le nombre des élèves fréquentant l'école s'accrut peu à peu, et le 9 janvier 1741, le conseil politique demanda un second régent.

A ce moment, l'hôpital devait payer annuellement vingt-cinq livres à chacun des régents pour avoir le droit d'envoyer à l'école tous les enfants pauvres de l'hôpital, les orphelins de la communauté (ville et hameaux des Bazerques et de Petches).

En 1779, le traitement des régents fut notablement augmenté ; en effet, le 27 novembre de cette année, le sieur Doutre, instituteur à Toulouse, se proposa comme régent des écoles de la communauté d'Ax et fixa ses conditions.

Après délibération, l'assemblée politique décida de l'agréer aux clauses et conditions suivantes :

« 1° Quarante livres pour chaque écolier qui étudiera le latin ;

« 2° Deux cents livres fixes, annuellement payables en deux fois, la première part d'avance;

« 3° Neuf livres par an, pour chaque enfant qui apprendra à lire.

Et s'il n'a pas assez d'écoliers pour lui parfaire la somme annuelle de huit cent cinquante livres, la communauté y suppléera, à la charge par le régent de donner tout son temps aux élèves, comme le faisait son prédécesseur. »

Le 4 novembre 1789, le sieur Marcailhou d'Aymeric (Augustin) fut agréé comme premier régent des écoles, en remplacement de l'abbé Galy; il était tenu : « d'enseigner le latin et le français aux enfants; de faire la classe deux heures et demie le matin et deux heures et demie le soir » ; chaque écolier était obligé de lui payer trois livres par mois ; il percevait, en outre, les gages ordinaires de deux cents livres payables par trimestre. Dans le cas où le régent aurait eu de huit à dix écoliers apprenant la langue latine, la communauté devait lui payer 100 francs de gages supplémentaires chaque année.

Le 30 germinal an XI (29 avril 1802), on agréa le citoyen Graulle Félix comme instituteur primaire avec indemnité de logement (100 fr. par an); il devait, en outre, recevoir 3 fr. par mois pour chaque enfant apprenant à lire, écrire et compter, et 2 fr. pour chaque écolier apprenant seulement à lire; il avait encore tous les samedis le bois habituel porté par les élèves ou leurs parents.

En 1824, le sieur Marty fut accepté comme régent des écoles, mais son enseignement était peu suivi ; il céda sa place d'instituteur communal à M. A. J. Duran, qui exerça de 1834 à 1846.

Ce dernier inaugura, conformément à la loi du 28 juin 1833, l'enseignement mutuel.

Par ce mode d'enseignement, les élèves s'instruisaient réciproquement, sous la direction et la surveillance d'un *moniteur* particulier à chaque classe ou section ; ce moniteur était ordinairement l'élève le plus instruit de la section. Toutes les sections étaient sous la surveillance d'un moniteur général. Le maître d'école avait la haute direction, et enseignait aux élèves moniteurs les éléments d'écriture, de lecture, d'arithmétique, de grammaire, d'analyse grammaticale et logique, d'histoire et de géographie, les éléments de géométrie et d'arpentage, etc., dépassant même le programme des écoles élémentaires.

Ce nouveau système d'instruction produisit une grande émulation parmi les élèves. L'instituteur s'occupa avec zèle de son école et forma d'excellents sujets ; pour le récompenser, le ministre de l'instruction publique lui décerna, en 1838, deux médailles d'argent.

M. A. Duran, nommé inspecteur primaire de la Sarthe, n'accepta point ces fonctions.

Le 18 août 1846, le frère Libérien (Lignon François), de la doctrine chrétienne, offrant toutes les garanties de capacité nécessaires, fut agréé comme instituteur primaire par la commune, et les disciples du B. Lassalle ont possédé la direction de l'école jusqu'au 1er mai 1886.

De 1849 à 1852, il y eut en même temps écoles laïque et congréganiste.

Nous devons un hommage particulier à M. Boileau Pierre, professeur distingué, qui a rempli avec distinction les fonctions d'instituteur communal laïque, du 17 juin 1849 au 9 novembre 1852. Comme professeur libre, il enseigna particulièrement le latin, le grec, et forma plusieurs élèves remarquables qui sont le meilleur éloge du maître.

Doué d'une activité sans égale et d'une aptitude spéciale pour l'art musical, M. Boileau a le premier fondé dans notre ville (1845) une fanfare qui a charmé durant plusieurs années la station balnéaire.

En exécution du nouveau décret de laïcisation obligatoire, les frères-instituteurs ont été remplacés, le 7 mai 1886, par M. Bonnel.

ENSEIGNEMENT DES FILLES

La création de l'enseignement des filles remonte à peine à 1714.

Nous voyons, en effet, par délibération du 12

novembre de cette année, que le sieur Jean Serda, maire, « s'est mis en peine de procurer des régentes en estat d'élever les enfants jeunes et les filles en particulier, et vu l'importance de l'escole il ne peult y en avoir que deux. »

Les demoiselles Françoise et Marthe Delafont furent agréées par Mgr l'évêque de Pamiers comme régentes de cette ville.

La communauté s'obligea à leur payer des gages annuels (60 livres), et en outre les 60 livres de la rente annuelle établie par un legs de Mme de Lavelanet, placée sur le chapitre de Mirepoix ; elles avaient droit encore au logement, à la perception « de cinq sols par mois par élève » ; les enfants pauvres devaient être reçus gratuitement, conformément aux instructions du testament de feue Mme de Lavelanet en date du mois de février 1702.

En outre, Mlle Dupatau, de Varilhes, avait légué par testament ses biens en faveur d'une œuvre utile, avec la clause d'en employer les revenus à l'entretien des régentes de la fondation de Mme de Lavelanet et de préférence pour celles du diocèse de Pamiers.

Le conseil politique de notre ville délégua, le 5 octobre 1715, le sieur Marcaillhou d'Aymeric, premier consul, pour intervenir auprès de Mgr l'évêque de Pamiers, et obtenir, par son intermédiaire, que la communauté d'Ax profitât du legs de Mlle Dupatau.

On n'obtint pas l'effet désiré, et les régentes, ne pouvant vivre avec leur modique traitement, démissionnèrent; on agréa à leur place, le 8 octobre 1739, les *Filles de la Providence*, avec une légère augmentation de gages. — Cet état de choses dura jusqu'en 1778.

Nous voyons que la délibération du 19 pluviôse an XII (9 février 1804) mentionne le fait précédemment énoncé. En effet, par décision en date de ce même jour, la demoiselle Nicole Boulanger, qui avait été appelée de Paris en 1778, pour gérer les écoles d'Ax, et dont la Révolution avait supprimé le traitement lors du refus de prestation de serment, fut agréée comme régente.

Elle devait recevoir des élèves, outre le bois d'usage, une rétribution d'un fr. par mois pour la lecture, et celle de 1 fr. 50 pour la lecture et l'écriture réunies. La commune lui donnait 100 fr. par an. A dater du 11 avril 1809, elle reçut une indemnité de 200 fr. pour le logement; elle exerça jusqu'à sa mort (1830).

Dès l'année 1830, l'école communale des filles fut vacante et ce n'est qu'en 1857 (9 août) que l'on agréa, comme institutrice communale, Mlle Guilhaumette Ribaute, déjà institutrice libre dans notre ville depuis une vingtaine d'années; ses fonctions cessèrent en 1866.

Mais déjà un legs pieux de feu Bayle de Poussey, chartreux, originaire de Montaillou, décédé le 27 février 1830, avait institué une *école gratuite des filles pauvres* à l'hospice d'Ax (1). La direction de cette école inaugurée en 1839 par Gaspard Astrié, maire, fut confiée aux dames de Nevers (2), déjà chargées du service de l'hôpital ; une institutrice congréganiste fut spécialement attachée à cette nouvelle école.

En 1867, par suite du décès de l'institutrice laïque (Mlle Ribaute), cet établissement fut agréé par la commune comme école primaire, et cet usage s'est maintenu jusqu'au 1er mai 1886 ; à cette date, une institutrice laïque, Mlle Michaud, a remplacé les sœurs chargées de l'enseignement.

Une école maternelle, fondée en 1878, sous l'administration de M. Boyé, conformément au décret organique du 21 mars 1855, a rendu de signalés services ; partout où cet enseignement existe, le niveau général de l'instruction s'élève en raison directe des soins et des efforts des maîtresses qui ont l'honneur de le diriger.

Nous croyons utile de résumer rapidement les phases importantes et successives de l'instruc-

(1) Les intérêts (2,000 fr.) de ce legs sont servis annuellement par les familles de Lesseps, de Mortarieu et Bauzil ; la moitié de cette rente est affectée au service de l'hôpital, conformément au vœu du légataire.

(2) Arrivées à Ax, le 10 juin 1822.

tion *primaire* et de noter les principales modifications survenues dans cet enseignement.

Au milieu du mouvement révolutionnaire, écoles, collèges, avaient presque disparu ; la Convention, reprenant les idées générales de Condorcet, déclara, après avoir entendu plusieurs rapports célèbres du professeur Lakanal (une des gloires de notre Ariège), un vaste système d'instruction nationale.

Dans les écoles primaires en particulier, le peuple devait apprendre les éléments de la langue française, du calcul, les principes de l'arpentage, etc.....

Fort négligée sous l'Empire, qui organisa l'enseignement supérieur (Université), et sous la Restauration, l'instruction primaire a été créée pour ainsi dire par M. Guizot, ministre de Louis Philippe, dans le cabinet du 11 octobre 1832.

La loi qu'il prépara en 1833, et qui fut adoptée par les Chambres le 28 juin, établissait deux sortes d'écoles primaires :

1° Les écoles élémentaires pour les campagnes ;

2° Les écoles supérieures pour les villes.

« Dans les premières, on devait enseigner aux enfants les principes de la religion et de la morale, la lecture, l'écriture, les éléments de la langue française et du calcul, le système légal des poids et mesures; dans les secondes, les éléments de la géométrie, le dessin linéaire, l'arpentage, les principes des sciences physiques et naturelles, le chant, les éléments d'histoire et de géographie.

« Toute commune était tenue d'entretenir une école publique, placée sous la surveillance d'un comité local et d'un comité d'arrondissement.

« L'instruction devait être gratuite pour les enfants désignés par les conseils municipaux comme incapables de payer la rétribution.

« L'instituteur recevait un traitement fixe et de chaque élève une redevance mensuelle. On créait, en faveur des instituteurs primaires communaux, une caisse d'épargne formée par une retenue annuelle d'un vingtième de leur traitement et destinée à leur assurer une retraite (1) ».

La surveillance des écoles fut confiée à des fonctionnaires spéciaux : les *inspecteurs primaires*.

Les résultats de cette loi, votée par la Chambre à la presque unanimité des suffrages, furent considérables et l'instruction élémentaire prit un rapide essor.

L'enseignement public subit plus que toute autre administration le contre-coup de la politique. En 1850 la majorité de l'Assemblée législative proclama la *liberté de l'enseignement*.

D'après cette loi, tout Français âgé de vingt et un ans pouvait exercer la profession d'*instituteur*

(1) *Histoire contemporaine*, par G. Ducoudray.

primaire, pourvu qu'il eût un brevet de capacité ; tout Français âgé de vingt-cinq ans pouvait fonder un établissement d'*instruction secondaire* sous certaines garanties.

La loi du 15 mars 1850 modifiait aussi le gouvernement de l'instruction publique ; elle institua des *délégués cantonnaux*. L'Empire ne changea rien aux dispositions de cette loi, mais, par décrets organiques du 9 mars 1852 et du 14 juin 1854, il concentra entre les mains du ministre tous les pouvoirs, et lui donna une autorité absolue sur les fonctionnaires.

Le décret du 10 avril 1852, rendu sur la proposition du ministre Fortoul, détruisit complètement l'ancien système d'études et constitua le régime de la bifurcation des lettres et des sciences pour l'instruction supérieure, mais ne modifia guère l'instruction élémentaire.

Sous l'administration active et intelligente de M. Duruy (1863 à 1869), on supprima les clauses de ce décret ; le sort des instituteurs fut amélioré, des réformes utiles apportées, le certificat d'études primaires ou *baccalauréat primaire* (1) créé. Une loi importante (10 avril 1867) étendit les principes de la *gratuité*, facilita aux communes l'établissement de la gratuité absolue de l'instruction, obligea toute commune dépassant 500

(1) L'arrêté ministériel du 16 juin 1880 l'a réglementé pour toute la France.

habitants à ouvrir une école publique de filles et garantit à l'institutrice un logement et un traitement.

La loi du 28 mars 1882 rendit l'instruction primaire *obligatoire.* Le certificat d'études primaires supérieures a été institué par décret du 23 décembre 1882 et réglementé par un arrêté ministériel de même date et par les circulaires du 7 juillet 1883 et du 29 juin 1885.

Le décret du 30 décembre 1884 et l'arrêté ministériel de même date ont réglementé les titres de capacité de l'enseignement primaire.

On a compris sous le nom de brevets de capacité : 1° le brevet élémentaire; 2° le brevet supérieur; 3° le certificat d'aptitude pédagogique; 4° le certificat d'aptitude à la direction des écoles maternelles qui ont remplacé, de nom du moins, les écoles d'asile créées par décret du 21 mars 1855.

Disons, en terminant, quelques mots sur le traitement des instituteurs depuis 1850.

La loi du 16 mars 1850, article 38, fixe le traitement des instituteurs à 600 fr.; par les décrets du 31 décembre 1853, art. 5, il est élevé à 700 et à 800 pour les plus méritants.

Un autre décret en date du 19 avril 1862, art. 1er, porte les émoluments de tous les titulaires comptant cinq années de service à 700 fr. Ce même décret stipule en outre que ce dernier traitement pourra être élevé à 800 et à 900 fr. en faveur des $^2/_{20}$ des instituteurs de 1re classe.

La loi du 19 juillet 1875 fixa les traitements à 900 fr., 1000 fr., 1100 fr. et 1200 fr., suivant l'importance du lieu et la classe des titulaires. Le 1er $^1/_8$ des instituteurs de 1re classe jouit d'une allocation de 100 fr. et le 2me $^1/_8$ d'une de 50 fr. Le brevet supérieur et la médaille d'argent donnent chacun droit à une allocation de 100 fr.

Enfin, M. Goblet, ministre de l'instruction publique, vient de déposer, le 2 avril 1886, sur le bureau de la Chambre un projet qui établit cinq classes d'instituteurs et d'institutrices, auxquels sont affectés des traitements variant suivant les classes de 1000 fr., 1200 fr., 1500 fr., 1800 fr., 2000 fr.

Ceux qui ont la direction d'une école comprenant plus de deux classes recevront un supplément de 200 fr., ce supplément sera de 400 fr. si l'école comprend plus de quatre classes. — Dans les écoles qui comprennent une classe d'enseignement supérieur, le maître chargé de ce cours recevra un supplément de 200 fr.

Indépendamment du traitement qui vient d'être indiqué, les instituteurs et institutrices auront droit : 1° au logement ou à une indemnité représentative fixée par arrêté préfectoral ; 2° à une indemnité de résidence.

CHAPITRE XII

Question forestière.

§ I. — *Généralités sur la forêt d'Ax.*

Le comté de Foix dépendait de la maîtrise de Pamiers, créée en 1666, et cette dernière ressortissait de la grande maîtrise de Toulouse.

Actuellement, la forêt d'Ax fait partie d'une sous-inspection et dépend de l'arrondissement de Foix.

Les bois les moins élevés sont peuplés de chênes et de hêtres ; le pin et le sapin couronnent les sommités. Ils ont été coupés le plus souvent en *jardinant*, et on les a défrichés de plus d'un quart de leur contenance.

Avant la Révolution, les bergers, pour accroître leurs pâturages, avaient mis le feu à d'immenses étendues boisées, qui firent place à de belles pelouses, que l'on retrouve encore sur les hauts plateaux ; de plus, les maîtres de forges avaient dévasté les forêts (1).

(1) Dans le langage du droit, les mots *bois* et *forêts* sont synonymes ; dans le langage ordinaire, on appelle forêts les bois d'une grande contenance (*Études sur la révision du code forestier*, par H. Doumenjou).

L'article 78 du code forestier, promulgué en 1827, a heureusement interdit l'introduction des bêtes à grosse corne, des bêtes à laine et des chèvres dans toutes les parties boisées et en toute saison.

Ainsi, le feu, la hache et les dégradations avaient longtemps empêché la nature, si puissante dans ces régions, de réparer le mal fait par les hommes et les animaux, et c'est en grande partie sur ces considérations que la loi du 16 nivôse an IX (6 janvier 1801) réorganisa l'administration forestière.

Le premier soin de cette administration a été celui de faire rentrer le gouvernement en possession d'un grand nombre de forêts, mais on a introduit peu à peu des mesures vexatoires.

Les forêts contenaient des vides immenses, fruits des incendies, des coupes exagérées et des dépaissances désordonnées; on les a heureusement repeuplées.

§ II. — *Forêt domaniale d'Ax.*

Les forêts d'Ax sont connues sous le nom de Grillole et du Llata. 1° La Grillole au sud-ouest de notre ville, d'une contenance de 400 hectares, se divise en plusieurs groupes ou *triages*, appelés le Saquet, la Grillole proprement dite, les ailes de Manceille, Coumo de Four, tous contigus et formant un fer à cheval faisant face au nord, dont les extrémités sont au levant et au couchant (1).

Elle confronte : du levant, les terres des habitants des trois Bazerques, annexes d'Ax ; du midi, les bois et vacants communaux d'Ax ; du couchant et du nord, les bois du syndicat des communes de Savignac, Perles, Vaychis et Tignac.

2° Le Llata comprend le seul triage du Bac.

Cette forêt confronte : du levant, les vacants communaux d'Ax ; du nord, la forêt communale d'Ax dite le *Soula* (2) ; du midi, la forêt de la Soulane, dans le territoire de Mérens ; du couchant, les propriétés des habitants d'Ax et du hameau de Petches.

Les forêts de la Grillole et du Llata ne sont divisées que par la rivière de Mérens (l'Ariège) et la route d'Espagne, qui sépare le bac du Llata de la Coumo de Prat-Ferrou.

Elles sont portées dans l'état de 1880 pour une contenance de 1349 hectares.

§ III. — *Cantonnement.*

Le cantonnement, qui n'est autre qu'un contrat passé entre les communes usagères et l'Etat,

(1) Jusqu'en 1861, l'Etat a possédé en outre les triages de Mancèdre, et jusqu'en 1877, ceux de Carroutch et de Prat-Ferrou (Voir *Cantonnement et Echange entre la commune et l'Etat*, § 3 et § 4).

(2) Appartenant à la commune depuis 1861.

n'est déterminé rigoureusement par aucun article du code forestier. — Les articles 63 et 118 en ont simplement déclaré l'existence ; et le législateur a voulu s'en rapporter au droit commun du soin de fixer le système devant satisfaire le plus équitablement les propriétaires et les usagers (1).

Quelques données historiques sont nécessaires pour bien suivre les phases du cantonnement dans la commune d'Ax.

En 1241, le comte de Foix Roger Rotfer, souverain du pays, voulant favoriser la population dans cette ville qu'il venait de rétablir, accorda à la communauté plusieurs privilèges et franchises (voir chapitre II, pages 15 et 16) ; il leur permit de prendre sur toutes les montagnes et forêts royales situées dans l'étendue du consulat d'Ax des *bois, eaux* et *pacages* et tout ce qui leur était nécessaire.

Le comte de Foix, en accordant aux habitants d'Ax ces droits a voulu leur donner les moyens de subsistance, les dédommager de la stérilité notoire du lieu, améliorer le confortable de leurs habitations, en un mot, leur procurer tous les avantages que ce sol sauvage et couvert de neiges une partie de l'année ne pouvait leur fournir.

Voici un extrait de cette charte originale dont

(1) H. Doumenjou. — *Etudes sur la révision du Code forestier* (1883).

la copie, faite en 1441 par Raymond Sans, notaire, se trouve aux archives d'Ax.

« *Damus, at que in perpetuum concedimus imperium omnibus populatoribus de villa nostra de Ax, qui moda ibi estis populati, et antea veneritis ibi populare.....................................ut habeatis et percipiatis per omnia loca, ligna, aquas et pascua et possitis habere omnia alia quœ vobis necessaria fuerint in montibus...... ad vestram propriam voluntatem in perpetuum faciendam* (1). »

Per omnia loca ! cette expression semble exclure toute idée de cantonnement, selon l'adage « qui dit tout, n'excepte rien ».

En conséquence de cette concession, ils exercèrent constamment ces droits dans toutes les montagnes des lieux et villages enclavés dans le consulat d'Ax (Orgeix, Orlu, Ascou, Sorgeat, Ignaux, Vaychis, Tignac, Perles et Castelet, Savignac) ainsi que dans le consulat de Mérens, soit pour le pacage des bestiaux et troupeaux, soit pour le bois de construction, soit pour le charbon, etc.

(1) Traduction. — Nous donnons et concédons à perpétuité à vous tous, habitants de notre ville d'Ax, qui la peuplez maintenant et qui étiez venus auparavant demeurer en ces lieux......, le droit de posséder et de prendre partout bois, eaux et pâturages, et celui de jouir de toutes les autres choses qui vous sont nécessaires dans les montagnes....., à votre propre volonté qui doit toujours être respectée.

De tout temps la communauté d'Ax eut à cœur tous ces droits nécessaires ; nos ancêtres les avaient fait confirmer par les comtes de Foix qui se sont succédé jusqu'à Henri IV et par les seigneurs et rois Louis XIII, Louis XIV, Louis XV et Louis XVI, en vertu de lettres patentes précédemment relatées (voir chapitre V).

Le rapport de Claude de Bazin de Bezons et de Louis de Froidour, commissaires députés par Louis XIV pour la réformation générale des eaux et forêts du haut pays de Foix, fut favorable à notre population.

L'ordonnance de 1669, vrai chef-d'œuvre de haute sagesse en matière forestière, révoquant en général tous les usages, vient troubler les habitants d'Ax dans l'exercice de leurs droits, mais ils furent bientôt rassurés par la justice du monarque qui dérogea, en faveur des habitants du haut pays de Foix et notamment en notre faveur, aux dispositions rigoureuses de l'ordonnance précitée.

Le rapport des commissaires réformateurs, suivi d'un projet de règlement local, fut arrêté et confirmé par arrêt du conseil d'Etat, du 11 avril 1672.

Ces mêmes commissaires, dans le procès-verbal d'avis qu'ils dressèrent le 6 mai 1670, déclarent au roi :

« Qu'ayant fait une vérification générale des bois et montagnes du *baillage d'Ax*, ils ont reconnu que les usages des dits habitants d'Ax sur le bois de la contrée étaient si étendus qu'ils *équipollaient à une propriété* ; qu'après avoir bien examiné tout ce qui pourrait s'en faire, et ouï sur cela les gens qui avaient le plus de connaissance desdites forêts, ils sont unanimement convaincus qu'il ne fallait pas s'en *promettre autre chose que la fourniture des usages du dit pays.* » Ils ajoutent : « Quant au premier point concernant l'usage des dits habitants, nous avons estimé que Sa Majesté, reconnaissant d'une part la situation affreuse et misérable de ce pays, le peu et la mauvaise qualité des terres, la difficulté d'en retirer des grains et autres denrées nécessaires pour les commodités de la vie et pour la vie même ; et que Sa Majesté étant informée d'autre part aussi que les dits habitants ont *de tout temps incontestablement et sans trouble joui des dites forêts comme de leur propre chose*, moyennant quelques menues redevances, qu'ils ont accoutumé de payer, et que d'ailleurs on ne peut établir aucune vente des dites forêts pour en tirer profit quelconque : Elle voudra bien adoucir la rigueur de la nouvelle ordonnance pour leur accorder la maintenue aux usages dont ils ont joui jusqu'à présent, tant pour le fait des pâturages que pour l'exploitation des bois ».

L'administration et la conservation des dites forêts avaient été pleinement confiées à l'autorité municipale ; aussi les consuls et plus tard les maires, les échevins, les aménagèrent, à l'exclusion des agents du domaine ; les délivrances, l'ouverture et l'interdiction des bois des montagnes aux bestiaux qui venaient paître, le règlement des coupes et la poursuite des délits, tout cela rentrait dans leurs attributions, témoin l'acte de règlement qu'ils obtinrent le 12 mai 1789 de la chambre souveraine des eaux et forêts du parlement de Toulouse.

La Révolution, qui fit tant de ruines et opéra tant de confiscations, avait laissé intacts tous les droits exercés par les habitants sur les forêts du consulat d'Ax, car nos officiers municipaux, nos maires, en conservèrent la police et l'administration jusqu'à la création de l'agence forestière par la loi du 16 nivôse an IX (6 janvier 1801). Celle-ci revendiqua pour le domaine de l'Etat la propriété du sol, la réduction de ces droits à l'état d'*usages* et la soumission au régime de la loi commune.

A dater du moment où ces forêts ont été régies par les agents du domaine, elles furent successivement appauvries par les coupes et les ventes et devinrent insuffisantes, quant au lignerage, aux besoins du pays.

Le reboisement de nos montagnes y a heureusement porté remède.

C'est après cette *quasi possession immémoriale* et si privilégiée malgré des titres si généraux qu'ils équivalent presque à une aliénation, malgré notre misère, qu'on a vu restreindre nos droits d'usage, avec lesquels s'est pour ainsi dire identifiée une population peu aisée, placée au pied des Pyrénées et sous un climat rigoureux.

En outre, dans une période malheureuse (de 1836 à 1845) la commune d'Ax perdit en première instance, et même en appel, ses droits d'usage reconnus par les meilleurs titres sur les bois seigneuriaux d'Ascou, Ignaux et Sorgeat (forêt divisielle), d'Orlu et Orgeix, de Perles et Castelet, toutes communes faisant partie de l'ancien consulat ; craignant de succomber en cassation, la commune d'Ax transigea, comme nous le verrons, avec les propriétaires des forêts seigneuriales qui ne voulurent point invoquer la prescription (voir § 5).

Déjà, l'année 1703, le conseil politique avait accordé à l'Etat une indemnité de 5800 livres pour empêcher l'aliénation et le rachat des forêts domaniales au profit du roi Louis XIV, au détriment de nos droits et usages confirmés cependant par l'arrêt du conseil d'Etat en date du 11 avril 1672.

La communauté d'Ax obtint encore une fois gain de cause et empêcha momentanément l'exécution de la théorie monarchique : « toute terre appartient au Roi ».

Moins heureux que leurs prédécesseurs, les conseillers municipaux de 1836 déléguèrent

M. Gaspard Astrié, maire, pour offrir au gouvernement, en leur nom, la somme de 20,000 fr. en compensation de l'aliénation demandée ; ils s'engageaient encore à accepter toutes les autres charges qui se percevraient désormais sur la commune. — Leur requête n'eut point d'écho.

En 1844, ce même administrateur se rendit à Paris pour conférer avec le ministre de l'intérieur et lui exposer, de concert avec notre député (1), les tendances de l'administration forestière à restreindre ou presque annihiler nos droits d'usage.

Une deuxième fois en 1848 la somme de 25,000 fr. fut offerte par M. Ad. Authié, maire, au gouvernement provisoire, pour empêcher l'aliénation des forêts prescrite au profit de la République.

La voix de la commune ne fut pas encore entendue de nos représentants, et l'on fut obligé en 1857 de demander un délai au sujet du *cantonnement* rendu exécutoire par décret du 19 mai 1857.

« Les bases du cantonnement reposent sur deux éléments qui sont : l'évaluation en argent et l'évaluation en nature.

L'évaluation en argent repose sur un système mixte, sur la valeur vénale actuelle qui doit varier suivant les facilités ou les difficultés que la

(1) M. Dugabé.

nature du sol et l'état des chemins offrent pour l'exploitation et pour le transport des produits forestiers, et sur la valeur moyenne du bois de la forêt qui ne peut pas être uniforme. — Le système de capitalisation est généralement admis dans ce cas. Il consiste à évaluer le produit du revenu annuel du droit d'usage et à multiplier ensuite ce produit d'après le taux légal de 5 % ou au denier vingt.

« L'évaluation en nature doit s'opérer sur une moyenne du plus grand nombre possible des années de délivrance. Le décret du 19 mai 1857 s'exprime ainsi en ce qui concerne le bois de construction : « Pour évaluer l'émolument an-
« nuel en bois de marronnage, on déterminera
« le volume total du bois des espèces dues que
« comporte l'ensemble des bâtiments usagers,
« et l'on divisera ce volume par le nombre d'an-
« nées, formant la durée moyenne des dits bois
« eu égard aux essences employées, à l'âge des
« bois, à leurs dimensions et aux circonstances
« locales, telles que climat, situation, usages lo-
« caux ».

« Comme on le voit, ces règles participent de l'essence des partages, car elles tendent à un but unique : l'égalité des droits. Donc le cantonnement peut être assimilé au contrat de partage.

« Cette conséquence apporte une modification radicale dans les dispositions de divers articles du code forestier, entre autres l'article 63,

§ 2 (1), interdisant aux communes l'exercice de l'action en cantonnement et constituant une véritable spoliation qu'il est juste de faire cesser, en rétablissant dans le code les principes égalitaires de la loi du 28 août 1792.

« Espérons qu'une décision prochaine, émanant des Chambres, rétablira l'égalité entre les usagers et les propriétaires, en modifiant ce deuxième paragraphe de l'article 63 du code, pour investir les communes usagères du droit de poursuivre, à l'égal du propriétaire, l'action en cantonnement » (2).

Après cette diversion nécessaire pour bien comprendre le cantonnement, nous allons en suivre les péripéties dans notre commune.

Le 9 août 1857 un rapport très complet, présenté par M. Duran, juge de paix, au nom de la commission nommée à cet effet, conclut au rejet, avec explications motivées à l'appui.

Sur la demande du conseil, une contre-expertise eut lieu contradictoirement faite par des experts nommés d'un commun accord par l'administration forestière et la commune, afin de sau-

(1) Ainsi conçu : « l'action en affranchissement d'usage par voie de cantonnement, n'appartiendra qu'au gouvernement et non aux usagers ».

(2) Citation empruntée à l'*Etude sur la révision du code forestier*, par M. H. Doumenjou, pages 66 à 74, chapitre VII.

vegarder le plus possible les intérêts des habitants.

Le 10 mai 1859, le conseil municipal adopta les conclusions d'un rapport présenté par M. Beulaygue sur le *nouveau projet de cantonnement* rédigé par MM. Guyon et Delor le 12 juin 1858 et signifié au maire par le préfet le 7 janvier 1859. Le 29 août 1859 seulement le projet de cantonnement fut conditionnellement adopté par le conseil municipal avec les modifications suivantes :

« 1° Que le canton dit Souleilla du Llata (120 hectares 38 ares 30 centiares), soit substitué au canton de Carroutch (91 hectares 18 ares 40 centiares) ;

« 2° Que dans l'acte administratif à intervenir, il soit accordé à la commune des passages larges et convenables autant que possible, pour que les troupeaux puissent être conduits aux pâturages élevés, à travers les forêts réservées à l'Etat, sans s'exposer à des procès ruineux ;

« 3° Que dans le cas où l'on renoncerait à tenter des semis infructueux dans les 112 hectares 50 ares 90 centiares en vacants, on se réserve, dans cette intention et dans le cas aussi où les semis ne réussiraient pas, ces vacants indispensables au pâturage des bestiaux, et nécessaires à plus juste titre encore comme passage, lesquels seraient irrévocablement attribués à la commune ».

Le préfet de l'Ariège et le conservateur des forêts assistaient à la séance du conseil ; ils promirent d'appuyer auprès du chef de l'Etat les justes requêtes de la commune.

En 1860, feu Benjamin Rivière, chargé de rédiger un nouveau rapport sur le cantonnement, en donna lecture au conseil le 9 novembre. L'on décida d'ajourner la question jusqu'à nouvel examen et transport sur les lieux, après avoir consulté trois jurisconsultes (1) du parlement de Toulouse pour vider la question de droit.

Une délibération du conseil, en date du 2 mars 1861, confirma le cantonnement aux conditions fixées dans la séance du 29 août 1859.

Enfin, le 16 mars 1861, la commune fut mise en possession d'une partie de la forêt domaniale d'une contenance de 1581 hectares 40 ares, étendue de terrain estimée à 291,338 fr. 67 cent.

La commission qui avait signé le procès-verbal d'expertise était composée de MM. Labat et Bribes, conseillers municipaux; du receveur des domaines, M. Chauvez, et du sous-inspecteur des forêts, M. Dolor.

Tel est le résumé de la question du cantonnement, si palpitante d'intérêt pour notre commune. — Ce contrat a produit un effet désas-

(1) MMes Fourtanié, Astrié-Rolland et Albert.

treux sur nos habitants ; on a dû se soumettre à la loi du plus fort. — La question grave des forêts a été définitivement jugée au profit de l'Etat, et ainsi ont disparu tous les privilèges et les franchises que les comtes de Foix, les rois de Navarre et de France nous avaient prodigués.

§ IV. — *Echange forestier entre la commune et l'Etat.*

La commune d'Ax proposa, le 20 février 1865 et le 16 novembre 1867, à la direction des eaux et forêts, un échange de la forêt communale dite de la *Descargue d'Insurgel* et de *l'orry de la Serre*, avec le quartier domanial de *Carroutch*.

Des experts furent nommés le 17 juin 1868 (1) ; ils présentèrent leur rapport au conseil municipal le 11 avril 1869 ; en voici les conclusions : « L'immeuble domanial à recevoir en échange étant d'une contenance de 91 hectares 18 ares 40 centiares, estimé à 22,997 fr. 22, et l'immeuble communal (composant les cantons du Soula d'Appi et de las Planes, d'Embenet et la Descargue) à remettre en contre-échange étant d'une contenance de 51 hectares 78 ares 59 centiares, et évalué à 16,828 fr. ; la différence en faveur de l'Etat était de 6,169 fr. 01, payables en espèces ».

(1) MM. Thinus, Sylvestre, Bonnefond.

Le conseil municipal donna son adhésion pleine et entière ; une délibération du 22 juillet confirma la précédente, mais on avait compté sans la haute administration des forêts, qui ne consentit à l'échange en question qu'avec adjonction nouvelle de terrain communal au-dessus du lieu dit Bonascre.

Le 5 février 1870 on adopta cette proposition, mais cette fois encore le conseil d'Etat refusa son adhésion (7 février 1873), vu l'irrégularité des lots.

Une expertise complémentaire devant être faite d'après les formes prescrites par l'ordonnance du 12 décembre 1827, on délégua un expert pour défendre les intérêts de la commune (1).

Ce fut le 10 avril 1874, d'après le nouveau rapport des experts (2) pour l'échange projeté (rapport clos le 22 janvier 1874), que l'on accepta les conditions de part et d'autre.

En voici le résumé :

« La commune fait de nouveaux apports immobiliers dans les sections d'Ax (3) et de Savignac (4), pour une contenance générale de 14 hectares 4 ares 6 centiares, représentant une valeur en superficie de. . . . . 4,067 fr. 99

En fonds de. . . . . 2,106 fr. »»

Total. . . 6,173 fr. 99

(1) M. Ed. Sylvestre.
(2) MM. Thinus, Canard et Sylvestre.
(3) N° 535 de la section D du cadastre.
(4) Nos 211 et 218 de la section B du cadastre.

« La soulte que la ville devait payer à l'Etat, ayant été fixée dans le procès-verbal du 2 septembre 1868 à 6,169 fr. 01, la différence en plus au profit du trésor serait de 4 fr. 98 cent.

« Les frais d'expertise, élevés à 777 fr. 70 cent., doivent être supportés moitié par l'Etat, moitié par la commune. »

Cette proposition fut acceptée par le conseil, et l'Etat y donna définitivement son approbation l'année suivante.

§ V. — *Bois seigneuriaux.*

Concédés par les anciens comtes de Foix ou vendus par la Nation en 1792, ces bois étaient au commencement de ce siècle la propriété d'anciens seigneurs.

Dans le canton d'Ax, nous trouvons :

1° Les bois de Perles, Castelet et Savignac (1183 hectares).

2° Ceux d'Orgeix (360 hectares).

3° Ceux d'Orlu (700 hectares).

4° Ceux d'Ascou, Sorgeat et Ignaux (2168 hectares).

Nous avons déjà dit précédemment que la commune d'Ax, en vertu de ses titres et d'une possession constante, exerçait des *droits de lignerage et de pacage* sur la généralité des bois et montagnes du consulat d'Ax, dans lequel étaient compris les domaines des seigneurs du Castelet, d'Orgeix, d'Orlu et d'Ascou, représentés en 1835 (1) par MM. Astrié, de Thonel, Abat et Gomma, Martin, Roussillou (ces trois derniers solidaires et copropriétaires), tous maîtres de forges.

Les propriétaires ayant contesté ces droits en invoquant la prescription, on dut recourir à la justice.

Par malheur, le tribunal de Foix, jugeant en premier ressort le 19 juin 1837, accueillit la prescription et nous priva non seulement de nos droits de lignerage, les seuls contestés par les seigneurs propriétaires, mais encore de nos droits de pacage dont nous avions joui sans la moindre interruption au vu et au su des propriétaires.

L'on ne pouvait penser que les droits de pacage fussent enveloppés dans le naufrage des autres; aussi le maire d'Ax (2) n'hésita pas à interjeter appel et, par exploits du 1er et 3 mars 1838, intima devant la cour de Toulouse les possesseurs des divers bois seigneuriaux.

Les 6 juillet 1839 (procès d'Orlu), 1er octobre 1840 (procès du Castelet) et 7 mai 1844 (procès d'Ascou-Ignaux-Sorgeat), contre toute attente, la cour royale de Toulouse, accueillant également la prescription et ne séparant pas les droits de li-

(1) Époque où les procès entre la commune d'Ax et les divers propriétaires des bois seigneuriaux ont commencé.

(2) Gaspard Astrié.

gnerage, tombés en désuétude, de ceux de pacage dont l'exercice n'avait point été interrompu, confirma le jugement du tribunal civil de Foix et condamna la commune d'Ax aux frais et dépens.

Notre défenseur prétendit que l'arrêt de la cour renfermait une hérésie de droit et qu'il serait infailliblement cassé si l'on recourait au dernier degré de juridiction (cour de cassation).

Le conseil municipal, dans un but de conciliation, envoya deux délégués en compagnie du maire auprès des propriétaires intéressés, pour traiter à l'amiable la question en litige et obtenir des concessions.

Ces démarches furent toujours vaines auprès des possesseurs des forêts du Castelet-Perles et de celles d'Ascou-Sorgeat-Ignaux; toute tentative de transaction devint infructueuse.

Plus raisonnables s'étaient déjà montrés MM. François de Thonel d'Orgeix, son frère Alexandre et M. Abat Augustin.

Un projet de transaction eut lieu avec le propriétaire des bois d'Orgeix, le 27 mai 1840; cette transaction fut passée le 21 juillet 1841, entre la commune d'Ax et M. F. de Thonel, marquis d'Orgeix; elle établit nos droits et usages dans les bois de ce dernier et nous accorda une délivrance annuelle de 40 stères de bois.

Le 29 septembre 1841, devant Me Chrestia, notaire, une *concession* bienveillante et perpétuelle, c'est-à-dire un don gratuit de dépaissance sur les montagnes d'Orlu pour 122 bêtes à grosse corne et 600 bêtes à laine, sans introduction dans les parties boisées et à l'exclusion des bois de lignerage, fut accordée aux habitants d'Ax, par MM. Abat Augustin et Alexandre de Thonel d'Orgeix, co-seigneur d'Orlu.

Malheureusement, cet acte ne put être suivi d'effet, la commune d'Ax n'ayant pas eu assez tôt l'autorisation préfectorale nécessaire pour accepter cette proposition avant la mort de l'un des cédants, survenue le 30 octobre 1841 ; dès lors l'arrêt de la cour (6 juillet 1839), qui nous déboutait de nos droits et usages sur les bois d'Orlu, fut définitif.

Un autre projet de transaction authentique eut lieu le 21 novembre 1841 avec M. le marquis d'Orgeix ; il régla définitivement nos droits d'usage sur les bois et montagnes d'Orgeix, en même temps qu'il statua sur le mode d'exercice.

La transaction du 21 juillet 1841 fixait seulement le chiffre des bêtes admises dans les pacages, mais ne prévoyait rien pour la fixation et la délimitation des quartiers annuellement nécessaires pour la dépaissance de 122 vaches ou taureaux dans les bois. Aussi des contestations, des tiraillements sans nombre s'étaient élevés maintes fois, notamment en 1862, entre les deux parties et un véritable déluge de procès-verbaux tombait sur les habitants de notre commune.

Le tribunal désigna trois experts (1) pour visiter les lieux du litige, faire les délimitations et nous concilier, s'il était possible, avec M. le marquis d'Orgeix. Une nouvelle transaction fut signée à Foix le 17 août 1875 et fixa le parcours et les lieux permis à la vacherie d'Ax.

Ce nouveau contrat étant approuvé par les deux parties, le 30 septembre 1877, l'acte public fut passé par le maire d'Ax, Benjamin Rivière, avec M. le marquis d'Orgeix, le 5 novembre 1877, par devant Me Rouché, notaire.

Ainsi se terminèrent à notre désavantage toutes ces actions judiciaires intentées en vain pour défendre nos droits et usages séculaires.

(1) MM. Barragué, Claustres, Deramond.

CHAPITRE XIII

Eaux thermales et sulfureuses.

Les eaux sulfureuses d'Ax paraissent remonter à une très haute origine ; il est difficile de lever le voile qui couvre leur passé.

Bien que mentionné d'une manière générale, au sixième siècle de notre ère par une histoire catalane, et plus tard dans la chronique d'Arnaud Squerrer (1456), l'emploi des eaux d'Ax n'est particulièrement cité que dans l'inventaire de Boulbonne en 1575. En effet, le 14 mai de cette année, on autorisa le sieur Arnaud Bonnel à faire usage de l'eau thermale pour son moulin battant (foulerie), à la condition de payer six deniers (1).

Les sources connues et dénommées au dix-huitième siècle sont :

1° Les *Canons* et le *Rossignol* ; elles ne servaient, comme aujourd'hui, qu'à des usages domestiques.

2° L'Etuve, située encore de nos jours au pied du clocher de Notre-Dame-de-Grâce ou chapelle de l'hôpital.

3° Le Grand Bassin, sis tout auprès, ou *bassin*

(1) *Inventaire de Boulbonne*, folio 300. (Voir chapitre II, page 30).

des Ladres, fondé en 1260, sous le règne de saint Louis (voir chap. II, page 18). Il était appelé par sa destination à guérir les *ladres* ou *lépreux* (1) qui avaient contracté dans les expéditions d'outre-mer la terrible maladie de la lèpre. En 1604 une ordonnance d'Henri IV avait prescrit aux consuls de l'entretenir aux frais de la ville.

4° Le Bain-Fort. Ce n'était primitivement qu'une piscine à ciel-ouvert, destinée aux baigneurs ; les consuls la dénombrèrent au roi, en 1672, dans l'acte de reconnaissance dressé par Pierre Darassus (2).

Dans les temps reculés, jusqu'en 1715, les bains et étuves étaient dans le domaine public comme l'eau des rivières; l'usage en était permis à tout venant qui se baignait et buvait sans aucune rétribution. Plus tard, le toit de l'*étuve* tombant en ruine fut le prétexte de prélever une légère rétribution sur les baigneurs.

Par délibération du 11 août 1715, les marguilliers de la chapelle de Notre-Dame-de-Grâce « offrirent aux consuls de refaire cette toiture et de prendre à leur charge les autres réparations, s'ils étaient autorisés à prélever en faveur de ladite chapelle trois sols par étuves, exception

(1) On comptait, sous le règne de Louis VIII, plus de 2,000 léproseries en France ; le testament de ce prince, monument historique de cette époque, mentionne ce nombre. — (Michaud, *Hist. des Croisades*, tome III).

(2) Archives d'Ax, dénombrement de 1672.

faite pour les traitables de la communauté. »

L'on accepta ces offres, mais à la condition que ces marguilliers et leurs successeurs « en tiendraient un rôle exact et en rendraient compte pour que le produit reste acquis à cette chapelle. »

Ce devait être un bien pauvre revenu, ou plutôt une charge, puisqu'en 1734, le toit et la voûte des étuves menaçant de s'écrouler et d'entraîner la ruine du clocher, les consuls en informèrent le conseil politique, et le 27 avril, il fut délibéré d'une voix unanime « que lesdits consuls feraient des affiches pour trouver un adjudicataire voulant se charger de reconstruire le toit et la voûte de l'étuve, moyennant la jouissance du local et l'exploitation des eaux. » Tout d'abord personne ne s'offrit, mais le 1er juin 1734, le sieur Roumengas demanda et obtint la somme de dix livres pour l'indemniser de cette réparation, et il acquit le droit d'exiger à l'avenir cinq sols par étuve des baigneurs étrangers, les habitants d'Ax ayant la gratuité des bains et étuves.

Ces accords durèrent peu sans doute, parce que les modiques revenus étaient insuffisants et ne couvraient point les frais d'entretien.

On voit, en effet, « qu'en 1736, les consuls ont offert l'exploitation des étuves, à la seule condition pour celui qui l'entreprendrait de nettoyer le bassin des Ladres et les conduits qui y portent l'eau, une fois par mois. » On agréa le sieur Rauzy Mitchou.

En 1737, le sieur Jean Tignol s'en chargea, mais il voulut encore obtenir « la jouissance des autres bains du Couloubret. »

C'est la première fois qu'il est fait mention de ces bains.

Le 13 mai 1741, le conseil politique décida à la pluralité des voix « d'affermer les bains et eaux thermales d'Ax au plus offrant et au dernier enchérisseur, en donnant bonne et subsistante caution. »

On donna l'adjudication au sieur Douaud François, pour la somme de huit livres, payées annuellement, avec engagement de tenir le bassin des Ladres et les conduits des alentours bien nettoyés.

A partir de cette époque, diverses adjudications ont eu lieu successivement pour l'affermage des bains et eaux thermales ; le prix s'éleva progressivement jusqu'à la somme de 500 livres, dans l'acte de *locaterie* proposé par le sieur Lafage, de Pamiers, le 28 octobre 1783 et accepté par le conseil politique le 14 juillet 1784.

Nous donnons le résumé analytique des délibérations prises à ce sujet par le conseil politique d'Ax, dans les temps anciens, et les différents baux à ferme qui ont été passés.

1607, 29 avril. — Les consuls décident la continuation « du reste du bain ».

1637, 12 avril. — L'on répare le *lanada* (1) et la *fontaine du Couloubret* (2) qui tombait en ruines.

1660, 28 décembre. — Une demande fut adressée au conseil politique, par le sieur Bonnel de Pradal, pour être indemnisé des dépenses occasionnées « pendant son séjour aux bains », de M. de Durban, gouverneur du pays.

Nos eaux commençaient donc à être fréquentées.

1694, 27 mai. — M. Serda, maire, fit couvrir d'ardoises le *canal des eaux chaudes*, qui passait le long de la muraille de la place du Breil « vu les incommodités qu'on y recevait ».

Les délibérations du 11 août 1715, des 28 avril et 1er juin 1734, ont été rapportées précédemment.

1739, 1er avril. — Le sieur Douaud s'engageait à payer annuellement une rente de 8 livres ; les habitants d'Ax devaient payer à partir de ce jour, cinq sols par bain, et les pauvres de l'hôpital, deux sols et demi.

Un compétiteur, le sieur Tignol, carillonneur, ayant surenchéri d'une livre, fut déclaré adjudicataire, et, grâce à cette lutte, le revenu des bains augmenta d'année en année.

(1) Lavoir des laines.
(2) Bassin situé à l'emplacement du Vieux-Bain-Fort et alimenté par cette fontaine.

1741, 13 mai. — Par décision consulaire, les bains et eaux thermales ne purent être livrés qu'en adjudication renouvelable annuellement.

Cette même année, le sieur Tignol obtint, moyennant une surenchère de dix sols sur le sieur Douaud, « la concession des étuves de l'hospital et des bains du Couloubret, pour la somme de 65 livres 10 sols, avec la faculté de placer une serrure à la porte des dits bains ».

C'est la première fois qu'il s'agit de l'adjudication des bains du Couloubret, comme partie principale à affermer.

La porte fermée à clef, dont il est question, doit s'entendre de ce petit établissement connu sous le nom d'*Ancien Bain-Fort*, et qui n'était pas encore voûté; c'était alors une piscine où l'on se baignait en plein air.

L'exploitation ne fut point lucrative, et le sieur Tignol adressa une requête aux consuls pour être indemnisé; elle fut accueillie favorablement et l'on réduisit la somme due à 40 livres.

1742, 17 mai. — Le même fermier resta adjudicataire pour la somme de 60 livres. Mais à partir de ce moment, tous les baux à ferme se trouvent consignés sur copie authentique d'un acte passé pardevant notaire. Nous les énumérerons succinctement :

13 Mai 1743. — Adjudicataire: le sieur Douaud, pour la somme de 40 livres.

23 Mai 1744. — Adjudicataire: le sieur Douaud, pour la somme de 50 livres 10 sols.

31 Mai 1745. — Adjudicataire: le sieur Douaud, pour la somme de 56 livres.

26 Mai 1746. — Adjudicataires: les sieurs Douaud et Damia Durandeu, pour la somme de 48 livres.

22 Mai 1747. — Adjudicataire: le sieur François Trapé, hôtelier, pour la somme de 60 livres.

25 Mai 1748. — Adjudicataire: le même, pour la somme de 60 livres.

Pour la première fois, on exige dix sols des étrangers.

27 Mai 1749. — Adjudicataire : Douaud Augustin, pour la somme de 58 livres.

8 Mars 1751. — Le sieur Marcailhou d'Aymeric, premier consul, expose au conseil politique : « qu'il n'y a rien de si intéressant pour l'homme que la santé, et qu'on ne doit rien négliger de tout ce qui peut coopérer à la procurer », il propose en conséquence : « de faire bastir une voûte aux *bains doux du Couloubret* et de les fermer à clef, afin que par ce moyen l'eau s'y trouve toujours claire, en évitant les mauvais usages qu'on en fait ».

Cette proposition fut adoptée à l'unanimité.

4 Juin 1751. — Le bail à ferme fut passé en faveur du sieur Douaud Augustin, dit Jean Daille, pour la somme de 63 livres.

8 Mars 1752. — La voûte du Couloubret, construite cette année, coûta 108 livres.

8 Mai 1753. — Achat de la première *chaise à porteurs*, faite par le nommé Sieu François, menuisier à Tarascon, pour le prix de 76 livres trois sols, y compris le cuir préparé et les clous pour le fixer, sans compter trois livres deux sols pour le transport de Tarascon à Ax.

8 Juin 1753. — Adjudicataire : Douaud Augustin, pour 68 livres, y compris l'affermage de la chaise à porteurs.

14 Janvier 1754. — Adjudicataires : Douaud père et fils, pour 80 livres ; les habitants d'Ax doivent non seulement « payer cinq sols par bain, mais encore le *pain et le vin accoutumés* ».

12 Février 1755.— Adjudicataire : Douaud père, 98 livres.

21 Janvier 1756. — Adjudicataire : Pierre Boulié, tailleur, 111 livres; c'est la première fois que les bains du Couloubret sont exclusivement réservés aux usages corporels.

4 Janvier 1758 — Adjudicataire : le même, pour 166 livres ; il s'engage, en outre, à faire nettoyer les bassins dans toutes les solennités.

8 Janvier 1758. — La suppression du pain et du vin accoutumés ne fut plus de rigueur ; aussi l'affermage des bains descendit à 91 livres. Dans cet acte, on mentionne les *bains doux du Couloubret*, dont nous avons déjà parlé en 1751 ;

ces bains doux étaient sur l'emplacement occupé aujourd'hui par le bain Pilhes.

12 Janvier 1759. — Adjudicataires : François Florence, pareur de draps, et Boniface Clanet, tailleur, pour la somme de 135 livres.

Dans le courant de cette année parut le mémoire du docteur Sicre Abraham (1) sur les eaux d'Ax; le conseil politique délégua deux de ses membres pour lui offrir des remerciements au nom de la communauté.

Ce mémoire eut une influence marquée sur la hausse du prix d'affermage des bains.

En effet, le 3 janvier 1760, les sieurs Joseph Levet, dit Lavallée, et Charles Alzieu furent déclarés adjudicataires pour la somme de 240 livres.

3 Janvier 1761. — Adjudicataires : les mêmes, pour le prix de 265 livres.

4 Mars 1761. — L'on décida de paver les bains du Couloubret avec de grandes dalles, pour le prix de 20 livres ; cette somme était insuffisante, elle fut portée à 40 livres le 1er avril.

Cette même année l'on répara le bassin du Breil, les fontaines des *Escanous* (Canons) et du *Rossignol*.

Toutes ces réparations augmentèrent le prix de ferme des bains.

5 Janvier 1762. — Adjudicataires : Joseph Levet,

(1) Voir sa biographie, chapitre XVI.

Charles Alzieu et Guilhem Laffont, pour la somme de 305 livres.

22 Mars 1763. — Le sieur Pic, maçon-charpentier, proposa au conseil politique, sur les instances du docteur Pilhes, un projet de construction d'un établissement au Couloubret.

L'assemblée, présidée par le sieur Gomma, premier consul, « accepta les plans et devis du sieur Pic et chargea le syndic de la communauté d'écrire à monseigneur l'intendant de la province, pour le prier d'homologuer la délibération et de permettre la construction des bassins et bâtisses projetées. » — L'intendant accéda aux désirs de la communauté, et les travaux d'aménagement pour clore les *bains doux* commencèrent en 1764.

Pendant la durée de ces réparations, les bains ne furent mis à l'adjudication qu'à l'amiable ; aussi nous n'avons point trouvé les actes de baux à ferme de 1764 à 1770.

Les bains avaient acquis en 1770 une plus-value importante, et dès le 1er janvier de cette année les sieurs Boyé et Trapé en étaient les adjudicataires pour la somme de 420 livres.

La rente thermale s'éleva successivement jusqu'à 509 livres.

En 1780, l'on construisit l'établissement du Couloubret, d'après les nouveaux plans du sieur Pic et sur les indications du docteur Pilhes, alors *intendant* de nos eaux.

Le 28 octobre 1783, le sieur Lafage, de Pamiers, proposa au conseil politique « de prendre à sa charge toutes les réparations et l'entretien des établissements thermaux, étuves et autres, à la condition d'obtenir un bail de *locaterie*, valable pour vingt-neuf ans ; il consentait à perdre durant cette période la somme de 2000 livres, mais avec promesse de remboursement de toutes les dépenses faites pour réparations aux bains, fontaines et étuves, excédant 2,000 livres à l'expiration du bail ».

L'assemblée politique agréa les propositions du sieur Lafage par délibération du 28 mai 1784, et le 14 juillet suivant, l'acte de *locaterie perpétuelle* fut passé avec le demandeur ; le sieur Lafage déclara, le 21 février 1785, devant Me Astrié, notaire à Ax, qu'il cédait son adjudication au sieur Authier-Orlu aîné.

L'acte fut consenti dans les termes suivants : « La communauté d'Ax baille à titre de locaterie perpétuelle, moyennant 500 livres par an, *les bains* et *sources des eaux minérales, thermales, étuves, fontaines lui appartenant avec tous les droits que la dite communauté a d'en jouir* » ; cet acte réserve aux habitants : « *les facultés de boire gratis les eaux, d'en puiser pour leurs usages ordinaires, et de ne point payer plus de cinq sols par bain.* »

Sous la direction intelligente du docteur Pilhes, le sieur Authier-Orlu activa les réparations du

Couloubret, et bientôt cet établissement devint prospère.

Le 26 septembre 1785, l'assemblée politique, mue par un sentiment de reconnaissance, délégua deux de ses membres, les sieurs Martin du Breil, maire, et Marcailhou d'Aymeric, pour témoigner, au nom de la communauté, au docteur Pilhes, intendant des eaux d'Ax et d'Ussat, « que l'on sentait le prix de ses soins, qu'on l'en remerciait, en l'engageant à leur continuer sa tendre et paternelle sollicitude » ; les délégués, comme témoignage du sentiment public, lui offrirent un expédié de cette délibération, qui honore autant le conseil qui en prit l'initiative que le médecin auquel elle s'adressait.

En vertu de la loi du 24 août 1793, les administrateurs du département de l'Ariège s'emparèrent des biens de la commune d'Ax.

L'établissement du Couloubret ne fut pas épargné et subit le même sort que l'hôpital avec les sources qui l'avoisinent, et dont la plupart étaient destinées aux usages économiques et sanitaires ; l'Etat devint ainsi propriétaire de ce que la ville avait affermé au sieur Authier-Orlu, le 21 février 1785.

Mais le 22 prairial an IV (20 juin 1796), l'Etat *vendit* à son tour à divers acquéreurs, représentés par le sieur Pierre Astrié, *les bains et eaux thermales d'Ax*, pour la somme de 10,000 fr., sous les droits stipulés et réservés par l'acte de fermage du 21 février 1785.

Dans cet acte, le docteur Pilhes avait les $^7/_{12}$, le sieur Authier-Orlu les $^3/_{12}$, et le sieur Astrié, les $^2/_{12}$.

Plus tard, cette propriété passa entre les mains de M. Boulié et de Mlle Jeanne-Marie Rivière; elle repose aujourd'hui, depuis le 16 décembre 1879, sur la tête de la *Compagnie générale des thermes d'Ax.*

CHAPITRE XIV

Les industries éteintes.

La ville d'Ax a eu longtemps, avec les contrées voisines et surtout avec l'Espagne, des relations commerciales importantes pour les produits de son industrie; nous avons nommé : les cordeillats, les laines, les forges à la Catalane et les orpailleurs.

§ I. — *Cordeillats.*

Florissante jusqu'au dix-huitième siècle, l'industrie des *cordeillats* (draps grossiers) s'éteignit en 1780, à tel point qu'aucune femme, soit dans la ville, soit dans les alentours, ne pouvait trouver un salaire assez rémunérateur avec la quenouille, le fuseau et le rouet, en préparant ainsi les matières textiles; la filature se maintint encore, mais de peu de durée, dans les villages de Prades et de Montaillou, qui travaillaient également pour les fabriques de Chalabre, Limoux, Carcassonne, et même pour Sainte-Croix dans le Saint-Gironnais (1).

Anciennement, ces draps étaient quelquefois donnés en paiement au percepteur. Nous lisons, en effet, dans une délibération du conseil politique, en date du 11 août 1629, « que le sieur Caussonnel, marchand de ladite ville, a donné des cordeillats en paiement *au trésorier des recettes de la bourse commune du pays de Foix* » *(sic)*. L'assemblée donna son adhésion à ce mode de paiement.

§ II. — *Laines.*

Le commerce des laines a été très prospère dans notre ville jusqu'à 1812, époque de la terrible invasion espagnole (voir chapitre XV, § 5).

En 1807, un rapport adressé au préfet par M. Boulié, adjoint, relate « qu'indépendamment de la fabrication du fer, très importante dans le canton, il se lave dans Ax, au moyen de l'eau chaude et sulfureuse, plus de 4,000 quintaux de laine tous les ans » ; il ajoute même : « la deuxième de ces industries a atteint un degré de perfection qu'elle n'avait jamais eu. »

On comprend aisément ce degré de perfection,

(1) Archives d'Ax. — Registre des souvenirs historiques.

si l'on considère que l'eau thermo-minérale et sulfureuse, grâce à son alcalinité, forme avec les matières grasses du suint un produit savonneux favorisant le nettoyage et la purification des laines.

Le trafic des laines, qui avait enrichi de nombreuses familles, s'est perpétué jusqu'en 1863.

§ III. — *Forges à la Catalane.*

Une industrie qui a contribué pendant des siècles au bien-être de notre vallée est sans contredit celle des forges improprement appelées *à la Catalane.* — Leur origine, qui paraît se perdre dans la nuit des temps, remonte bien avant la fondation de la Catalogne; cette province ne date en effet que de l'an 1137, époque où Raymond Béranger ceignit la couronne d'Aragon.

Nous voyons déjà, en 1292, *l'inventaire de Boulbonne* mentionner le transport du fer dans la vallée d'Ax (1).

Les données historiques que l'on possède sur l'art du fer, dit M. François, paraissent confirmer l'opinion que, dans les temps reculés, deux méthodes venues d'Orient se sont partagé la fabrication de ce métal sur le continent Européen. Ces deux méthodes étaient :

(1) Voir chapitre II, page 20.

1° Le traitement direct connu sous le nom de *forge à la Catalane*;

2° Le travail au stucken (fourneau à masse).

Le traitement direct prévalut chez nous; mais son importance a diminué dès l'introduction du traité du libre-échange, conclu avec l'Angleterre le 22 janvier 1860; cette industrie s'est éteinte dès l'apparition des hauts fourneaux, appelés à leur tour, dans un avenir prochain, à subir le même sort, à cause de la concurrence étrangère.

En 1667, le procès-verbal de réformation de Louis le Froidour porte quarante-quatre forges et huit martinets roulants dans le pays de Foix, le Couserans et le marquisat de Mirepoix.

On voit, d'après le travail de ces commissaires réformateurs, que la seule communauté de Mérens avait quatre grandes forges à fer, ce qui supposait l'exploitation de bois immenses au grand détriment de nos forêts.

Ax n'a jamais eu de forge à la Catalane ; indépendamment de celles de l'ancienne châtellenie de Mérens, disparues au dix-huitième siècle, on comptait en 1807 dans notre canton quatre forges importantes alimentées par les forêts seigneuriales. 1° Ascou, 2° le Castelet, 3° Orgeix, 4° Orlu. — Le dernier feu de ces forges s'est éteint en 1876; depuis lors, nos vallées silencieuses ne retentissent plus du bruit de ce puissant marteau qui était le signe de leur vie industrielle.

§ IV. — *Orpailleurs.*

Une autre industrie fort intéressante, très pratiquée dans le dernier siècle, et qui n'a pris fin que vers 1830, était celle des *orpailleurs*.

On nommait ainsi ceux qui recherchaient ou recueillaient avec beaucoup de soin et de patience les paillettes d'or roulées par les ruisseaux et les rivières descendant des montagnes granitiques.

Les filons de quartz injectés dans les roches granitiques qui abondent dans notre pays, sont le gisement naturel de l'or. On l'y trouve disséminé en paillettes, en petits cristaux, en filaments ramifiés.

Désagrégées ensemble par les agents atmosphériques ou entraînées en cet état par les eaux courantes, les roches aurifères ont produit des terrains d'alluvion, où les paillettes d'or se trouvent disséminées. C'est dans ces sables que l'on fait habituellement la recherche de ce métal précieux.

Sous le règne de Louis XIV, les orpailleurs étaient soumis à un *droit de cueillette* qu'ils payaient au roi ; il était fixé au cinquième de la valeur des paillettes ramassées, ce qui nous porte à croire que cette industrie avait alors son importance.

En 1718, Réaumur (1) composa sur les sables

(1) Célèbre physicien et naturaliste (1683-1757).

aurifères de l'Ariège un mémoire fort intéressant, dont il donna lecture à l'Académie des sciences ; les savants Pailhès et Guitard s'occupèrent du même sujet en 1750 et 1761.

L'hôtel des monnaies de Toulouse avait alors seul le droit de fondre l'or apporté par les orpailleurs. On leur payait l'once de ce précieux métal 86 livres (1). Dans la suite, le prix baissa jusqu'à 72 livres, mais les orpailleurs vendirent alors aux Espagnols tout ce qu'ils pouvaient recueillir.

» Depuis 1750 jusqu'en 1791, on apporta au bureau de Pamiers 18 marcs (2) seulement, et l'on sait, dit Pailhés (3), que l'*Hôtel des Monnaies* de Toulouse recevait autrefois 300 marcs par an des orpailleurs de l'Ariège, du Salat et de l'Arget (4). Le gain de ces orpailleurs était alors d'une livre dix sols(5) par jour en temps ordinaire, et de six livres lorsque les rivières débordaient. Mais aujourd'hui cette industrie a cessé, les parcelles

(1) Ancienne monnaie remplacée par le franc.

(2) Ancien poids qui valait 8 onces ; l'once équivalait à 31 grammes 25 centigrammes.

(3) V. Dumège, *Statistique des départements pyrénéens*, tome I, p. 178.

(4) Ces trois rivières n'étaient pas les seules du Midi qui roulaient des paillettes d'or. Nous lisons, en effet, dans la *Géographie de la Gaule romaine*, par E. Desjardins, tome I, que Strabon mentionne le Tarn aux paillettes d'or. « *Auriferum que postponet Gallia Tarnem* ». Ausone, *Mosella*, 46me vers.

(5) Ce qui correspond à 1 fr. 50 cent. de notre monnaie

du métal précieux recueilli dans les sables étant en trop petite quantité pour dédommager du travail de la récolte.

On recueillait ces paillettes par divers procédés.

Le plus ancien consistait à laver soigneusement, dans un vase conique, les sables aurifères de l'Ariège ou des ruisseaux qui la grossissent. On mettait dans ce vase quelques poignées de sable aurifère et on le plongeait dans l'eau, en lui imprimant un mouvement de rotation.

A la faveur de ce mouvement circulaire et de l'eau, les matières se séparaient dans l'ordre de leur densité; les parcelles d'or, plus lourdes, gagnaient le fond du vase, tandis que les parties non métalliques, plus légères, tournaient encore dans le liquide ; en inclinant le récipient on faisait écouler le sable et l'or restait au fond, souillé par des matières étrangères.

Dans notre vallée, un autre procédé plus élémentaire et moins scientifique était de placer une toison de laine à l'orifice d'une fontaine a sables aurifères ; en la secouant ensuite sur un linge, on recueillait les paillettes d'or.

La vallée d'Orlu possède, au lieu dit Embatxouillade, un puits fort remarquable qui a été très anciennement exploité.

Nous empruntons avec plaisir à l'intéressante brochure : *Narration statistique sur la vallée d'Orlu*, par M. A. J. N.Duran, notre oncle, le récit d'une visite au puits d'Embatxouillade.

« En 1807, MM. François de Thonel, d'Orgeix, et Duran Joseph, mon père, régisseur de la forge d'Orlu, entendant continuellement parler « du trou de l'or d'Embatxouillade », résolurent d'aller l'explorer. Ils prirent pour les accompagner Joseph Espy, dit Pancette, d'Orgeix, grand braconnier d'ours et d'izards, connaissant très bien la situation du puits, et trois hommes de peine d'Orlu ; on se munit de pics, de marteaux, pals de fer, cordes, ficelles et de tous les accessoires nécessaires.

« Arrivés de bon matin à l'orifice du puits, ils firent déblayer l'entrée que les bergers avaient fermée avec des pierres pour empêcher les brebis de s'y précipiter.

« Ces premiers obstacles enlevés, ils découvrirent un premier étage à environ 2 mèt. 50 cent. de profondeur, recouvert d'un grand nombre de pierres qu'on y avait jetées. Mon père se fit solidement attacher avec une corde sous les bras, prit un marteau-pic, la lanterne, et descendit le premier pour s'assurer de la solidité de ce sol factice. Après l'avoir bien examiné avec la plus scrupuleuse attention dans tous les sens, et avoir remarqué que les fortes solives de bois de chêne, légèrement équarries à la hache, qui le composaient, quoique pourries de l'aubier, avaient encore assez de nerf dans leur corail et offraient une certaine résistance, il appela les autres explorateurs ; deux seulement restèrent au bord du puits pour faciliter la descente, à l'aide de cordes, à leurs compagnons d'excursion.

« Ils descendirent ainsi jusqu'à un cinquième étage, obliquement précédés de la lanterne plongée préalablement dans le vide, et retenue par une ficelle. En retirant cette sonde exploratrice et lumineuse, ils remarquèrent, à sa clarté, que le sixième étage, où ils n'avaient pu arriver s'était effondré, entraînant sans doute par sa chute tous les étages supérieurs.

« Les explorateurs prêtèrent alors, dans le silence de ce souterrain, une oreille attentive ; ils crurent entendre un léger murmure au fond du puits ; ce murmure semblait révéler le passage du ruisseau aurifère qui sourd au bas de la montagne d'Embatxouillade, dans la direction même de cette profonde cavité, que nous évaluons à plus de 40 mètres.

« Ils y jetèrent quelques pierres qui ne produisirent d'autre bruit que celui de leur choc contre les parois de la roche, et n'indiquèrent point l'existence d'une nappe d'eau.

« En remontant, ils détachèrent avec la pointe de leur pic, çà et là, des fragments de minerai d'or, et en rapportèrent une certaine quantité, qui fut envoyée à Paris pour en faire l'analyse. »

Nous ajoutons à ce récit la manière dont fut traité ce minerai d'or. Après l'avoir concassé et réduit en poudre, on le pétrit avec du mercure; l'or fut dissous et les impuretés vinrent nager à la surface de l'amalgame liquide ; ce dernier fut ensuite exprimé dans une toile serrée pour séparer l'excès de mercure ; enfin la partie solide étant soumise à la distillation, le mercure se volatilisa pour se condenser dans un récipient, et l'or resta sous forme spongieuse ; finalement on le fondit. Le résultat donna 2 fr. 80 cent. d'or par quintal métrique de minerai soumis à l'essai.

De nouveau, en 1860, une compagnie industrielle de Paris, ayant l'intention d'exploiter cette mine, voulut auparavant se rendre un compte exact du rendement.

Un hectolitre de sable pris à la fontaine d'Embatxouillade et envoyé à Paris, traité par divers procédés mécaniques et chimiques, ne donna qu'un résultat peu avantageux, et la compagnie précitée renonça à son entreprise.

Nous terminerons ce chapitre par quelques détails statistiques, importants, sur l'état prospère du canton et de la ville d'Ax en 1807.

A cette époque, la commune avec ses annexes, comptait 2007 habitants (1) ; elle voyait passer durant l'année plus de 200,000 moutons, une

(1) Elle n'en compte aujourd'hui que 1763 (y compris les hameaux des Bazerques et de Petches) (recensement de 1886).

quantité considérable de bœufs, mules, cochons, ayant leur destination pour l'Espagne; en outre, pendant six mois de l'année, il entrait en France, par la route de Mérens, 100,000 fr. par jour en piastres fortes (1) ou en quadruples (2), comme le constate le rapport des douanes ; nous avons déjà vu précédemment l'importance du commerce des laines et du fer à la même époque.

Les invasions des Espagnols d'un côté, l'émigration de l'autre et l'extinction des industries qui animaient la vallée, tout a concouru à ruiner notre ville, aujourd'hui confiante en l'avenir prospère qui lui est réservé par ses eaux minérales et l'arrivée du chemin de fer.

(1) Monnaie valant 5 fr. 40 cent., et remplacée par le douro ayant même valeur.

(2) Synonyme de *pistole* ou *onza*, valant anciennement 84 fr., aujourd'hui 81 fr. 51 cent.

CHAPITRE XV

Evènements divers.

§ I. — *Guerres de religion.*

La naissance du protestantisme avait été la source de luttes déplorables. Au temps des guerres de religion, la ville d'Ax se montra peu disposée en faveur des idées nouvelles de la *Réforme*; elle n'éprouva point les commotions de la guerre civile qui désola le comté de Foix, de 1560 à 1629.

Le pays de Foix était divisé en deux partis : celui des réformateurs et celui du roi.

Le seigneur de Gudanes, sieur de Fautillou de Sales, qui soutenait ouvertement les réformés, avait attiré dans ses domaines un ministre protestant, Tachard, résidant à Urs, tandis que ses partisans se répandaient dans tout le haut pays pour y propager les nouvelles doctrines.

Le manuscrit auquel l'historien du pays de Foix (1) emprunte ce fait ajoute : « que ces sec-

(1) Lascases, *Mémorial historique des évènements du pays de Foix*, de 1490 à 1640.

taires semblaient n'être venus aux Cabannes et à Urs, que pour insulter la ville d'Ax et les frontières du pays. »

Ce fait prouve clairement que la ville, bien protégée par ses remparts, n'était pas au pouvoir des religionnaires.

Le duc Guillaume de Joyeuse, gouverneur du Languedoc, ordonna au seigneur de Castelnau-Durban « de lever des troupes pour fondre secrètement sur le lieu des Cabannes, Urs et autres villages (1), une heure avant le jour; les rebelles, trouvés endormis le 25 mai 1567, furent passés au fil de l'épée. »

Bientôt après, parut le terrible Claude de Levis, sire d'Audou, jeune seigneur huguenot, issu de la maison de Mirepoix-Léran. Il signala sa présence par l'incendie de la riche abbaye de Boulbonne, située près de Mazères (2), en 1567, et la mort tragique du sieur Baron, recteur d'Ornolac, « qui était en prière dans l'église paroissiale de Tarascon, et fut précipité encore revêtu de ses habits sacerdotaux de la roche du château dans la rivière (3), le 27 septembre 1568. » L'année suivante, les catholiques, à leur tour, exer-

(1) Lascases, *Mémorial historique des évènements du pays de Foix.*

() La deuxième abbaye de Boulbonne, sise au confluent de l'Ariège et du l'Hers, en amont de Cintegabelle, fut édifiée en 1662, envahie, pillée et incendiée pendant la Révolution de 1789.

(3) Lascases, *loc. cit.*

cèrent contre les huguenots de sanglantes représailles; soixante-six calvinistes furent précipités de ce même rocher dans le gouffre (9 juin 1569).

L'horrible exécution de la Saint-Barthélemy (nuit du 25 août 1572) vint raviver toutes les passions.

Les calvinistes grossirent leurs rangs de tous les malfaiteurs, bandouliers, gens de sac et de corde, pour jeter la terreur dans les campagnes et se créer des prosélytes, sous menace de mort.

Le pays fut ainsi exposé aux fureurs de la guerre civile, de 1573 à 1582, c'est-à-dire durant neuf longues années terribles et marquées par des crimes atroces, triste et inévitable conséquence des passions religieuses et politiques déchaînées, qui forment, pour ainsi dire, le cortège obligé de toute guerre intestine.

En 1584, le fougueux d'Audou, nommé gouverneur du comté de Foix par Henri de Navarre, plus connu sous le nom d'Henri IV, roi de France, à dater de 1589, chercha à rétablir l'union dans les partis après les avoir divisés. — Dès son entrée en charge, il pacifia le pays, encouragea le commerce, veilla soigneusement à la défense des frontières, en un mot, procura le bien-être à la contrée par son administration, aussi intelligente qu'énergique.

L'on en trouve la preuve dans le rapport

qu'il fit, en 1585, au roi de Navarre. — Nous donnons un extrait de cette pièce importante pour notre histoire locale ; elle est reproduite avec son orthographe et les annotations du roi (1).

« Le faict d'Ax est paisible sauf que quelques larrons fesaient naguère des courses en Espagne dont quelques-uns avaient été pris prisonniers, mais ils ont été eslargis. Or, pour empêché de tels larcins, ledit sieur d'Audou a dépéché deux commissions pour courir sus auxdits larrons, l'une au capitaine de Mérens, l'autre au bayle de Vic-Dessos ; et cela se faist aux dépens du pays, et pour commencement on a saisi un vieil brigand du pays, qui a esté conduit à l'appel de Tolose, il se nomme Plumette et pense-t-on qu'il sera exécuté sur les lieux dans peu de jours.

Annotation du roi : Bon.

« Sera besoin de pourvoir seurement au chasteau de Mérens, selon les occurences, d'aultant que le roi d'Espagne s'en vient à Barcelone et on craint qu'il ne veuille attenter quelque chose es costés de ça et mesmement s'il rencontre quelque occasion propre.

Annotation du roi : Ledit seigneur roi se re-

(1) Bibliothèque nationale. Archives de Pau, liasse folio 10.

M. Ad. Garrigou a publié ce document *in extenso* dans ses *Etudes historiques sur l'ancien pays de Foix et le Couserans*, tome I, page 366 et suivantes.

met au sieur d'Audou de pourvoir au château de Mérens.

« Ladite ville d'Ax ne peut se passer du trafic d'Espagne, qui fait que les habitans désirent extrêmement y pouvoir aller avec libre accès, dont ils ont fait requeste audit sieur d'Audou, afin d'y porter et rapporter tout ce qui se pourra recouvrer pour leurs commodités ; mais il leur a fait respondre qu'il fallait qu'ils sussent avec lesdits Espagnols, ce qu'ils en voulaient faire de leur part, si d'aventure ils en veulent traiter. Il plaira à Sa Majesté commander audit sieur d'Audou, comme il s'y gouvernera.

Annotation du roi : Ledit sieur d'Audou donnera advis des commodités qu'on peult retirer d'Espagne en lui communicant celle du pays de Foix, pour y après estre pourveu. »

. . . .

Comme on le voit, les habitants d'Ax vivaient en bonne intelligence avec leurs voisins ; même en temps de guerre, leur commerce entr'eux était autorisé.

Au milieu des vicissitudes de la guerre civile, la ville d'Ax se montra toujours opposée aux idées de réformes, et, en 1590, elle servit de refuge aux membres dispersés du chapitre de Foix, qui furent autorisés, par Mgr de Barrau du Pairon, à y célébrer les saints offices (1).

(1) Lascases, *Mémorial hist. des événem. du pays de Foix.*

Le 18 août 1593, plusieurs habitants des Cabannes, dirigés par les frères Capdeville, de Luzenac, se déclarèrent pour les réformateurs, tirèrent plusieurs coups de *prédenal* (1) et blessèrent, entre autres, le nommé Cassé, bourgeois d'Ax, interceptant, en outre, toute communication avec la vallée supérieure (2).

Les consuls d'Ax déléguèrent leur collègue d'Aymeric, accompagné du capitaine Béringuier, pour se concerter avec le capitaine Fantillou et prendre les mesures nécessaires en cas d'attaque.

Ax fournit un contingent de trente soldats; un égal nombre d'hommes fut envoyé par les villages du consulat (3).

Les habitants d'Orlu, requis, demandèrent l'exemption de monter la garde, « attendu qu'ils étaient obligés de veiller aux montagnes contre les Espagnols qui leur enlevaient du bétail. » Une décision consulaire résolut la difficulté en leur permettant de déduire sur le contingent des soldats à fournir deux hommes pour la garde de leurs montagnes (4).

La garde de la ville d'Ax était confiée, sous l'autorité des consuls, à un capitaine d'armes, et le nombre d'hommes préposés à cette garde

(1) Arquebuse.
(2) Archives d'Ax. Registre des délibérations.
(3) Idem,
(4) Idem.

variait, suivant les exigences du service, de quatre à vingt; ils étaient répartis par moitié entre la cité d'Ax et les villages du consulat (1). Sur la réquisition du gouverneur général du comté de Foix, le consulat était tenu de fournir une compagnie d'armes dont le chef était toujours pris à Ax (2). Les consulats de Mérens et de Prades fournissaient un contingent spécial à la compagnie, avec la faculté de nommer des lieutenants (3).

La ville possédait déjà de l'artillerie en 1598. Nous lisons, en effet, dans une délibération en date du 3 juillet de cette année, « qu'à la suite de l'édict de paix générale entre les roys de France et d'Espagne (4), on fera feux de joie, on sonnera les pièces d'artillerie et on advertira les villages pour cy trouver et assister à la procession générale ».

(1) Archives d'Ax. — Registre des délibérations.

(2) Idem.

(3) Idem. A dater du quinzième siècle, les hommes se recrutaient par la voie du sort. On y procédait dans chaque communauté de la manière suivante : les consuls dressaient la liste des jeunes gens aptes au service et on plaçait dans une urne autant de billets qu'il y avait de jeunes gens appelés au tirage ; un nombre de ces billets égal au contingent à fournir étaient noirs et ceux qui les tiraient devenaient miliciens ; les officiers élus par les communautés recevaient leur commission du commandant de la province.

La durée du service exigé était celle de l'expédition pour laquelle le milicien était convoqué.

(4) Traité de Vervins, conclu entre Henri IV et Philippe II, le 2 mai 1598.

En outre, comme ville frontière ou peut-être comme ville dévouée à la cause des catholiques, Ax était pourvue d'un arsenal et d'abondantes munitions de guerre. En 1621, les habitants allèrent avec deux pièces d'artillerie prendre part au combat qui se livra sous les murs du Garrabet (entre Tarascon et Foix), principale place d'armes des rebelles (1).

Les hostilités avaient recommencé dès l'année 1620, et les religionnaires mettaient tout à feu et à sang; nous voyons le 14 août 1625, une ordonnance de M. de Celles intimer à la compagnie d'Ax de se tenir prête à marcher, sous peine de la vie, aux lieux de Bouan et de Sinsat, près des Cabannes (2); la même ordonnance commande au capitaine de Prades de se joindre, avec huit hommes armés, à la compagnie d'Ax, formée de 15 soldats de ville et de 15 soldats du consulat (3).

Sous le prétexte de la guerre religieuse, le comte de Carmain, Adrien de Montluc, qui avait succédé en 1604 au vicomte de Mirepoix, dont le gouvernement (11 février 1598 au 31 août 1603) fait époque dans les annales du pays de Foix, agit en véritable despote.

Il imposa des droits excessifs sur les mar-

(1) Archives de Tarascon.
(2) Archives d'Ax. Registre des délibérations.
(3) Idem.

chandises de première nécessité, réclama des contributions onéreuses pour réparer les châteaux forts, et ordonna partout des levées de gens de guerre ; en un mot, son administration devint plus oppressive et plus odieuse que celle des religionnaires.

Les habitants d'Ax, ruinés par l'incendie du 13 juin 1615 (voir même chapitre, § 3), étaient réduits par toutes ces vexations et ces impôts à la plus affreuse misère.

En 1627, la contrée fut réquisitionnée pour subvenir aux besoins de l'armée et pour soumettre les protestants du comté de Foix, révoltés comme leurs coreligionnaires du Midi, contre l'autorité royale.

A cette époque, en effet, le duc de Rohan, qui avait pris une part très active à la guerre fratricide, porta le trouble dans notre pays à dater du 18 octobre 1626. — Sous les ordres de Condé, les catholiques remportèrent sur les huguenots de la contrée un victoire éclatante (1).

Le mal prit fin heureusement en 1628, par la reddition des places fortes du Mas-d'Azil, de Pamiers, du Carla et de Camarade, derniers asiles des protestants (2).

La main de Richelieu se décelait dans cette œuvre de pacification, dont la proclamation de

(1) Archives d'Ax. Registre des délibérations.
(2) Idem.

l'édit de Nantes (1598) avait été le prélude, et le traité d'Alais (1669) la confirmation.

Le traité ou *édit de grâce d'Alais* avait pacifié le pays, mais le pouvoir semblait toujours craindre de nouvelles levées de boucliers. Partout la surveillance était active et le bruit de la démolition prochaine de tous les donjons et places fortes se répandit dans la contrée.

Nous voyons en effet, le 21 novembre 1639, les syndics du pays de Foix, Noblet et Méric, demander aux consuls d'Ax des pionniers pour aider le démantèlement des places du Carla, du Mas-d'Azil et de Mazères (1).

En l'an 1632, Louis XIII, afin d'enlever tout moyen de résistance, en cas d'insurrection nouvelle, ordonna de démanteler tous les châteaux du pays de Foix, et cet ordre fut exécuté en 1633.

Nous n'avons point trouvé mentionnée la démolition des fortifications d'Ax et du château Maü. Ce fait s'explique aisément, si nous rappelons que notre ville fut constamment dévouée à la cause des catholiques et que la réforme ne put jamais s'y implanter.

(1) Archives d'Ax. Registre des délibérations.

§ II. — *Pestes.*

On sait que les pestes ont été nombreuses pendant les seizième et dix-septième siècles et que leur fréquence a dû faire oublier les dates précises de chacune d'elles, séparées le plus souvent par des intervalles assez rapprochés.

Trois pestes, de funeste mémoire, ont ravagé notre ville, en 1586, 1608 et surtout en 1631.

Dans le cours de l'année 1586, la ville d'Ax perdit par contagion environ 80 personnes, dont 4 consuls ; ce fait est mentionné dans une supplique adressée au roi de Navarre en 1588 (1).

La peste de 1608 dévasta Toulouse, Cazères, etc. ; des mesures énergiques furent prises par toutes les villes de la Haute-Ariège pour se prémunir contre le fléau.

Le conseil politique de notre cité s'assembla à cet effet le 26 juin, les 3, 9 et 16 juillet 1608 ; il fut décidé : « de ne laisser entrer dans Ax que des gens porteurs d'un bulletin de santé », et l'on désigna comme lazaret les métairies d'Encastel et de Ventouse, où des baraquements en planches furent dressés à la hâte pour recevoir les contaminés.

Toute communication avec la ville leur était

(1) Archives d'Ax.

interdite ; défense fut même faite aux habitants de Prades d'avoir aucune relation avec les malades ou de les héberger, sous peine d'interdiction de l'entrée de la cité (1). La contagion cessa bientôt ses ravages.

Ax renaissait ; le pays, déjà fort éprouvé, soit par un terrible incendie (voir § 3), soit par les malheurs de la guerre civile, momentanément apaisée, se ranimait un peu, lorsque la peste reparut avec toutes ses horreurs.

La première période du règne de Louis XIII a été féconde en évènements malheureux pour notre ville, et grâce aux notes insérées dans les registres des délibérations et dans ceux de l'état civil, nous pouvons nous faire une idée de sa situation déplorable : épidémie, incendie, famine, misère causée par les impôts excessifs, pillages et troubles occasionnés par les soldats chargés de veiller à la défense des frontières ; rien ne manqua pour ruiner cette malheureuse cité.

Le récit de la peste est navrant ; le fléau fit, dans l'espace de sept mois, 625 victimes (2), au milieu d'une population qui ne devait

(1) Archives d'Ax. Registre des délibérations.

(2) Les historiens du Languedoc (Dom Vaissette et Dom Devic) relatent que la peste de 1630-1631 fit à Toulouse 50,000 victimes (tome V, p. 577, ancienne édition).

Le registre des actes de baptême d'Ax exagère ce chiffre de 10,000 victimes.

être guère plus considérable que de nos jours.

Nous reproduisons *in extenso* le récit de ce triste événement, pris dans le registre des actes de baptême.

« La peste a Ax, depuis la veille de Saint-Jean-Baptiste (1), de l'an 1631, jusqu'environ la feste de saint Vincent (2), 1632.

« L'an 1631, et la veille de Saint-Jean-Baptiste, la peste fut découverte dans la présente ville d'Ax, étant Messire Arnaud Bonnel, archiprêtre, Messire Jean Tardieu, notaire, Jean-Petit Sarda, Arnaud Cassé et Guillaume Castelnau, consuls.

« La peste fut découverte de la façon, c'est qu'un marchand capier (3) de Toulouse vint se loger chez Bernard Fournier, dit Pailhezi, lequel était blessé de ladite peste, et venant à chercher des racines de lis pour lui en appliquer, il fut découvert ; et lesdits consuls y furent le visiter avec maistre Daniel de Bordenave, médecin, et suivant sa relation, il fut trouvé pestiféré ; pourquoy ils le tirèrent de la ville, de nuit avec quatre flambeaux, et le logèrent dessous le château de Maü, en vue de la ville et près de la métairie de Tardieu, où il mourut le lendemain sur le midi, et est enseveli au même lieu. De là vint

(1) 23 Juin.
(2) 22 Janvier.
(3) Mot signifiant un marchand de capes ou manteaux et non un chapelier.

une telle terreur aux habitants qu'ils ne savaient que faire. Enfin ils résolurent de chasser dessous la ville toute la famille où il s'était logé. Et, en moins de six semaines après, ou le mois d'août, la peste fut tellement échauffée dans la ville et aux villages du consulat, qu'ils moururent, grands ou petits, savoir : dans la ville, 625 environ ; à Sorgeat, 260 ou environ ; à Ascou, 180. A Vaychis, Ignaux, Savignac et autres villages du consulat, la peste n'y toucha pas tant ; mais il en mourut plusieurs qu'on n'en sait pas le nombre.

« Nos magistrats s'étonnèrent si fort, voyant un tel ravage, que les trois y laissèrent la vie, en voulant y donner quelque ordre, Tardieu, consul premier, fut blessé, mais il en guérit.

« Quelques-uns furent d'avis d'y mettre un capitaine, lequel chassa tout le restant du peuple, sain et malade de ladite ville.

« Et ce fut environ à la fête de Toussaint (1) que le mal commença à cesser ; les désinfecteurs que la ville avait envoyé chercher à Pamiers travaillèrent si bien, qu'environ la mi-octobre elle fut entièrement désinfectée, et les habitants sains ou qui avaient fait leur quarantaine commencèrent de s'y remettre, au préalable visités par le sieur Caffetelly, chirurgien de Pamiers,

(1) Fête de tous les Saints, instituée en 837 par le pape Grégoire IV. On la célèbre le 1er novembre.

que ladite ville avait gagé à cet effet, et eux et leurs habits et autres hardes, désinfectés sur le pont de Couzillou (1).

« Environ la fête de Saint-Vincent, de l'année 1632, tous les habitants furent réunis dedans la ville, étant par la grâce de Dieu guéris; alors unanimement ils donnèrent des louanges à ce grand Dieu, et lui offrirent sacrifices publics en actions de grâces avec processions solennelles et autres oraisons qu'ils instituèrent. Et depuis, les litanies de Notre-Dame se chantent tous les samedis, après complies, devant son autel et image. — Par les suffrages de la mère de Dieu, depuis cette prière, nous avons été grandement soulagés; plaise à la divine bonté de nous pardonner nos péchés et nous conserver en sa grâce.

« Je n'ose ici découvrir les misères, cruautés et calamités que souffrirent tous les habitants de cette pauvre ville, et, certes, je pense qu'elles sont si grandes, que si je voulais les raconter toutes, ce livre serait trop petit pour les contenir, et ceux qui le liraient ne pourraient croire tout ce que la vérité même m'en pourrait suggérer. Je me contenterai de dire que jamais pareille misère ni infortune n'était arrivée en cette pauvre ville depuis qu'elle est bastie. Il est vrai qu'elle a été deux fois brûlée, mais tout cela

(1) Pont situé sur la rivière d'Auze, faisant communiquer la ville avec le faubourg de Couzillou.

n'est rien au prix de cette peste. Le service divin fut discontinué, et les prêtres disaient la messe à la Condamine (1) et aux champs.

« Cependant, dans la ville, il n'y eut que pillerie et désordre, et qui de çà qui de là, le peuple mourait de faim, sans être aidé de personne. Le père abandonnait son fils, le mari sa femme, et se sauvait qui pouvait. Les paysans les chassaient comme l'on chasse les ours et les loups, et ne leur voulaient bailler du pain pour de l'argent. Enfin, tout était tellement en désordre, que les larmes m'en viennent aux yeux seulement quand j'y pense.

« Il y mourut force gens ; ma mère, Cécile de Munyer, issue de noble race, y mourut aussi, le second d'août 1631, et plusieurs autres de mes parents.

« Je prie ceux qui liront ceci, et tous ceux qui viendront après nous, de servir ce grand Dieu avec plus de respect et de crainte que nous ni nos devanciers n'avons fait, pourquoi avons été si rigoureusement punis et châtiés par un juste vengeur, et de garder ses saints commande-

(1) Territoire situé entre la route de Foix et celle de Prades, à l'entrée de la ville.

A proximité d'un grand nombre de localités du Midi se trouvait un territoire qui portait ce nom. On appelait généralement *condamine*, un terrain situé près d'une ville, livré à diverses cultures, et dont les propriétaires étaient dispensés d'acquitter certaines redevances (Note de M. Pasquier, archiviste).

ments avec toute la dévotion ; conservant surtout le culte qu'ils lui doivent, il les conservera et ne les châtiera comme à nous ; et c'est la prière que nous lui en faisons très humblement.

« Et, pour tout ce que nous venons de décrire est véritable, nous sommes signé à Ax, le 24e juin 1633.

« PERPÈRE D'ORGEIX, prêtre et vicaire. » (1)

La tradition nous apprend qu'en raison de la grande mortalité, les notaires passaient dans les rues avec des testaments tout préparés et ainsi rédigés : « un tel, atteint de la peste, craignant de mourir, a dicté ainsi qu'il suit ses dernières volontés, etc..... ».

Des précautions inouïes furent prises dans les villages du consulat ; les marchés, les foires, furent suspendus, des hameaux entiers disparurent abandonnés par les habitants et incendiés pour assainir la contrée.

Le 29 décembre 1631, les consuls arrêtèrent :

« 1° Que la porte du barry du Bain serait fermée à clef ; qu'il était inhibé et défendu aux habitants de la présente ville d'aller sans permission à Ascou, Sorgeat, Ignaux, Prades et autres

(1) M. F. Pasquier, archiviste de notre département, a, sur nos indications, déjà reproduit ce document dans le *Bulletin périodique de la Société Ariégeoise des sciences, lettres et arts*, n° 10, septembre 1885.

lieux infectés, sous la peine de faire quarantaine, et sous aucun prétexte valable.

2° « Qu'à son de trompe et cri public, il sera fait commandement à tous les chefs de maison et habitants de la présente ville, s'ils reconnaissaient un de leurs domestiques atteint de quelque maladie que ce soit, d'en avertir les consuls, et qu'inhibition serait faite aux pauvres d'entrer dans les maisons avant la visite du chirurgien, gagé par la ville à 50 livres.

3° « Qu'il y aura un gardien à la porte du Breil durant un mois, et que celle du Couzillou demeurera fermée » (1).

Le sieur Gourdou, meunier de la Ville-Vieille, ayant contrevenu à la défense de recevoir à son moulin des gens d'Ascou et de Sorgeat, lieux reconnus infectés, on le condamne, le 25 janvier 1632, « à payer six livres, avec inhibition d'entrer en ville, ni lui ni ses domestiques, durant 15 jours, sous la peine de 50 livres » (2).

Après la peste, un curieux procès, dont le dossier est conservé aux archives de la ville, s'engagea entre les consuls et un pharmacien qui avait vendu des remèdes.

Le registre des délibérations de 1633 mentionne également une demande d'indemnité formulée par deux apprentis chirurgiens, qui avaient

(1) Archives d'Ax. Registre des délibérations.
(2) Idem.

prodigué leurs soins aux pestiférés; leur requête fut prise en considération et favorablement accueillie par le conseil.

Ce même fléau dépeupla le village de Mérens, et la tradition rapporte, comme une légende, qu'un seul habitant, resté maître de ce consulat, vendit aux Andorrans, pour une cavale blanche, la belle et fertile montagne de *la Soulane* sur les confins de la France et de l'Andorre.

Des rixes sanglantes s'engagèrent entre les pâtres andorrans et ceux de Mérens; un très long et presque interminable procès s'ensuivit.

En 1833 seulement, c'est-à-dire 200 ans après, le tribunal de Foix donna gain de cause à la République d'Andorre.

Disons en terminant, que si les pestes, les épidémies cholériques, causent à notre époque parfois de cruels ravages, on constate avec satisfaction leur caractère presque anodin en raison de celles dont nos aïeux ont eu à souffrir.

§ III. — *Incendies.*

Un terrible incendie avait ravagé la *Ville-Vieille* vers l'an 1240 (voir chapitre III, pages 33 et 34); la nouvelle cité n'eut pas un meilleur sort; quatre fois elle devint la proie des flammes, les années 1355, 1586, 1615, 1880.

Premier incendie. — Le premier de ces incendies eut lieu en l'an 1355. La perte fut telle, que le seigneur-comte de Foix, pour encourager les habitants à ne point abandonner leur ville et à la réédifier, leur accorda l'exemption des tailles et des charges pendant 40 ans (1).

Deuxième incendie. — Le 14 mai 1586, la ville fut de nouveau ruinée par le feu avec une telle violence que les tours et les murs d'enceinte, en particulier ceux du Coustou (2) croulèrent ; les archives furent consumées à l'exception de quelques titres sauvés à la hâte ; les grains mis en réserve et transportés dans la ville par les habitants forains du consulat, pour les garantir des entreprises des ennemis, furent anéantis.

Les consuls adressèrent en 1587 une requête aux Etats de Foix pour leur exposer la situation lamentable, la misère et la désolation du pays. Ils obtinrent, pour l'année courante seulement, l'exemption des frais de cotisation annuelle.

Ce fut une bien légère compensation ; aussi adressèrent-ils, l'année suivante, une supplique au roi de Navarre, comte de Foix, pour deman-

(1) Supplique au roi de Navarre, en 1588, mentionnant cet incendie. (Archives d'Ax). Pièce reproduite *in extenso* par MM. Beny-Rivière et Fonds-Lamothe, dans *la Ville d'Ax, son consulat, sa chatellenie*, page 44.

(2) Ce mur s'étendait de la porte du même nom à celle de la Boucairie ; on le releva en 1607.

der l'exemption des tailles et impôts pendant 50 ans (1).

Cette supplique ne venait pas à son heure ; Henri de Navarre, préoccupé par les évènements qui devaient lui permettre de monter sur le trône de France, ne pouvait prêter à cette requête toute l'attention désirable.

Les habitants de la pauvre ville incendiée n'obtinrent que « l'exemption des impôts durant 9 ans, sans y comprendre le revenu des moulins municipaux (2), vu l'état des affaires et règlements ». L'on ne doit pas ignorer que les rois, pour prix de leur prétention, se réservaient une part de ce revenu.

Troisième incendie. — La ville s'était en partie relevée de ses ruines, lorsque, le 13 juin 1615, un incendie plus considérable encore que les précédents consuma en quelques heures la majeure partie des édifices.

Ce triste évènement est consigné d'une manière authentique dans les registres des baptêmes de cette époque. Ecrit sous forme de procès-verbal par l'un des vicaires, ce document mérite d'être reproduit *in extenso* :

« L'an 1615, et le 13me juin, s'est mis le feu à la ville d'AX, vers 7 heures du matin, et a com-

(1) Archives d'AX. Supplique au roi Henri de Navarre.

(2) Archives d'AX. Réponse du roi Henri de Navarre à la supplique des habitants d'AX, le 8 mai 1588.

mencé par la maison Jehan de Tony, à la rue d'Encastell, tellementque toute la ville se brusla, excepté peu de maisons en nombre, dans le temps de treize heures; de quoy je soussigné suis témoing oculaire, ayant eu aussi part à la perte pour avoir bruslé ma maison. En foi de ce...

« De Godoffre, prêtre et camérier ».

Consternés de ce désastre et ne pouvant maitriser l'élément déchaîné, les habitants fuyaient épouvantés devant les flammes, quand le curé de Saint-Vincent, l'archiprêtre Rauzy, se transporta processionnellement sur le lieu du sinistre avec le Saint-Sacrement.

La foi du saint prêtre fut récompensée et l'incendie cessa ses ravages.

Cet évènement fut consacré à perpétuité par une procession annuelle dite de la *Crémade*, qui avait lieu le 13 juin de chaque année (1); à cette occasion, on exposait publiquement deux plaques en bois grossièrement sculpté.

Sur la première, on lisait : *S'es cremat tovt Ax.*

Et sur la seconde : *Lé 13 Jvin 1615.*

Au regret de la population, ces plaques ont été données au musée de Foix ; nous souhaitons

(1) A dater de l'année 1789, cette procession, avec l'autorisation de Mgr d'Agoult de Bonneval, évêque de Pamiers, eut lieu le premier dimanche après celui de la Fête-Dieu. (*Registre des délibérations.*)

qu'on rende à la cité axéenne ce souvenir si précieux pour elle.

A la suite de cet incendie, les habitants s'étaient réfugiés hors des murs, dans de petites huttes ou cabanes construites à la hâte ; mais une grande partie des tours et murailles de la ville n'avaient pas été atteintes, le fléau dévastateur n'ayant ravagé principalement que le centre de la cité.

Pour engager les malheureux sinistrés à rentrer dans l'enceinte du désastre, on les autorisa à édifier momentanément des cabanes en planches contre le mur du Coustou ; ces masures furent plus tard transformées en maisons, et ainsi se créa ce nouveau quartier.

Les portes de la ville, à l'exception de celles du Breil et du Couzillou, furent fermées à pierre et à chaux, « afin d'empêcher les ennemis de venir piller cette malheureuse cité et tenir la ville en sûreté sous l'obéissance et service de Sa Majesté le Roi » (1).

Le 12 octobre 1615, les consuls arrêtèrent :

« Que la porte du Breil resterait seule ouverte et que l'on contraindrait les paysans de garder la ville jusqu'à ce que les réparations aux tours et murailles soient faites (2). »

(1) Registres des délibérations. Archives d'Ax.
(2) Idem.

En 1617, les Etats-Généraux tenus à Foix, sur une requête à eux présentée par « les syndics, manans et habitants de la ville d'Ax, » accordèrent une somme de trois cents livres aux consuls ; ils leur permirent, en outre, d'ajouter à cette somme les frais de cotisations ordinaires du pays pour réparer les murs de la ville (1).

On députa le sieur Mérigon, précepteur, auprès de Louis XIII, pour obtenir en faveur des habitants d'Ax des gratifications d'impôts et des privilèges qui leur permettraient de reconstruire leurs maisons à peu de frais. Le roi fit quelques concessions.

On sera peut-être étonné de la fréquence de ces vastes incendies ; il est cependant facile de s'en rendre compte, si l'on considère qu'à cette époque reculée, le rapprochement des maisons en rues très étroites, leur construction en torchis (2) et pans de bois, la concession des foriscapes (avancement sur la rue) et les toitures en bois résineux, tout concourait à fournir aux flammes un aliment très actif.

Vu le danger auquel la ville était sans cesse exposée, une ordonnance consulaire défendit aux habitants d'enfermer des fourrages dans les locaux où l'on faisait du feu.

(1) Registre des délibérations. — Archives d'Ax.

(2) Mortier composé de terre grasse et de paille hachée, que l'on plaçait dans l'intérieur de cadres en bois.

Quatrième incendie. — Ces terribles leçons avaient rendu les habitants plus précautionnés, et l'on avait bâti solidement à pierre et à chaux ; deux siècles et demi s'étaient écoulés sans nouveau sinistre, considérable du moins.

La ville n'était malheureusement pas à bout de ses épreuves ; c'est avec un profond sentiment de tristesse que nous relatons ici l'épouvantable catastrophe qui frappa notre station thermale dans la journée du mercredi 6 octobre 1880, et dont nous avons été le témoin oculaire.

Par l'imprudence d'une femme, le feu avait pris naissance, à trois heures et demie du matin, dans un quartier des plus populeux (rue d'Encaralbou).

La nuit était encore des plus profondes et le vent soufflait avec une violence inaccoutumée ; tout à coup des fumées suffocantes et le crépitement causé par les flammes donnent l'éveil aux voisins qui ont à peine le temps de se sauver.

Le cri : *au feu!* retentit de toutes parts, le tambour bat *la générale*, le tocsin donne l'alarme ; tout le monde comprend que la violence du vent, emportant déjà des tourbillons d'étincelles sur toutes les maisons de la ville, peut la ruiner en quelques heures.

En présence de ce danger, les habitants déploient une activité sans égale. Courageux, mais vains efforts, car bientôt la fumée et les flammèches aveuglent les travailleurs.

Le vent, qui soufflait d'abord avec furie du nord-est au sud-ouest, change subitement de direction, à six heures du matin; les flammes sont poussées vers la rue Roussel, et, s'engouffrant dans la rue d'Encastel, forcent les vaillants sauveteurs à s'éloigner successivement jusqu'au couvent du Saint-Nom-de-Jésus; presque toutes les maisons de la rue Roussel furent consumées, notamment la maison natale de l'illustre médecin, l'une des gloires de notre ville.

La population était affolée, et l'on attendait avec une vive impatience les secours demandés par M. Boyé, maire, à Tarascon, à Foix et même à Toulouse.

Comment décrire un si horrible spectacle; de l'immense brasier s'élevait une gigantesque colonne de flammes et de fumée, aperçue de loin par les populations foraines; le feu gagnait avec rapidité, et de proche en proche les maisons de la rue du Mercadal (1), lorsque les pompes arrivèrent de Tarascon à dix heures.

L'espoir renaquit. Sous l'habile direction de leur chef, les pompiers de cette ville luttèrent avec autant d'énergie que d'habileté contre le fléau et sauvèrent incontestablement la majeure partie de la cité thermale.

M. le préfet de l'Ariège, arrivé dès la première

(1) Actuellement place Roussel et une partie de la rue Gaspard-Astrié.

heure, parcourut tous les points menacés et prit toutes les mesures nécessaires en faveur des sinistrés ; il adressa une proclamation aux habitants d'Ax pour relever le moral et prescrire des mesures de prudence.

A midi, les pompes de Foix ; à cinq heures du soir, celles de Pamiers et de Toulouse se hâtèrent, dès leur arrivée, d'entourer le foyer de l'incendie et de conjurer le danger.

Les poitrines se dilatèrent, la confiance s'affirma, et la nuit, qui s'approchait, s'annonça sous des aspects moins effrayants.

Du 6 au 7 octobre, les pompes continuèrent de fonctionner et inondèrent le foyer incandescent.

Le jeudi matin commença le travail de démolition ; il fut dirigé avec intelligence par le lieutenant Viala, de Toulouse, récemment décoré de la Légion d'honneur pour sa belle conduite dans maints sinistres.

Un détachement du 126me de ligne fut envoyé de Foix pour déblayer les rues ; les murs émergeant comme de vrais squelettes de l'emplacement du sinistre, nous rappelaient les tristes ruines de Pompéi (1).

Quarante maisons et leurs dépendances ont été détruites et cinquante familles environ réduites à chercher un asile.

(1) Voir nos *souvenirs et impressions d'un voyage en Italie* (1re partie).

Le quartier ruiné embrassait : tout le côté de la rue Roussel aujourd'hui rebâti, une partie de la rue d'Encaralbou, près de la maison Astrié dit Pastafond, où le feu avait pris naissance, et un rectangle figuré par les rues Roussel (1), du Mercadal (2), d'Encastel (3) et une ligne réunissant ces deux dernières.

Une souscription, organisée à la hâte, vint au secours des nombreuses familles sinistrées et l'inépuisable charité française apporta, quelques jours après, un sérieux soulagement à cette malheureuse population.

Et maintenant au centre de la station thermale dont les eaux sont les plus vantées des Pyrénées, dans l'encadrement de ces belles montagnes et des forêts qui les couronnent, tout un quartier a changé d'aspect.

Une vaste place, établie à grands frais sur le lieu du désastre du 6 octobre, a permis d'installer un marché en rapport avec les besoins de la cité balnéaire.

(1) Aujourd'hui disparue et formant un des côtés de la place Roussel.

(2) Actuellement rue Gaspard Astrié.

(3) Actuellement place Roussel.

§ IV. — *Ax pendant la Révolution française* (*1789 à 1795*) (1).

L'année 1789 vit s'ouvrir pour la France une période de terribles évènements, de violences et de grands crimes qui ont souillé notre histoire, et tout à côté de ces taches de boue et de sang, on remarque de grandes vertus et beaucoup de gloires qui l'ont honorée.

Durant cette période, trois assemblées gouvernèrent successivement la France : la *Constituante*, la *Législative* et la *Convention*.

La première (1789-1791), celle des Etats-Généraux a vainement essayé, après les efforts du roi, de réformer la monarchie.

La seconde (1791-1792), plus exigeante encore, engagea la lutte contre la royauté qui résista.

La dernière enfin (1792-1795) rompit définitivement avec les vieilles traditions de la France; elle établit la République et envoya mourir sur l'échafaud l'héritier de tous nos rois.

Dans l'exposé des faits qui intéressent notre cité durant ces six années, nous allons suivre méthodiquement les travaux de chacune de ces

(1) Une lacune regrettable dans nos archives ne nous a point permis de suivre l'histoire de la Révolution dans notre pays jusqu'au 18 brumaire an VIII (9 novembre 1799).

assemblées et le flot populaire montant toujours jusqu'au moment où il déborde.

La plus grande assemblée politique de France (1,200 députés), les Etats-généraux, devaient se réunir à Versailles, le 5 mai 1789. Leur composition était telle que le comportaient les mœurs et les institutions de l'époque.

La noblesse, le clergé et le tiers-état, dans chaque province, devaient nommer chacun leurs députés, mais la représentation de ce dernier ordre était bien inférieure à celle des deux autres, et le plus souvent ses membres n'étaient désignés que du nom des villes ou des villages qui les députaient; sur une réclamation adressée à Louis XVI, ce monarque avait décidé qu'à l'avenir le tiers-état nommerait deux députés.

Voici la composition des Etats du comté de Foix à la veille de la Révolution :

Mgr Ch. d'Agoult de Bonneval, évêque de Pamiers, président; messire Mathieu-Louis-Armand d'Usson, lieutenant-général.

Pour le clergé : les abbés de Foix, du Mas-d'Azil, de Lézat et de Combelongue.

Pour la noblesse, le comte de Rabat et cinquante-sept barons, parmi lesquels nous relevons les noms de ceux d'Ascou, d'Orlu et d'Orgeix.

Pour le tiers-état : vingt villes au nombre desquelles la ville d'Ax et vingt-trois villages où figurent Mérens, Prades et Montaillou.

Le 30 mars 1789, les électeurs des trois ordres de la province de Foix se réunirent en assemblée générale à Pamiers, dans l'église des frères-prêcheurs, sous la présidence du marquis J.-B[te] de Cussol, seigneur de Roquefort, juge-mage, nommé à la place de Mgr Ch. d'Agoult de Bonneval, qui ne voulut présider que l'assemblée partielle du clergé. Les ordres se séparèrent pour rédiger leurs cahiers de doléances et se réunirent ensuite, chacun à part, les 1er, 4, 7, 8, 9 et 10 avril.

Le délégué d'Ax fut J.-François Gomma.

Les élus furent :

Au nom du clergé, Jean-Bernard Font, curé de la collégiale de Pamiers.

Au nom de la noblesse, marquis d'Usson, lieutenant-général de la province de Foix.

Au nom du tiers-état : 1° Marc-Guilhaume Vadier, conseiller au présidial de Pamiers.

2° Bergasse-Laziroule, de Saurat, officier d'artillerie, en remplacement de l'avocat Faure, non acceptant.

Le vicomté de Couserans nomma également ses députés.

Clergé : Dominique de Lastic, évêque de Saint-Lizier.

Noblesse : le comte de Panetiers.

Tiers-état : le comte de Chambors (1).

(1) Voir P. de Casteras, *Hist. de la Révolution française dans le pays de Foix.* — 1876.

Nos édiles donnèrent, le 17 octobre 1789, leur adhésion complète à la renonciation des privilèges du pays, proposée par l'Assemblée nationale dans la nuit du 4 août; ils formulèrent ainsi leur adresse :

« Le conseil, après délibération, a décidé d'une commune voix d'adhérer à tout ce que l'Assemblée nationale et nos dignes représentants ont fait pour le bien de la nation, et en particulier à la renonciation faite par les représentants du bailliage aux privilèges du pays » (1).

Nous croyons utile, pour l'intelligence de notre récit, de faire connaître le nouveau mode d'administration de notre département.

Un décret de l'Assemblée nationale, en date du 22 décembre 1789, créa le département de l'Ariège, ayant Foix pour centre administratif, trois districts : Tarascon, Saint-Girons, Mirepoix, et vingt-huit cantons.

La ville d'Ax fit partie du district de Tarascon (2).

Une assemblée de trente-six membres forma le conseil départemental ; elle devait se réunir tous les ans pendant un mois au plus, et nommer dans son sein *huit membres* pour composer le *directoire*.

Le directoire du département ne fut élu que le

(1) Archives d'Ax. Registre des délibérations.
(2) Installé dans la maison actuelle de M. Ad. Garrigou.

13 juillet 1790. Il se composa de MM. Seré, de Foix ; Gomma, d'Ax ; de Foix, de Fabas ; Ille, de Saint-Girons ; Lagarrigue, de Mazères ; Daspect, de Varilhes ; Sage, de Larroque ; Vidalot, de Foix.

Le gouvernement des districts était subordonné à celui du département ; il se composait également d'un conseil (douze membres), et en outre d'un directoire particulier (1).

La commune d'Ax fut dotée, par décret de l'Assemblée nationale du 14 décembre 1789, créant les municipalités d'un corps délibérant (officiers municipaux, maire, procureur, syndic et notables), nommés par les citoyens actifs (2).

Il fut chargé de délibérer et de décider des affaires locales, achats, octrois, aliénations, etc.

Les citoyens actifs d'Ax se réunirent à cet effet, le 25 janvier 1790, au nombre de 147, dans la chapelle des Pénitents-bleus, et après une brillante allocution de M. Ferriol, avocat au parlement chaleureusement applaudi, on procéda à la nomination d'un président et d'un secrétaire.

La pluralité des suffrages désigna MM. Abat

(1) V. *Hist. de la Révolution française dans le pays de Foix.* — P. de Casteras.

(2) Voir chap. VI, page 80, la définition de ce mot.

d'Orlu et François Graulle, pour remplir ces fonctions.

On procéda à la nomination de trois scrutateurs. MM. Tardieu Baptiste, Florence François et Gomma cadet, désignés par le scrutin, prirent place au bureau.

M. le président invita ensuite l'assemblée à s'occuper, sans retard, de la nomination du maire par scrutin individuel ; la majorité des voix fut acquise à M. Ferriol Jean-François, nommé maire par 110 suffrages sur 130 votants.

On nomma ensuite par élection les cinq officiers municipaux. MM. Authié aîné obtint 108 suffrages ; François Graulle, 105 ; Astrié, notaire, 101 ; Bélesta, 91, et J. Simon Sylvestre, 75. Le lendemain, cette même assemblée désigna M. Martin du Breil, comme procureur syndic, et nomma les douze notables dont les noms suivent : MM. Vincent Roussillou ; Authié du Breil ; Authié-Orlu cadet ; Rivière, négociant ; Abat d'Orlu ; J. Pierre Rivière ; Gomma-Montaut aîné ; Arnaud ; Serda-Laprade ; Pierre Roussel cadet ; Marty et Jean Rodigue (3me Bazerque).

Ce corps de douze notables devait former le conseil de la commune avec le maire, les officiers municipaux et le procureur syndic.

Tous les élus prêtèrent aussitôt serment, conformément au décret ; ils promirent, et jurèrent devant toute la commune, « de maintenir de tout leur pouvoir la constitution du royaume, d'être fidèles à la nation, à la loi et au roy, et de bien remplir leurs fonctions » (1).

Le 24 juin 1790, le maire donna lecture d'une proclamation du roy sur un décret de l'Assemblée Constituante, relatif à la fédération générale des gardes nationales.

L'article premier prescrivait l'envoi de six hommes sur cent au chef-lieu du district, pour nommer les délégués à la fédération des gardes nationales du royaume, fête qui se célébra le 14 juillet 1790 au Champ-de-Mars, à Paris, et au milieu d'un peuple immense, dont l'enthousiasme et l'accord momentané semblait être une éclaircie au milieu de l'orage.

Notre ville ne possédant pas encore de garde nationale, le maire proposa de suivre l'exemple de la ville de Foix et de faire la proclamation suivante :

De par MM. les officiers municipaux et le maire de la ville d'Ax,

« 1° Il sera formé provisoirement des compagnies sous le nom : de volontaires d'Ax ;

» 2° Tous les citoyens qui voudraient être volontaires se feront inscrire à l'hôtel-de-ville, demain 25 et après demain 26 juin ;

» 3° Il sera formé une ou deux compagnies, en proportion du nombre des volontaires ;

» 4° Les volontaires procéderont, dimanche

(1) Archives d'Ax. Registre des délibérations.

prochain, 27 juin, à l'élection de leurs officiers, au scrutin, en présence de la municipalité, dans la chapelle des Pénitents-bleus de cette ville ;

» 5° Toutes les élections ne seront faites que pour six mois, et indispensablement renouvelées au bout de ce terme ;

» 6° L'uniforme sera convenu et agréé par les municipaux ;

» 7° Les volontaires prêteront le serment prescrit par les décrets de l'Assemblée nationale sanctionnés par le roi. » (1).

18 Décembre 1790. — Le citoyen Ferriol, maire, étant nommé juge de paix, ne pouvait, vu l'incompatibilité, continuer ses fonctions municipales ; il fut remplacé le 26 décembre par le sieur J. François Gomma, élu par l'assemblée des citoyens actifs.

1791

24 Janvier — Conformément aux décrets de l'Assemblé nationale, en date des 20, 22 et 23 novembre 1790, sanctionnés par le roi le 1er décembre, on forma, sur le mandement du directoire du district, un état indicatif des différentes propriétés des habitants de la commune.

Les divisions du territoire portèrent le nom de sections. Ax fut partagé en quatre sections : 1° les *Bazerques*, 2° *Petches*, 3° *Entresserre*,

(1) Archives d'Ax, registre des délibérations.

4° *Belaire*; elles furent exactement délimitées.

29 Janvier. — En vertu de l'article 2 du décret, l'on choisit des commissaires pour dresser l'état indicatif des propriétés se trouvant dans les diverses sections, enclavées dans le territoire d'Ax, et afin d'établir l'impôt foncier d'une manière régulière.

Nous devons ajouter qu'à cette époque la commune était surchargée d'impôts, et que la répartition en était faite proportionnellement au nombre des feux (1).

A ce moment la misère était grande, le peuple exaspéré ; aussi, pour le calmer, le maire décida d'acheter 1500 fr. de grains en Cerdagne, qui devaient être revendus sans aucun bénéfice sur notre marché.

15 Avril. — Le citoyen J. François Gomma, maire, prononça, devant l'assemblée politique, un remarquable discours sur la mort du célèbre tribun Mirabeau (2).

(1) On entendait par *feu* une certaine quantité de terres ou de maisons. Le *feu* se subdivisait encore en *100 bellugues*, mot qui à la lettre se prend pour étincelle ou bluette de feu, mais qui dans l'espèce signifiait une famille ou une cheminée. Enfin, la bellugue se divisait en quatre. Le registre qui contenait toutes ces divisions et subdivisions s'appelait *cadastre*, par rapport aux biens fonds dont il évaluait la contenance et la valeur ; et *compoids*, par rapport à l'industrie dont il évaluait les revenus. Ainsi chaque communauté possédait anciennement ces deux registres, l'un terrier, l'autre mobilier.

(2) Le grand orateur Gabriel-Honoré Riquetti comte de Mirabeau mourut à Paris, le 2 avril 1791, à l'âge de quarante-deux ans. — On l'a surnommé le *Démosthènes français*.

Nous ne résistons pas au plaisir de le reproduire ici.

« Messieurs, citoyens,

« Mirabeau est mort !... La France a perdu celui qui a tant coopéré à sa régénération, qui a affranchi les Français du joug despotique et les a éclairés des lumières de la raison.

« Le mortel que nous regrettons a été constamment le fléau de l'aristocratie et le protecteur du patriotisme démocratique, dont il nous a laissé tant de beaux exemples.

« Les décrets qu'il a présentés, toujours adoptés par de prudents législateurs, ont été sans cesse marqués au coin de la sagesse et de la modération ; ils seront immortels et assurent à jamais à leurs auteurs un rang distingué dans les fastes de la liberté ; dans l'histoire du peuple français, son nom sera inscrit à côté de celui de Franklin, héros de l'humanité qui a reçu le premier l'hommage d'un peuple libre.

« Jusqu'à ce jour, on n'a célébré que la mort des tyrans ; jusqu'à ce jour, les seuls courtisans ont porté le deuil des despotes dont ils avaient partagé la tyrannie ; mais le Français devenu libre ne doit prendre le deuil qu'à la mort de l'homme vertueux ; il l'a pris pour honorer la mort de Franklin, il doit encore le prendre comme un hommage rendu à la mémoire de son digne émule.

« Nos représentants à l'Assemblée nationale, les administrateurs de 83 départements et de leurs districts, les municipalités dignes du choix qu'on a fait d'elles, toutes les sociétés de citoyens amis de la constitution et du bien public, ont pris le deuil pour la mort de Mirabeau et quasi toute la France acquitte en ce moment un tribut de vénération et de reconnaissance pour un de ses plus dignes représentants, un des pères de sa constitution ; serions-nous les seuls qui méconnaîtrions son mérite ? Ne devrions-nous pas joindre nos cœurs à ceux de tous les Français et offrir les mêmes hommages à la mémoire du sage qui a si bien connu les droits de l'homme et qui a tant contribué à les faire décréter comme la base de notre constitution ?

« Je vous proposerais donc, Messieurs, de délibérer : qu'il soit fait un service pour le repos de l'âme de Mirabeau, que la municipalité et le conseil général de la commune (1) y assistent en deuil, qu'on y invitera le juge de paix et son bureau, la garde nationale également, et qu'on portera le deuil deux jours entiers. »

L'assemblée décida à l'unanimité de faire célébrer le lendemain, 16 avril, à dix heures du matin, un service funèbre pour le repos de l'âme d'Honoré Mirabeau.

(1) Formé de tous les citoyens actifs.

28 Juin. — Le maire et le conseil politique, pour fêter le retour de Louis XVI (1), appelé « *le restaurateur de la Liberté française,* » ordonnèrent des feux de joie, des salves de mousqueterie, le chant d'un *Te Deum*... à l'église Saint-Vincent, et le soir, l'illumination de la ville.

14 Juillet — Ce jour, on célébra en pompe le deuxième anniversaire de la prise de la Bastille, et le premier anniversaire de la fête de la Fédération, époques à jamais mémorables dans l'histoire de la Révolution.

En voici le curieux cérémonial :

« Coup de canon et salves de mousqueterie, tirés la veille ; fête du 14, annoncée au son des cloches ; messe solennelle suivie d'un *Te Deum*... ; feux de joie à l'issue de la messe, serment civique renouvelé publiquement, et coup de canon tiré au moment où le serment sera prononcé ; aumône de dix livres aux pauvres, musiciens pour faire danser le peuple. »

17 Septembre. — J. François Gomma, l'éloquent maire d'Ax, venait d'être nommé administrateur du district de Tarascon ; cette place étant incompatible avec celle de maire, on le remplaça par le citoyen François Graulle.

29 Septembre. — L'Assemblée constituante se

(1) Arrêté avec sa famille dans sa fuite, à Varennes, le 20 juin, par les citoyens Drouet fils, maître de poste, et Billaud, plus tard député à la Convention, sous le nom de Billaud Varennes.

retira et fut remplacée, ce même jour, par l'Assemblée législative. Le pouvoir fut confié à une assemblée de 745 membres, élus par la nation ; l'Ariège dut avoir six représentants.

L'élection des députés de l'Ariège à l'Assemblée législative eut lieu à Foix. Plus de 300 électeurs délégués y assistaient (1).

Après six séances, l'on proclama élus :

Bernard Font, évêque constitutionnel.
Robert Gaston, juge de paix à Foix.
Ille, de Castillon, administrateur du département.
Clausel Jean-Baptiste, maire de Lavelanet.
Caubère, jurisconsulte, de Saint-Girons.
J.-J. Calvet, homme de lettres, de Foix.

Suppléants : Expert, homme de loi, de Larroque-d'Olmes.
Trinqué, médecin, de Saint-Lizier. (2)

L'abbé B. Font (3), visitant les églises de son diocèse, reçut du clergé régulier ou non assermenté un très mauvais accueil ; il s'adjoignit, comme vicaire épiscopal, Lakanal, alors professeur de philosophie à Moulins, notre illustre

(1) Le délégué d'Ax fut Vincent Roussillou.
(2) Annuaire de l'Ariège, 1859.
(3) Il ne faut pas confondre : l'abbé Bernard Font, originaire d'Ax (25 octobre 1723), curé de Serres, évêque constitutionnel du 15 mai 1791 à 1800, décédé à Foix, le 1er octobre 1800, avec l'abbé Jean Bernard Font, député aux Etats-Généraux de 1789, décédé à Pamiers, le 21 septembre 1826.

compatriote, créateur de l'instruction publique, son élève et ami.

13 Novembre. — Les citoyens actifs, assemblés en conseil général dans la chapelle de l'hôpital, et conformément au décret concernant les municipalités, renouvelèrent les officiers municipaux, le procureur-syndic et les notables.

Tous, sans exception, prêtèrent le serment civique, ainsi conçu :

« Je jure d'être fidèle à la nation, à la loi et au roy, et de maintenir la constitution du royaume, discutée par l'Assemblée nationale constituante, les années 1789, 1790 et 1791, acceptée par le roi, et de remplir fidèlement les fonctions qui nous sont dévolues. »

1792

27 Mars — Ce même conseil général, assemblé dans la maison commune, délibéra sur l'émission des *assignats* ; — expliquons ce mot. L'Assemblée constituante avait résolu, dans la séance du 17 mars 1790, l'aliénation à la municipalité de Paris et à celles du royaume, de 400 millions de biens domaniaux et ecclésiastiques ; elle imagina de céder ces biens aux communes qui en effectueraient peu à peu la vente, et de souscrire aux créanciers de l'Etat, des bons sur les communes, que celles-ci acquitteraient avec

le produit des ventes. D'ailleurs, les créanciers pouvaient avec ces bons se payer eux-mêmes, en prenant les terres représentées par ces papiers. — Le papier eut ensuite cours forcé, et devint une véritable monnaie. — La terre ne pouvait se mettre en circulation, on y mit sa représentation, son signe ; c'est là le principe et l'origine des *assignats* que malheureusement une émission exagérée déprécia bientôt.

La municipalité d'Ax émit des assignats de 20 sols, 15 sols, 10 sols et 5 sols ; — dans les proportions suivantes : 300, 300, 400 et 800. — Chaque qualité de billet devait être numérotée. La première émission atteignit la somme de 925 livres, et les billets avaient cours forcé.

2 Juin. — Une lettre du directoire du district de Tarascon avisa la municipalité d'Ax :

1° Du passage dans cette ville (5 juin) du premier bataillon des volontaires du département de l'Ariège, en marche vers Montlouis ;

2° De l'envoi (7 juin) de quatre compagnies de volontaires du deuxième bataillon pour séjourner à Ax jusqu'à nouvel ordre.

La ville dut, en conséquence, leur fournir le logement nécessaire.

16 Juillet. — Les citoyens Terson et Bonnal, régents, et la citoyenne Boulanger, régente des écoles de notre ville, appelés à prêter le serment civique en qualité de fonctionnaires publics, refusèrent énergiquement.

La municipalité leur supprima les honoraires de l'enseignement.

20 Septembre. — L'Assemblée législative, après une année d'existence, fut remplacée par la Convention. — A l'anarchie allait succéder l'autorité révolutionnaire.

Le lendemain, au moment même où les soldats de Kellerman et de Dumouriez remportaient la victoire sur les Prussiens, à Valmy, au cri de « vive la Nation! » la République était proclamée par les Girondins et les Montagnards.

Tous les décrets (de 1792) portèrent, à dater de ce jour, l'en-tête suivant:

« L'an 4 de la Liberté et le 1er de la République française une et indivisible. »

30 Septembre. — Proclamation de la République à Ax.

Aux élections de 1792, le canton d'Ax n'envoya pas de délégué à la réunion chargée d'élire les députés à la Convention nationale. Cette réunion eut lieu à Saint-Girons; vingt-sept cantons y étaient représentés par 395 électeurs.

Voici le nom des élus dans les séances des 2, 3, 4, 5 et 6 septembre :

1° *Députés.* — Vadier père, de Pamiers, ancien membre des Etats-Généraux de 1789 ;

Clausel, de Lavelanet, ancien membre de la Législative ;

Campmartin, maire de Saint-Girons;

Expert, procureur, syndic du district de Mirepoix, ancien suppléant de l'Assembléé législative;

Lakanal, vicaire épiscopal de Pamiers.

2° *Suppléants.* — Bordes, de Rimont, juge de paix de Pamiers;

Baby, procureur-syndic, de Tarascon (1).

Ce dernier fut l'infâme acolyte du terrible assassin Vadier père (2).

Ces députés siégèrent sur les bancs de la Montagne et votèrent unanimement la mort de Louis XVI, sans sursis à l'exécution du jugement de Louis Capet; ils approuvèrent toutes les mesures énergiques qui furent adoptées pour le triomphe de la Révolution.

A dater de ce jour, nous allons traverser une période néfaste; nous nous contenterons de signaler les principales dates et les faits dignes d'être relatés.

9 Octobre. — Publication par toutes les rues de la ville du décret de la Convention abolissant la royauté.

11 Octobre. — Prestation solennelle du serment des maires, officiers municipaux et notables de la commune à la Convention nationale, et

(1) *Annuaire de l'Ariège*, 1859.

(2) Vadier père fut exclu de l'Assemblée, le 12 germinal an III (1er avril 1795); on le remplaça par Bordes, député suppléant.

promesse de fidélité à la nation, du maintien de la liberté et de l'égalité et engagement de mourir pour leur défense.

1er Septembre. — Perception au compte de la commune des intérêts des biens possédés par l'église paroissiale Saint-Vincent, à Sorgeat; ces biens lui avaient été donnés un siècle auparavant par le sieur J. Etienne Dufas, archiprêtre (1).

12 Novembre. — Affichage du décret qui abolit la confrérie des Pénitents-bleus de notre ville, et conversion de leur chapelle en *oratoire*, avec l'autorisation du district de Tarascon, afin «de permettre aux habitants des communes voisines d'y entendre la messe lorsque des prêtres, retirés à Ax, voudront y célébrer les offices et éviter aussi que les malades et gens âgés ne soient pas exposés aux rigueurs du climat, comme ils le sont en se rendant à l'église paroissiale par le pont du Breil, passage très froid pendant l'hiver.

9 Décembre. — Nouvelles élections municipales. — Le citoyen J. Fornìer de Clauselles est nommé maire.

Ce même jour, nomination par scrutin du sieur Augustin Arnaud, notable, au grade d'*officier public* (titre nouveau créé par la loi du 21

(1) Ils sont mentionnés dans le cadastre de 1774, dressé par le sieur Amat, féodiste, entrepreneur.

septembre 1791), chargé de tenir les registres des naissances, mariages et décès (1).

12 Décembre. — A la réquisition du sieur Martin du Breil, procureur de la commune, les citoyens Fornier de Clausellcs, maire, et Authié aîné, premier officier municipal, se transportèrent à la maison archiprêtrale pour dresser un inventaire de tous les registres et les remettre à l'officier public.

23 Décembre. — Le conseil général de la commune forma un bureau d'administration pour régir, conjointement avec la municipalité, les biens de l'hôpital, et régler le régime de cette maison, à la charge d'en rendre compte.

1793

18 Janvier. — La municipalité transféra le lieu de ses séances dans la maison de l'archiprêtre, (maison curiale), l'hôtel-de-ville se trouvant dans un état de dépérissement extrême et menaçant ruine.

4 Février. — Un arrêté départemental défendit à tout voyageur se rendant en Espagne de passer au bureau des douanes de la frontière sans consigner la valeur et le tiers en plus du prix

(1) Ces registres étaient tenus jusqu'à ce jour par le clergé paroissial.

de son cheval ou mulet, qui lui servirait de monture ; à défaut de solvabilité, on l'obligeait à donner une caution suffisante.

16 Février. — Un officier municipal, ayant reçu les objets sacrés et les matières d'or et d'argent servant au culte, conformément à la loi du 10 septembre 1792, avec leur inventaire détaillé par les citoyens Ferriol et Roussillou, commissaires délégués à cet effet, fut chargé par le conseil politique de se transporter à Tarascon pour y remettre aux directeurs du district les divers objets et en rapporter un récépissé en règle.

21 Février. — La maison commune, réparée à la hâte, étant occupée par les soldats volontaires cantonnés à Ax, et l'archiprêtré nécessitant à son tour des réparations urgentes, on décida que les séances du conseil auraient lieu désormais dans la maison du citoyen Fornier Clauselles, maire.

27 Février. — Un ordre du Directoire statuant que rien ne pouvait sortir du sol de la République pour entrer en Espagne, le maire ordonna la saisie d'un troupeau de moutons appartenant au citoyen Laffont, logé chez le citoyen Boyé, aubergiste.

1er Mars. — Le maire annonça au conseil :

1° Qu'il avait reçu des administrateurs du district, le décret en date du 1er février 1793, chargeant les municipalités de dresser un état de consistance des biens des émigrés et un tableau à remplir à cet effet.

2° Qu'il avait ordre de procéder sans retard à la fabrication de cent piques au prix de huit livres chacune, d'en donner l'adjudication à bref délai, et de faire réparer les armes en mauvais état.

8 Mars. — Sur l'invitation des administrateurs du district, le conseil décida de célébrer, le 17 courant, un service funèbre pour honorer la mémoire du citoyen Michel Lepelletier (1), un des députés de l'Assemblée nationale, « qui avait versé son sang pour cimenter la liberté française. »

Ce service funèbre fut célébré, par décret de la Convention, dans toutes les communes importantes de France.

11 Mars. — Les circonstances exigeant des sacrifices à la patrie, la commune fit à l'unanimité l'offrande de deux canons.

24 Mars. — La municipalité, désirant se montrer encore plus généreuse, décida d'envoyer à Foix les six pièces de canons qu'elle possédait, avec mention de leur poids dans l'envoi.

10 Avril. — Un décret de la Convention, en date

(1) L. Michel Lepelletier de Saint-Fargeau, avocat-général avant la Révolution, député aux Etats-Généraux et à la Convention, vota la mort de Louis XVI et mourut assassiné par le garde du corps Pâris, la veille de l'exécution du roi, le 20 janvier 1793.

du 3 avril, ayant déclaré Dumouriez (1) traître à la patrie et mis hors la loi, tous les citoyens furent autorisés à lui « courir sus », et l'on assura une récompense de trois cents mille livres et des couronnes civiques à ceux qui se saisiraient du général et l'amèneraient à Paris, mort ou vif.

On fit bonne garde autour de la ville et sur la frontière.

12 Avril. — Le maire adressa aux citoyens la proclamation patriotique suivante :

« De nouveaux dangers menacent la patrie ; ils m'engagent à vous proposer de nouvelles mesures ; nous devons rappeler aux citoyens le serment qu'ils ont fait de vivre libres ou de mourir ; en conséquence, je fais un appel aux citoyens de cette commune pour les inviter à se vouer au service de la patrie, et, à cet effet, il sera ouvert, dès demain, un registre spécial où viendront s'inscrire ceux que leur amour patriotique fera voler à la défense des frontières. »

Le même jour, une proclamation enjoignit aux citoyens d'afficher sur la porte d'entrée de leur maison le nom des personnes qu'ils logeraient, mesure de précaution exigée par les circonstances.

(1) Célèbre général français (1739-1828), ministre de la guerre en 1792 ; chargé du commandement de l'armée du Nord, il remporta les victoires de Valmy et de Jemmapes et conquit toute la Belgique ; battu à Nerwinden (18 mars 1793) et menacé d'arrestation par les Jacobins, il passa à l'ennemi le 2 avril.

13 Avril. — Tous les chevaux de luxe ou autres furent réquisitionnés et conduits à Foix.

14 Avril. — A la séance publique de ce jour, les citoyennes Marianne et Suzanne Marcailhou d'Aymeric, Dorothée et Marguerite Moreau, et Thérèse-Geneviève Martin, ex-religieuses de la maison des Clarisses d'Auterive, se présentèrent devant l'assemblée municipale pour obtenir un certificat de résidence dans la commune, chez leurs parents respectifs. On prit leur signalement, et on les avertit qu'il leur était formellement interdit de reprendre l'habit religieux.

15 Avril. — Les citoyens Gomma, François Graulle, Verniolle, Barot, contrôleur des finances, Clauselles, maire, firent hommage à la Patrie de leurs habits-uniformes destinés à être vendus, et l'argent envoyé au district pour la souscription patriotique.

Les citoyens Pierre et Alexandre de Thonel d'Orgeix offrirent également deux croix de Saint-Louis, et l'assemblée décida qu'il en serait fait mention sur le registre des dons patriotiques.

18 Avril. — On annonça l'arrivée prochaine dans cette ville de 150 volontaires de la Haute-Garonne ; la municipalité résolut d'affecter les maisons inhabitées au logement de ces troupes, si la maison curiale ne suffisait pas.

24 Avril. — Un casernier spécial fut nommé pour veiller à tous les objets se trouvant dans

les maisons occupées par les soldats, appartenant, soit aux particuliers, soit à la Nation.

27 Avril. — La France avait déclaré, dès le 7 mars, la guerre à l'Espagne ; le général Dugommier se préparait à attaquer les Espagnols dans le Roussillon et à franchir les Pyrénées, mais la vallée de Carol n'était pas encore suffisamment gardée.

Tandis que le général Ricardos tenait tête, à Céret, au général français La Houlière, trop vieux, qui perdit la tête et se brûla la cervelle, la Cerdagne était menacée par le général Lancaster.

Le maire d'Ax prévint les citoyens que l'ennemi était à nos portes, et fit un appel énergique aux armes ; les séances du conseil devinrent permanentes, et le conseil général de la commune se réunit à la municipalité pour coopérer au bien public.

La garde nationale d'Ax et des environs s'organisa à la hâte pour repousser l'envahisseur, les femmes même s'armèrent de piques.

28 Avril. — Le bruit s'étant répandu que 600 miquelets espagnols, avant-garde d'une armée, avaient pénétré à l'Hospitalet par le col de Puymaurens, tous les hommes valides se joignirent aux volontaires de la Haute-Garonne et coururent à la frontière pour refouler l'ennemi. Le patriotisme des habitants d'Ax fut plus tard signalé, dans une adresse du commissaire de

la Convention, Chaudron-Rousseau (1), à la société populaire et à la municipalité de notre ville : « j'irai, dit-il, me délasser au sein d'une commune et d'une société qui a bien mérité de la Patrie et de la Révolution... » (2)

30 Avril. — L'adjudant général Marbot se porta au-dessus d'Ax avec mille hommes, et cantonna ses troupes à la troisième Bazerque d'abord, à Mérens ensuite ; mais les Espagnols avaient été repoussés la veille par nos gardes nationaux et les 150 volontaires de la Haute-Garonne.

Sur la réquisition de ce même général, la municipalité dut mettre à la disposition du département de la guerre l'église paroissiale Saint-Vincent, comme local apte à recevoir les effets de campement, l'artillerie, les poudres, etc.

Le citoyen Larigot, prêtre conventionnel, demanda la chapelle de l'hôpital pour y faire les fonctions ecclésiastiques ; il obtint de la municipalité qu'on transportât à l'hôpital les effets appartenant à l'œuvre de Saint-Vincent, afin

(1) Député de la Haute-Marne, Chaudron-Rousseau avait été envoyé dans l'Ariège par la Convention nationale. Sa mission était difficile, et il montra, dans cette circonstance, de la justice, de l'humanité, et même une certaine douceur de caractère ; il menaça, il emprisonna, mais il ne tua personne, et quitta le pays sans avoir souillé ses mains du sang ariégeois (V. P. de Castéras *Hist. de la Révol. franç. dans le pays de Foix*.

(2) Citation extraite d'un libelle d'accusation contre Vadier père, imprimé en 1795. (Archives de l'Ariège).

qu'ils ne soient pas détériorés ou dissipés ; on en dressa un inventaire.

Pour parer aux premières nécessités, le département de la guerre demandait, pour l'entretien de la troupe, la somme de 1200 livres, qui serait remboursée dès qu'il serait possible.

Dans un élan de patriotisme fort louable, les citoyens Gaspard de Clauselles, François Ferriol, Vincent Roussillou et Authié du Breil, versèrent chacun 300 livres pour parfaire la somme demandée.

2 Mai. — Le citoyen Bonhomme, inspecteur des fourrages de l'armée des Pyrénées, se présenta devant la municipalité avec un ordre du général Nucé, demandant un local pour y enfermer les foins, pailles et avoines de l'armée.

Vu la nécessité et l'urgence des circonstances, on lui concéda la chapelle des Pénitents-bleus, et dès ce jour, la société populaire qui s'assemblait dans cette chapelle pour y former des *clubs*, dut transporter dans un autre local le lieu de ses séances.

9 Mai. — En exécution du décret du 26 mars, ordonnant le désarmement des personnes reconnues suspectes, les nobles, les prêtres, ainsi que leurs agents et domestiques, furent requis de remettre sans retard à la maison commune, les armes qu'ils possédaient chez eux. — Une visite domiciliaire eut lieu pour s'assurer de l'entière exécution de ce décret.

7 Juillet. — Une taxe appliquée sur les grains eut pour conséquence de faire le vide sur le marché de notre ville. La disette faisait craindre la famine, aussi l'on pria le gouvernement de lever cette taxe vexatoire qui aurait soulevé une insurrection.

14 Juillet. — Le district de Tarascon célébra en grande pompe la fête de la *réunion civique* ; les municipalités, celle d'Ax entre autres, y prirent part.

30 Septembre. — Le culte de la *déesse Raison* (1), fut inauguré solennellement à Foix, sur la promenade de Vilotte, où un temple était élevé sous le nom de *Temple de la Raison*.

1794

6 Janvier. — Le contre-coup de cette transformation sociale, proclamée par la Convention, se fit sentir à Ax. Des discours antireligieux et irrévérencieux furent prononcés dans l'église paroissiale ; la stupide théorie de l'antéchrist trouva quelques esprits crédules ; enfin une procession laïque eut lieu à Enfountange, où l'on brûla publiquement les images des saints.

. . . .

(1) Imaginé par Hébert, Chaumette et Anacharsis Clootz, qui l'inaugurèrent dans l'église Notre-Dame, à Paris, le 10 novembre 1793.

Qu'il nous soit permis de jeter un voile sur ces malheurs. — On réquisitionna le pays, et les communes du canton offrirent les cloches de leurs églises pour fabriquer des canons et aider à la défense de la Patrie.

18 Janvier. — En vertu de la loi du 24 août 1793, qui faisait entrer les biens communaux dans le domaine de l'Etat, les directeurs du district s'emparèrent de nos eaux thermales, et ne respectèrent même pas le bien des pauvres. Ceux de l'hôpital furent confisqués sans pitié.

La disette sévissait impitoyable, la misère était grande, les boulangers ne fabriquaient plus qu'une seule qualité de pain pour tous, riches et pauvres.

Malgré tous ces ennuis, les habitants étaient admirables de patriotisme, et la nouvelle de la prise de Toulon (1) sur les Anglais, par Bonaparte, alors commandant d'artillerie, fut accueillie avec joie et fêtée par des réjouissances publiques.

Février. — Le magasin de subsistances établi dans notre ville recevait, pour l'armée de Puycerda, des provisions de paille et de foin de toutes les communes du département ; les tailleurs confectionnaient des habits pour nos soldats, et chaque commune de notre canton rivalisait de zèle pour aider à la défense de la frontière.

(1) 18 Décembre 1793.

Jamais patriotisme ne fut aussi louable, jamais époque plus célèbre à l'extérieur et plus désolante à l'intérieur.

Mars. — Un autel à la Patrie fut élevé dans l'église paroissiale, qui devint alors le *temple de la Raison*.

Quelques mois auparavant déjà, tout signe de culte avait disparu à l'extérieur, et les cloches ne pouvaient se faire entendre que dans un cas d'incendie.

Un arrêté de Chaudron-Rousseau, du 17 messidor an II, supprima les fêtes et les dimanches ; l'on obligea les artisans et gens de métier d'ouvrir leurs boutiques les jours précédemment indiqués, sous la peine d'être dénoncés comme fanatiques ; le culte de la Raison n'exista plus, et sur le frontispice des églises, par décret de la Convention (18 floréal an II), on plaça ces mots : *à l'Etre suprême*. Cet acte était dû à l'initiative de Robespierre, qui célébra solennellement ce nouveau culte à Paris, le 20 prairial an II (1er mai 1794).

On ne toléra qu'une seule fête, celle de la *décade* (1), jour de repos où le peuple était invité à se réjouir.

(1) Espace de dix jours dans le *calendrier républicain* qui fut en usage depuis le 22 septembre 1792 (an I) jusqu'au 10 nivôse an XIV (1er janvier 1806). L'année commençait le 22 septembre ; elle était composée de 365 jours, divisés en douze mois de 30 jours, et suivis de 5 com-

Un atelier de salpêtre fut établi au Couloubret (1), et l'on obligea toutes les personnes de l'un et de l'autre sexe trouvées oisives dans les rues ou les promenades publiques, de venir à cet atelier pour y travailler comme les autres ouvriers, et cela sous peine d'être écrouées.

Jamais le pouvoir ne bouleversa plus violemment les habitudes d'un peuple.

La Convention avait inauguré le *Comité de salut public*, dont les membres furent choisis parmi les plus ardents Montagnards. Robespierre ne tarda pas à devenir l'âme de ce comité redoutable, qui pendant quatorze mois fit planer sur la France une terreur profonde. Le tribunal révolutionnaire prononçait chaque jour de nombreuses condamnations.

23 Juin (4 messidor an II). — Le district de Tarascon, d'après les ordres reçus du Comité de salut public arrêta :

« Que les municipalités seraient chargées de

plémentaires ; un sixième supplémentaire ajouté périodiquement faisait les années *sextiles*. — Les noms des mois étaient empruntés aux saisons et rimaient entre eux trois par trois ; les noms des saints disparurent du calendrier pour faire place à des noms empruntés aux productions de la nature, aux souvenirs historiques de l'antiquité païenne. Les jours étaient désignés par leur rang dans la décade, *primidi* (premier jour), *duodi* (deuxième jour), etc. Ce calendrier, qui froissait les croyances et coutumes séculaires, fut supprimé par un sénatus-consulte du 21 fructidor an XIII.

(1) A la maison appartenant anciennement à M. Abat, plus tard convertie en filature.

faire rassembler dans le délai de cinq jours, pour les porter au chef-lieu, tous les parchemins qui pourraient se trouver dans leur canton, et provenant des églises, maisons religieuses, collèges et tribunaux de justice.

Cette mesure odieuse avait été prise sous le prétexte que ces écrits consacraient l'ignorance, l'erreur et le fanatisme.

Le système de Robespierre était d'immoler tous les gens de lettres qui présentaient au peuple, disait-il, « le flambeau de la vérité ».

C'était alors la période de la *Terreur*. A Paris, l'échafaud était en permanence ; dans les départements, les prisons regorgaient de détenus.

Les commissaires avaient fait exécuter le décret de la Convention nationale, qui ordonnait la démolition de toutes les anciennes demeures seigneuriales, à l'exception de celles qui pourraient être utilisées pour le service public.

A cette époque, en effet, le château de Lordat fut ruiné de fond en comble par des bandes affolées.

A Foix, les citoyens arrêtés étaient enfermés dans les tours du château comme les plus grands criminels.

Parmi les prisonniers envoyés à Paris, pour y être jugés par le Comité de salut public, nous remarquons les noms des citoyens Fornier, de la commune de Savignac, et Pilhes, dit Labaumelle, de Tarascon, homme de lettres et frère du célèbre docteur Pilhes, intendant de nos eaux thermales.

Le satrape Vadier, député de Pamiers, aidé de l'infâme Baby, député suppléant, les avait désignés au farouche accusateur public Fouquier-Tinville, qui immola à sa haine quatorze citoyens du département de l'Ariège. (1)

Les prisonniers précédemment nommés arrivèrent à Paris avec leurs compagnons d'infortune, le 10 thermidor, un jour après la chute du cynique Robespierre (9 thermidor an II, 27 juillet 1794). Cet heureux retard les sauva.

Un évènement mémorable se rattache encore à notre ville. La comtesse de Paulo, qui s'était réfugiée à Puycerda pendant la *Terreur*, tandis que son fils, à la tête d'une petite armée, essayait de soulever l'Ariège après la défaite des Vendéens, rentra à Paris au lendemain du 9 thermidor, sous le nom de *citoyenne Marcel* ; elle produisit un certificat de complaisance délivré par la municipalité d'Ax. — Ce certificat relatait sa présence dans notre ville, depuis le commencement de 1792.

Les signataires de cette déclaration durent comparaître devant le tribunal criminel du département pour se justifier.

(1) *Libelle d'accusation contre Vadier*, ou justification des citoyens du département de l'Ariège (Ventôse an III de la République), brochure imprimée en 1795.

1795

La Convention prolongea son existence pendant une année encore ; la mise en liberté des détenus, arrêtés dans un moment d'effervescence et de trouble, et les représailles contre les agents du terrorisme (Vadier père et fils, de Pamiers ; Baby, Rouzeaud-Rouet, de Tarascon ; Pagés-Ferrère, Bergasse Laziroule, de Saurat ; Desfaure-Marseilhas, Séguier, Roques, Sassaut, Amardheil, de Foix) terminèrent pour nous cette période néfaste.

Le gouvernement dut se défendre contre les insurrections soulevées, tantôt par les Montagnards, tantôt par le parti royaliste.

C'est ainsi que le 13 vendémiaire an IV (5 octobre 1795), Barras et Bonaparte repoussèrent, avec leur artillerie, les insurgés royalistes (40000 hommes) qui menaçaient d'envahir la Convention.

Trois semaines après, le 4 brumaire an IV (26 octobre 1795), cette assemblée « disparaissait de la scène du monde qu'elle avait étonné et épouvanté (1). »

L'étranger était glorieusement repoussé de nos frontières, la Vendée pacifiée par le général Hoche, et la Convention cédait la place au Di-

(1) Mignet, *Histoire de France.*

rectoire, institué par elle dans la Constitution dite de l'an III (1), le 5 fructidor (20 août 1795).

§ V. — *Invasions des Espagnols.*

Notre pays a été maintes fois exposé aux excursions des bandes errantes; nous avons déjà vu que sous les règnes de Louis XIII et de Louis XIV, les nombreuses troupes de soldats, la plupart indisciplinés, qui se rendaient en Catalogne dévastaient le plus souvent les villages placés sur leur route.

A ces malheurs venaient se joindre les incursions « de montagnards espagnols, le plus souvent voleurs, assassins et désignés sous le nom de *miquelets* (2); ils étaient armés d'épées, de

(1) Cette constitution substitua au directoire des districts une administration centrale des départements, composée de cinq membres renouvelables par cinquième tous les ans. MM. Pauly, d'Artigat; Gomma, d'Ax; Géraud, de Castillon; Signorel, de Labastide-de-Sérou; Baille, de Varilhes; Canal, de Foix; Dupuy, des Bordes; et Darnaud, de Lavelanet, furent tour à tour appelés à faire parti du nouveau corps administratif, remplacé à son tour par les préfets, les sous-préfets, les conseillers de préfecture, et les secrétaires-généraux, créés plus tard par la Constitution de l'an VIII. Cette organisation subsiste encore de nos jours.

(2) Voyage de Louis de Froidour dans le Couserans, en 1667. — V. *Bull. de la Société ariègeoise*, n°s 7 et 8.

Le mot miquelet vient probablement du nom d'un chef de bande nommé Miquel; plus tard, on désigna, sous cette épithète, les soldats indisciplinés, détachés d'une armée régulière,

dagues, de mousquetons et de trois ou quatre pistolets. »

Il y eut surtout plusieurs invasions mémorables que nous allons passer en revue :

Le 18 octobre 1695, cinq cents soldats espagnols, tandis que le général français Vendôme était occupé en Catalogne, firent irruption par le Capçir, à la forge d'Orlu et au village de ce nom, avec l'intention de tout saccager et surtout de capturer le bétail.

Promptement avertis par les gardes des montagnes, nos consuls mirent sur pied tous les gens valides de leur juridiction et marchèrent à leur tête, pour refouler les pillards et leur faire abandonner les bestiaux dont ils s'étaient déjà saisis.

Plusieurs soldats et un tambour restèrent entre les mains de nos miliciens (1).

Le 14 novembre 1705, les consuls, avisés par le curé de Mérens, M. de Marbé, qu'un détachement des troupes de l'archiduc Charles, prétendant au trône d'Espagne, s'était emparé de l'Hospitalet et que ses soldats avaient l'intention de venir saccager Mérens et Ax, dépêchèrent contre l'envahisseur les sieurs de Castelet et Moreau avec plusieurs compagnies de volontaires.

Après une reconnaissance de la position de

(1) Archives d'Ax. Registre des délibérations.

l'ennemi et l'envoi de fausses nouvelles concernant l'arrivée de renforts, pour intimider les adversaires, le sieur de Castelet se retira sur Mérens pour y attendre les ordres du gouverneur du comté de Foix.

Le lendemain, les troupes espagnoles changèrent de plan et s'en retournèrent dans la Cerdagne.

L'invasion du 28 avril 1793 a été décrite précédemment (voir même chapitre, § IV, pages 246 et 247). C'est avec bonheur que nous avons rendu hommage, en cette circonstance, au patriotisme de notre cité qui se leva en masse pour courir à la frontière.

En 1795, le général Chalvet occupait Puycerda, la clef de la Cerdagne, avec six cents Français; une armée espagnole, forte de 18,000 hommes, mit le siège devant cette ville; après un terrible assaut de onze heures, qui coûta la vie à 2,000 assiégeants, nos braves soldats durent se rendre; une partie de la garnison fut passée par les armes; en même temps Montlouis était menacé, et les Espagnols victorieux, grâce au nombre, avaient reparu à l'Hospitalet, lorsqu'arriva la nouvelle de la paix (traité de Bâle).

Pour bien comprendre le récit des invasions de 1811 et 1812, il est nécessaire d'entrer dans quelques détails sur la situation générale de l'Espagne à cette époque.

Contrée indomptable, mais non invincible,

comme une ancienne tradition lui en attribue le mérite, l'Espagne ne put être soumise entièrement par Napoléon.

En 1811, sur les frontières des Pyrénées, nos illustres généraux, les Suchet, les Maurice-Mathieu, les Baraguey-d'Hilliers, les Macdonald rencontrèrent de sérieuses difficultés.

Aux confins de la Navarre, de l'Aragon et de la Catalogne, ils étaient sans cesse harcelés par des bandes indisciplinées, sous les ordres des généraux Mina, Villacampa, Empécinado, Campo-Verde, etc.....

En Catalogne surtout, province nous avoisinant, tout était en combustion ; l'ennemi n'attendait qu'une occasion favorable pour pénétrer en France et mettre le pays à feu et à sang.

Invasion de 1811. — D'après les rapports écrits du maire d'Ax au préfet de l'Ariège(1), du 15 février au 18 octobre 1811, il demeure constant que la Cerdagne, malgré le voisinage des troupes espagnoles, était tranquille ; l'armée ennemie n'y entra, en effet, que le 22 octobre.

Cependant, dès le 8 mai, ordre fut donné aux bergers d'éloigner les troupeaux des hauts pâturages pour les mettre à l'abri des entreprises audacieuses des miquelets.

Le maire d'Ax, M. Fornier de Clauselles, expédia, le 21 octobre, une ordonnance à M. Chassepot

(1) Archives de l'Ariège.

de Chaplaine, préfet, pour le prévenir des préparatifs de guerre qui avaient lieu à la Seu-d'Urgel et des faux bruits d'invasion qui circulaient déjà ; pareille ordonnance fut adressée au général Miquel par le commandant de place d'Ax.

Le 23 octobre, tandis que le général Garreau engageait une action avec l'ennemi, non loin de Saillagousse et au col du Rigat, il envoyait l'ordre aux capitaines Abat, Ferriol et Sigaldy, commandant la garde nationale de notre ville, de se rendre au village de Porté (Pyrénées-Orientales) avec toutes les forces disponibles.

Ces derniers ne purent recruter qu'un effectif de cent quatre-vingts hommes.

En même temps, des nouvelles alarmantes se propageaient ; les Espagnols, qualifiés d'*insurgés* (1) par les Français, spoliaient la vallée de Carol, sous les ordres du baron d'Ayroles, commandant la place de Puycerda ; ils rançonnèrent les habitants et exigèrent des villages de la Tour-de-Carol une contribution de 50,000 fr., en numéraire et de celui de Porta, une contribution de 20,000 fr.

Le général espagnol prescrivit le respect des personnes et des propriétés, mais il menaça de mort tout paysan pris les armes à la main.

Sachant que le général Garreau ne pouvait

(1) On désignait sous ce nom les Espagnols qui combattaient les Français et refusaient de reconnaître le prince Joseph Bonaparte comme roi d'Espagne.

abandonner la forteresse de Montlouis, l'ennemi dirigea ses vues vers l'Ariège.

Le rappel de Puycerda à Toulouse, des gardes nationaux de la Haute-Garonne, pour les envoyer dans la vallée d'Aran, avait laissé libre la frontière, de notre côté; l'ennemi enhardi se hâta d'en profiter, dès qu'il fut instruit de l'insuffisance de nos forces.

Après trois jours de manœuvres dissimulées, dans la Cerdagne, pour déjouer ses projets, feignant de vouloir se rendre soit dans le Roussillon, soit dans le Capçir et le Donezan, il envoya un détachement dans l'Ariège par le col de Puymaurens, avec l'intention bien arrêtée de réduire le pays en cendres s'il résistait.

Mandé de venir rapidement prendre la direction de nos troupes, le commandant Maurel quitta Seix le 26 octobre, arriva dans notre ville le 27, et le lendemain se porta à la rencontre des insurgés vers Mérens et l'extrême vallée de l'Ariège; il avait 255 hommes (32 dragons-Napoléon (1), 23 hommes de la compagnie de réserve, 82 gardes nationaux, 78 voltigeurs, 40 hommes de la 2me compagnie); réunis aux 180 gardes nationaux déjà campés à Mérens (sous le commandement des capitaines Ferriol, Abat et Sigaldy), ils formèrent un effectif de 435 hommes.

(1) La plupart Italiens, enrôlés sous les ordres de Napoléon, d'où leur nom.

Le 29 octobre, dès l'aube, il dirigea ses troupes vers l'Hospitalet, fit distribuer des cartouches, mais la majeure partie de ses soldats n'avait malheureusement que quelques coups de feu à tirer.

Prévenu de l'approche des insurgés, qui s'étaient déjà emparés de l'Hospitalet et avaient repoussé la veille notre garde nationale, en la forçant de battre en retraite, le commandant Maurel envoya au maire d'Ax une estafette pour chercher des munitions et des renforts (garde sédentaire).

Il plaça cinq compagnies sur les deux côtés de la montagne, en amont de Mérens, village situé au point de croisement des vallées de l'Ariège, du Mourgouillou et de Nabré ; la 6me compagnie fut postée à l'entrée de la gorge du Lareng, en aval du village précité ; le commandant resta entre les dragons du régiment de Napoléon et la compagnie de réserve établie sur la route de l'Hospitalet.

Dès que la nouvelle de l'approche des Espagnols fut connue à Ax, le maire, M. F. de Clauselles, écrivit au préfet de l'Ariège la lettre suivante :

« Tout essouflé pour mettre l'ordre dans la commune, je vous avertis que le tocsin est sonné dans cette ville ; j'envoie dans les environs, tout homme valide est sous les armes ; nous nous acheminons vers Mérens et j'envoie des gendarmes en avant...

« J'ai espoir que l'alarme sera fausse... » (1)

A trois heures et demie du soir, on annonça la colonne ennemie en deçà de l'Hospitalet, treize gendarmes à cheval, partis d'Ax, vinrent apprendre au commandant Maurel l'arrivée prochaine de 150 gardes nationaux sédentaires, de cartouches et de pierres à feu.

Le capitaine Amardheil, chargé de défendre l'entrée de la gorge du Lareng, reçut l'ordre de placer la garde nationale annoncée sur la montagne, en face de sa propre position.

Bientôt les gendarmes envoyés en vedette engagèrent l'action aux *Bordes de Mérens.*

Les tirailleurs espagnols gravirent hardiment les montagnes, dominèrent nos troupes, et ces dernières voyant après plusieurs escarmouches, où il y eut de part et d'autre plusieurs blessés, qu'elles allaient être victimes d'une résistance inutile, battirent en retraite.

Malheureusement la garde sédentaire peu aguerrie s'ébranla ; elle se replia en désordre sur Ax par le col des Escales et même par la montagne.

Resté avec 32 dragons-Napoléon, les gendarmes à cheval et quelques braves gardes nationaux (2), le commandant Maurel se plaça hardi-

(1) Archives de l'Ariège.

(2) Le célèbre chasseur d'ours et d'izards, J. Trapé Thésa, et le chevalier Alex. de Thonel d'Orgeix décimèrent les Espagnols. (*Rapport d'un témoin oculaire.*)

ment en travers de la route et barra fièrement le passage à un ennemi trente fois supérieur en nombre ; une lutte opiniâtre s'engagea, nos soldats se battirent héroïquement et allèrent prendre position à l'entrée de la gorge, en aval du village.

Après une hésitation momentanée, les Espagnols se décidèrent à s'arrêter à Mérens, qui n'était plus protégé.

Le maire de cette commune, Jean Sicre Suzet, déploya vainement la plus louable activité et le plus grand courage en présence de ce danger ; rien ne put arrêter la fureur du général Villamil : il incendia sans pitié ce malheureux village abandonné par ses habitants.

A l'entrée de la nuit, le commandant Maurel se retira en bon ordre jusqu'aux portes de notre ville, et prit position sur le château ruiné de Maü dominant la vallée de l'Ariège ; il était résolu de se battre jusqu'à la dernière extrémité.

Le commandant avait rallié 300 hommes et se préparait à défendre héroïquement notre cité, lorsque les autorités municipales vinrent le solliciter d'abandonner cette position, sous le prétexte qu'il était impossible de contrebalancer les forces de l'ennemi et que la résistance servirait, en l'irritant, à accélérer la ruine de la ville.

Le combat de Mérens (29 octobre 1811) a coûté la vie à plusieurs soldats français et la liberté à onze autres restés au pouvoir de l'ennemi.

De leur côté, les insurgés, au nombre de 1600

à 1800 environ, ont eu 4 prisonniers et plus de 100 tués ou blessés. Parmi ces derniers on comptait le chef de l'expédition, le général Villamil, commandant le fort de la Seu-d'Urgel ; la route était maculée de sang et plusieurs cadavres furent jetés dans les flammes de Mérens par l'ordre du général espagnol (1).

Tandis que ce malheureux bourg devenait la proie des flammes, notre ville était dans la plus grande consternation.

Comment dépeindre la désolation des habitants ; femmes, enfants, vieillards, tousquittaient en pleurant une ville menacée d'un incendie reconnu inévitable et privée de tout moyen sérieux de défense.

On fit sortir de l'hôpital les malades et les infirmes pour les porter en lieu sûr.

Le maire et les notables, MM. Fornier de Clauselles, Abat, Bélesta, Martin, Sans, de Thonel d'Orgeix, Gomma, Clergue, etc., délibéraient sur la place du Breil d'où l'on apercevait la lueur de l'incendie de Mérens ; il s'agissait dans cette pénible position de sauver la ville des flammes.

On se détermina d'offrir au général ennemi une contribution en argent, mais grand était l'embarras pour trouver un interprète connais-

(1) L'authenticité des faits énoncés est garantie par le rapport du commandant Maurel au général Miquel, chef de brigade à Foix (*Archives de l'Ariège*).

sant le Castillan (1) et ayant aussi le courage de se dévouer.

Sur ces entrefaites se présenta le sieur Guibal, négociant des Guinguettes (2), de passage dans notre ville ; il offrit ses services à la municipalité. Un ancien chef de musique militaire, le sieur Pouzols, résidant depuis quelques mois dans cette commune, se présenta également. On les agréa ; tous deux promirent de braver le péril, d'attendre les insurgés et de sauver la ville.

Les principaux membres du conseil municipal leur remirent une procuration, et les chargèrent de traiter pour le mieux des intérêts de notre ville avec le farouche Villamil.

Il était important de se faire entendre pendant la nuit, à distance, et l'on n'avait point de clairon ; un tambour ne convenait pas ; on se procura de suite une clarinette que l'on remit entre les mains du sieur Pouzols.

L'affolement ne permit point sans doute de trouver un instrument plus convenable pour parlementer à une heure si indue.

Sans perdre de temps, les parlementaires, accompagnés de cinq ou six gardes nationaux, se rendirent à la métairie dite de *Jean d'Aureillo*, à demi-heure d'Ax ; il était neuf heures du soir, et le spectacle affreux du ciel rougi par les flammes

(1) Dialecte espagnol parlé surtout dans la Castille.

(2) Plus tard Bourg-Madame.

qui embrasaient l'infortuné village de Mérens était bien de nature à affecter des âmes sensibles et à décourager les envoyés.

Vers trois heures du matin, le poste d'observation se retira jusqu'aux portes d'Ax ; bientôt deux hommes furent aperçus à peu de distance. Le sieur Pouzols joua aussitôt de la clarinette, et son compagnon s'écria : Qui vive ?..... France répond-on..... C'était une méprise. Ces deux hommes sont reconnus. L'un était l'abbé Soulé, de Mérens, qui emportait à Ax la réserve de son église pour la soustraire aux mains sacrilèges ; l'autre, du nom de Sicre Bourthoumieu, vieillard octogénaire, était le père du maire de Mérens ; le général Villamil avait chargé ce dernier d'apporter *aux autorités constituées d'Ax (sic)* la sommation de guerre.

La lettre, écrite en castillan, fut remise à M. Alex. d'Orgeix, en l'absence du maire ; en voici la traduction :

A MM. composant la ville d'Ax,

« Demain, 30 courant, j'arriverai dans votre ville avec la vaillante division qui est sous mes ordres ; j'espère ne trouver chez vous ni résistance ni hostilité, à mon entrée ; dans le cas contraire, préparez-vous à souffrir (*sic*) le même sort que ce village de Mérens ; il n'a été brûlé que pour avoir été abandonné par ses habitants.

J'espère donc que vous ne quitterez pas vos

foyers, car autrement vous subiriez toutes les horreurs de la guerre.

« Mérens, le 29 octobre 1811, à 11 h. du s.

« Signé : général VILLAMIL ».

Il était urgent de transmettre cette sommation au maire. — On ne put le trouver sur le champ.

Un instant après, vers cinq heures du matin, la cavalerie espagnole entra dans la ville ; les parlementaires, qui ont donné dans cette circonstance des preuves de zèle et de dévouement dignes de tout éloge, s'avancèrent vers elle et demandèrent à parler au général : on les y conduisit ; ce dernier manifesta aussitôt le désir de traiter directement avec les magistrats de la ville, menaçant de ruiner par le feu la cité entière si l'on n'écoutait pas ses volontés.

Le maire et les principaux notables consentirent à ne se présenter devant le chef espagnol qu'après avoir reçu de lui l'assurance qu'il ne leur serait fait aucun mal.

Ce dernier s'engagea sur parole d'honneur à les recevoir en toute sécurité. Le maire lui offrit alors sa maison.

Villamil demanda d'abord 75,000 ou 80,000 piécettes (1). On lui fit observer que la ville était pauvre et qu'il serait impossible de lui compter pareille somme.

(1) La piécette ou *peceta* espagnole correspond à notre franc, à quatre centimes près.

Après de longs débats, il fut établi et arrêté que la somme de 50,000 piécettes lui tiendrait lieu de contribution pour toutes les communes du canton d'Ax, et que sa troupe serait entretenue aux frais de la ville, à la condition de ne rien entreprendre sur les maisons des particuliers ni sur les magasins du gouvernement, dont l'importance lui était malheureusement connue.

On convint également que l'argent serait compté à quatre heures.

MM. Paul-Emile Abat et Clergue se mirent en mesure de recueillir la somme nécessaire ; la crise fut violente de quatre heures à huit heures du soir. Impatienté, le général espagnol était résolu d'amener des otages, et, faussement prévenu de l'arrivée de renforts par le col de Pailhères et par la vallée d'Orlu, pour lui couper la retraite ou le prendre en flanc, il avait déjà donné l'ordre du départ, lorsque la somme vivement attendue arriva ; elle fut comptée chez M. de Clauselles, maire ; la tradition rapporte qu'en la comptant on lui enleva adroitement 25 à 30 quadruples (1).

Le général Villamil partit enfin avec la promesse, vaine il est vrai, de rendre le bétail ; il ne rendit que les prisonniers.

Tel est le fidèle récit de cette invasion de 1811,

(1) La quadruple, monnaie d'or, valait alors 84 fr.

dont le souvenir demeure encore vivant parmi nous ; celle de 1812 sera encore plus terrible. Nous l'avons établi avec des documents dont l'original se trouve aux archives départementales.

Une souscription fut ouverte sous les auspices de la municipalité d'Ax, pour venir au secours des infortunés habitants de Mérens, et leur permettre de reconstruire leurs maisons aux approches d'un hiver rigoureux.

Les prêtres desservants organisèrent des quêtes dans les villages, sous le haut patronage de Mgr l'évêque de Pamiers ; une somme importante fut généreusement envoyée par Mgr Primat, archevêque de Toulouse.

Le ministre de l'Intérieur adressa au maire d'Ax 20,000 fr. à répartir à titre de premier secours à la commune de Mérens.

Invasion de 1812. — Les Espagnols avaient quitté notre ville le 30 octobre, à 9 heures du soir ; en passant au col de Puymaurens, ils rejoignirent 400 hommes qu'ils y avaient laissés en observation. Leur camp fut momentanément établi sous les murs du Puycerda, où les troupes des généraux Serfiels et Milan vinrent bientôt les rejoindre.

Le 6 novembre, ils quittèrent la Cerdagne ; le général Garreau, commandant la place de Montlouis, surveillait tous leurs mouvements et n'attendait qu'une occasion favorable pour fondre sur eux à l'improviste.

De son côté, le général Miquel, commandant la brigade de notre département, envoya le capitaine Roquemaurel à Ax, Ascou, Mérens et l'Hospitalet, pour reconnaître les points susceptibles d'être fortifiés.

Par ses ordres, on construisit à cette époque une redoute au château Maü.

Dès le 10 février 1812, l'Espagne proféra à notre égard les menaces d'une nouvelle invasion.

Une proclamation du général Lacy, chef de l'armée de Catalogne, datée du quartier général de Berga, excitait les Français contre Napoléon et les engageait à se joindre à lui « pour renverser la puissance factice de ce tyran », disait-il, « dont la mort mettrait fin à cette cruelle guerre qui durait depuis quatre ans ».

Le 14 février, une partie des bataillons des gardes nationales de l'Aude se porta sur les limites de notre département; elle fut attaquée, à la descente du col du Puymaurens, par l'avant-garde de l'armée des insurgés. Le chef de bataillon Latour ne céda le terrain qu'aux approches de toute la division espagnole, forte de 4000 hommes, dont 300 cavaliers ; il battit en retraite et en bon ordre sur Mérens où le détachement commença d'être débordé par les tirailleurs ennemis.

Quatre compagnies du bataillon des gardes

nationaux de l'Ariège, parties d'Ax à deux heures après midi, pour opérer leur jonction avec le bataillon de l'Aude, durent également reculer. A trois cents pas environ de Mérens, au pont de Lareng, nos troupes furent poussées par la cavalerie ennemie et forcées de rétrograder en désordre, en laissant sur le terrain leurs morts et même leurs blessés. — Les insurgés retournèrent à Mérens où ils passèrent la nuit, tuèrent un habitant inoffensif, et incendièrent trois maisons et quatre granges qui avaient échappé au désastre du 29 octobre dernier ; ils y consommèrent les comestibles que les malheureux habitants y avaient amassés à grand'peine.

Le chef de bataillon de l'Aude rallia une partie de ses troupes, passa dans notre ville vers huit heures du soir et y annonça la prochaine arrivée des Espagnols, avec des forces si imposantes, qu'il était impossible de soutenir la lutte.

Dans cet état de choses, vu le peu de moyens de résistance, les habitants d'Ax affolés prirent la fuite, à l'exception de quelques notables ; ces derniers restèrent dans l'espoir de sauver la ville du pillage et de l'incendie, et pour protéger les infirmes, les malades et les moribonds que l'on recueillit à l'hôpital, où l'on cacha également les vases et objets sacrés.

Les dames de charité, Mlles Rose Sans et Jeanne-Marie Rivière, et les deux prêtres de notre paroisse, MM. Cussol et Maury, se dévouèrent également pour partager le sort des malheureux.

Le lendemain 15, à 9 heures et demie du matin, la division des insurgés, commandée par le général Serfiels, se présenta devant la cité ; la troupe fut établie hors l'enceinte de la ville, et le chef espagnol promit de ne pas entrer, à la condition de lui fournir abondamment les vivres nécessaires à son armée ; on s'empressa de satisfaire à sa demande.

Le digne pasteur de notre paroisse, M. Cussol, alla à sa rencontre pour implorer sa clémence, et obtenir sa protection en faveur des malades et infirmes réfugiés à l'hôpital. Le général le reçut avec fierté, mais il finit par céder à ses prières.

Malgré tous les sacrifices imposés, l'on ne put empêcher l'armée d'occuper militairement la ville.

Cette horde se répandit aussitôt dans nos rues comme un torrent dévastateur ; les maisons abandonnées furent enfoncées et saccagées ; tout ce qui était à la merci de l'ennemi subit le même sort (magasins de vivres, boucaus et biscuits, sacs de farines, etc...)

Une partie de la journée du 15, samedi, fut employée à délivrer aux commissaires ordonnateur et vaguemestre les vivres en pain, viande, vin, eau-de-vie et fourrages, qui étaient exigés d'heure en heure; les bourgeois durent héberger en outre tous les officiers. Vers les cinq heures du soir, le général fit appeler les principaux habitants et leur demanda une contribution de 100,000 piécettes (1) payables à minuit, en les menaçant d'incendier la ville s'il manquait un *maravédis* (2) à la somme exigée. On lui représenta la difficulté d'obtempérer à sa demande; tout fut inutile, et à sept heures il fit constituer prisonniers quelques habitants qui s'évadèrent à la faveur des ténèbres; le lendemain il en fit saisir trois autres avec menace de les fusiller si l'on n'apportait pas bientôt la somme demandée; sa colère était grande parce que le dépôt d'armes et de munitions ne lui avait pas été déclaré.

Dans cette perplexité, pour preuve de bonne volonté, on offrit au général Serfiels une somme de trente mille francs, espérant qu'il ferait grâce aux détenus.

Le général reçut cet argent (c'était le 16 février), et relâcha les otages.

Une heure après, il fit battre *le rappel* et accorda le pillage durant trois heures; alors, la maison commune fut bouleversée, le dépôt de munitions enlevé; le bureau du percepteur à vie des contributions, celui du receveur des douanes furent saccagés, tous les registres, rôles et

(1) La piécette correspond à 0 fr. 96 centimes.

(2) Petite monnaie d'Espagne valant un centime et demi.

divers papiers enlevés et lacérés; la caserne de gendarmerie et les établissements thermaux furent endommagés et les églises détériorées (1).

Ce même jour, vers midi, l'armée s'ébranla et environ deux mille cinq cents hommes, dont cent de cavalerie commandés par un colonel, se portèrent sur les Cabannes, faisant suivre, sur des bêtes de somme, des brancards et des caissons; quinze cents hommes étaient restés à Ax avec le général Serfiels pour tout saccager.

Le 17 février, sous le faux prétexte de mettre sa troupe en mouvement pour observer les opérations du général Garreau, que l'on disait venir par Quérigut, le chef espagnol fit établir divers bivouacs vers le col de Pailhères. Il jeta, avant le jour, cinq cents hommes dans la malheureuse commune d'Ascou et les dépendances de celles de Sorgeat et d'Ignaux, avec le dessein d'enlever les cabeaux (2) et il n'y réussit que trop.

En même temps, il envoya des détachements de cavalerie dans plusieurs communes du canton d'Ax (Orgeix, Orlu, Savignac et Perles), pour y lever des contributions de toute nature (3).

(1) L'église paroissiale ne fut pas respectée par les insurgés, qui découvrirent et emportèrent l'antique bannière de Saint-Vincent, sauvée de la Révolution.

La nouvelle bannière porte, en effet, le millésime de 1813.

(2) Nom désignant les bestiaux formant le cheptel d'une exploitation rurale ou pastorale.

(3) Voir pièce justificative nº 8.

On fut obligé de se soumettre à la pression de cette soldatesque sans frein.

Les 2500 hommes, partis d'Ax le 16, arrivèrent aux Cabannes le même jour, à quatre heures du soir; environ 1700 hommes, y compris les 100 cavaliers, s'avancèrent sur Tarascon; le reste campa sur la plate-forme du château de Gudanes.

Le sieur Laffont, maire des Cabannes, étant absent, le commandant du détachement livra sa maison au pillage; le nommé Costes, qui parlait l'espagnol, vint parlementer avec lui. On lui notifia d'avoir à payer avant minuit la somme de 100,000 francs, sous peine de voir la commune et tous les villages de ce canton livrés au pillage et aux flammes.

On l'obligea d'écrire à tous les maires pour les engager à se rendre sans retard aux Cabannes et éviter ainsi l'ennui de posséder chez eux des détachements de troupes.

Plusieurs obéirent, par la crainte de voir réaliser ces menaces, et dans la réunion qu'ils formèrent, on fixa, en présence du commandant, la somme que chaque commune devait payer.

Sur ces entrefaites, le maire des Cabannes arriva; un des officiers, s'adressant à lui, exigea à l'instant une contribution personnelle de 5,000 francs. M. Laffont, vu l'imminence du danger, dut exécuter cet ordre formel et compta la somme requise.

A neuf heures du soir, tous les officiers se retirèrent au château de Gudanes.

Le lundi 17, au matin, ils reçurent de plusieurs maires des acomptes sur la contribution imposée ; ajoutons que la monnaie française ne fut reçue par eux qu'à un dixième de perte ; mais, en attendant que la somme entière fût soldée, ils s'emparèrent de plusieurs habitants des diverses communes, qu'ils allaient amener comme otages.

Les 1700 hommes qui étaient en marche sur Tarascon arrivèrent dans cette ville à six heures du soir ; ils exigèrent également toute espèce de fourniture en vin, pain et fourrages, etc. Leur chef fit réclamer au maire absent, par une sommation qui fut interceptée, 75,000 francs de contribution, et en même temps, il envoya au nom du général Serfiels (1), la sommation suivante :

« Quartier-général de Tarascon, le général Serfiels, commandant la division espagnole stationnée à Tarascon.

« A MM. les autorités de la ville de Foix.

« Je m'empresse de vous prévenir que si demain, à six ou sept heures du matin, vous n'envoyez pas la contribution que je vous demande,

(1) Nous savons que le général Serfiels resta toujours à Ax.

15,000 douros (1), vous vous exposeriez à me recevoir avec toute ma division dans votre ville et à payer le double de la contribution demandée, à voir le pillage et le sac de vos maisons. Ainsi, Messieurs, j'espère que vous ne voudrez pas voir cette disgrâce.

« Je vous salue amicalement.

« SERFIELS.

« Tarascon, le 16 février 1812. »

La troupe espagnole resta à Tarascon pour attendre l'effet de cette sommation, et durant ce temps, elle pilla les maisons.

A onze heures du soir, dans le but de tromper les Espagnols, le général Avice partit de Foix, et se dirigea avec la garde nationale vers Varilhes, pour aller au-devant des troupes de renfort annoncées de Toulouse et combiner l'attaque dans le cas où l'ennemi, enhardi par cette fuite simulée, aurait essayé de se rapprocher de la ville de Foix ; M. Acoquat, maire de cette ville, montra, en cette circonstance, beaucoup de fermeté, malgré ses 78 ans.

Le commandant Roquemaurel, doué d'une grande bravoure, inspirant la plus grande confiance aux habitants de nos contrées, qui le regardaient comme un sauveur, répondit d'une manière évasive aux sommations écrites, expédiées par ordre du général Serfiels, afin de gagner

(1) Le douro ou piastre d'Espagne vaut 5 fr. 40. 15,000 douros représentent donc 18,000 fr.

du temps et de permettre aux troupes de Toulouse d'arriver. Elles arrivèrent, en effet, à Foix, vers midi et demi, et, à trois heures du soir, les Espagnols, avertis par leurs éclaireurs de l'arrivée de nos renforts, se hâtèrent de quitter Tarascon ; ils emmenèrent onze otages de cette ville (1).

En passant aux Cabannes, leur colonne fut grossie de troupes qu'ils y avaient laissées l'avant-veille et qui emmenèrent également vingt-et-un otages, pris dans les divers villages de ce canton (2).

Le même soir, ces détachements arrivèrent à Ax, où toute la nuit du 18 jusqu'au lendemain onze heures, l'ordre de départ étant donné, notre ville fut plus maltraitée que jamais.

M. Belesta cadet, préposé à la garde des magasins de vivres militaires, fut emmené comme otage, mais il s'évada le lendemain de Puycerda, et l'on mit aux arrêts, à sa place, le maire de Mérens, Sicre Suzet, venu pour réclamer au général Serfiels le bétail enlevé (3).

La misère était grande surtout en Espagne où le général Villamil, commandant le fort de la Seu-d'Urgel, accueillit dans ses rangs 3000 paysans exténués, venus à lui pour avoir du pain.

Les généraux Milan et Manson, chacun à la tête de 1500 hommes, étaient dans la vallée de Ribas avec le farouche Roviro, qui possédait 1800 fantassins.

(1, 2, 3) Voir les pièces justificatives n° 7, §§ I, II et III.

D'un autre côté le général Garreau, à Montlouis, venait de recevoir quelques renforts (200 Suisses et 80 chevaux) ; il surveilla attentivement la marche des Espagnols.

Une occasion favorable et décisive ne tarda pas à se présenter, et le 18 avril 1812 ce général infligea un sérieux échec aux troupes ennemies sous les murs de Puycerda ; il les chassa dans les environs, et le lendemain les poursuivit l'épée dans les reins, même dans la vallée de la Sègre et dans celle qui conduit à Ribas et Ripoll par le col de Tosas.

Si le commandant Besaucèle, cantonné à Ax, avait pu recevoir à temps les ordres du général Garreau, se porter vers Puymaurens et combiner ses mouvements avec lui, pas un Espagnol ne sortait de la vallée de Carol ; ils eussent été pris d'avant et d'arrière.

Le 25 avril le général Garreau rentra dans Puycerda sans obstacle (1).

Tandis que ces événements affligeaient notre contrée, Napoléon était occupé par les préparatifs de la grande armée qu'il allait lancer sur la Russie.

Une remarquable pétition lui fut adressée le 12 mars 1812, pour lui exposer la situation lamen-

(1) Le brave général Garreau avait pris sa retraite à Ax ; il y mourut le 30 mai 1813 et on lui fit des funérailles splendides (*Archives d'Ax*).

table de notre département. Nous sommes heureux de pouvoir la reproduire *in extenso*.

« Sire,

« Quand Votre Majesté, réunissant la Catalogne à la France, dit aujourd'hui comme autrefois Louis XIV, « il n'y a plus de Pyrénées, » vos fidèles sujets de l'Ariège en sont encore à éprouver que ces montagnes les séparent de la Péninsule.

« Deux fois en moins de quatre mois, les insurgés espagnols ont franchi cette barrière et se sont précipités sur nous.

« Dès le 29 octobre dernier, une division, forte de 1800 hommes environ avec des renforts en réserve, fit irruption sur ce département.

« Ils viennent d'en tenter une seconde vers la mi-février, mais avec des forces plus considérables.

« L'incendie et la ruine d'un gros village (1) ; la misère et le désespoir de ses habitants, l'occupation et le pillage de deux villes (2), l'ennemi pénétrant à quatre lieues de Foix et envoyant une fière sommation à cette ville, ses contributions et ses rapines s'étendant des lieux qu'il occupe à ceux où il passe, à ceux qu'il menace encore ; l'enlèvement de plusieurs magistrats et des concitoyens qu'il retient comme otages garants des sommes exigées, la perte de nos bestiaux, le sac

(1) Mérens.

(2) Ax et Tarascon.

de nos habitations, toutes les horreurs d'une guerre d'échauffourées enfin, tel est, Sire, le tableau déplorable qu'a présenté dans ces deux invasions cette partie des Etats soumise à votre domination.

«Oserons-nous l'avouer, au sein de l'horreur et de l'indignation dont nous sommes saisis ?

«La haine jurée que ces hordes catalanes portent à la personne sacrée de *Votre Majesté* est le motif déclaré de ces attaques. L'ennemi le proclame stupidement dans ses écrits séditieux qu'il a répandus parmi nous (1).

«Cet apôtre de la révolte se venge par notre ruine de la soumission à vos lois.

«Le temps s'écoule..... après un mois, notre horizon demeure encore couvert de nuages ; l'ennemi menaçant est à nos portes ; il nous presse, il nous harcèle, et nous avions encore pleine confiance dans la terreur de vos armes.

«La clef et le boulevard de ces contrées, Montlouis, n'est garanti que par l'ombre et le génie de Vauban qui la protègent depuis plus de deux siècles. Sa faible garnison, à peine suffisante pour la conservation de la place, ne peut rien pour notre sûreté, si elle ne reçoit bientôt des renforts importants.

«Si ces incertitudes se prolongent encore, il ne

(1) Allusion aux proclamations du général Lacy, chef de l'armée de Catalogne.

nous reste plus d'autre partage que celui des peuples nomades et vagabonds errant à l'aventure sous des tentes, sans foyers, sans pénates, nous devenons un objet d'horreur et de pitié pour nos voisins, formant un contraste lamentable avec la sécurité dont ils jouissent *(sic)*.

« Que Votre Majesté daigne abaisser un de ses regards protecteurs et vivifiants sur ce malheureux chaînon des Pyrénées ; il est digne de votre grande âme d'étendre sa sollicitude sur ce coin de vos Etats comme sur l'univers.

« Daignez, Sire, accorder pour notre défense une de ces phalanges que vous avez si souvent conduites à la victoire ; vos intrépides gascons, les compagnons d'Henri IV, rivalisant de zèle avec ces enfants de la gloire, défendront leurs foyers ; les Pyrénées ont leurs Thermopyles (1) les Spartiates sont prêts, que Léonidas paraisse et se mette à leur tête.

« La forteresse de Montlouis attend de vos bontés une garnison protectrice de nos vallées.

« Votre Majesté fera cesser le scandale du misérable fort d'Urgel, seul repaire laissé à l'ennemi, insultant à la soumission de Figueras, de Tarragone, de Lérida et de Valence.

« Tout ce qui échappera à l'effort de vos généraux tombera sous les coups de nos braves.

» Ce malheureux pays, respirant enfin dans

(1) Allusion à la gorge de Mérens.

une heureuse sécurité, devra à votre condescendance et à vos bontés de se réveiller de la stupeur dont il est frappé.

» Tels sont, Sire, les vœux qu'ont l'honneur de vous adresser, avec l'hommage de leur très profond respect,

» Vos fidèles sujets,

« Les magistrats, les notables habitants de l'Ariège et ceux d'Ax en particulier ».

§ VI. — *Passage du duc d'Angoulême (1) à Ax.*

Depuis quelque temps, le département était informé du séjour du duc d'Angoulême à Puycerda ; c'est là que ce dernier apprit la défaite de Waterloo, la deuxième abdication de Napoléon et le retour à Paris de Louis XVIII (8 juillet). Dès lors il se hâta de rentrer en France.

Le duc d'Angoulême quitta Puycerda le 20 juillet 1815, accompagné des vœux et des acclamations des deux Cerdagnes, française et espagnole, et précédé d'une compagnie de soldats de ces deux contrées (2).

Son état-major était composé du prince de Léon

(1) Louis-Antoine de France, fils du comte d'Artois, plus tard Charles X, et frère du duc de Berry ; il avait épousé la fille de Louis XVI, connue sous le nom de Madame Royale.

(2) Les documents nécessaires pour établir ce récit ont été puisés dans le *Journal de l'Ariège* du 28 juillet 1815.

et d'un grand nombre de chevaliers français.

A neuf heures du matin, M. le comte de Caldagués, accompagné de M. de Savignac, préfet provisoire, de M. P. Emile Abat, secrétaire général de la préfecture, de plusieurs détachements de cavalerie, des volontaires royaux, des chasseurs du 15me et de la gendarmerie, se rendit sur l'extrême frontière du département au-dessus du village de Mérens, et mit toute sa troupe en bataille.

Des acclamations et des salves d'artillerie annoncèrent l'arrivée du prince.

M. de Savignac, préfet, reçut Son Altesse royale sur la route publique, et la harangua avec éloquence et dignité.

Le duc d'Angoulême partagea l'émotion qui régnait dans le discours et dans l'accent de l'orateur ; des larmes s'échappèrent de ses yeux à ce dernier paragraphe :

« Son Altesse royale va être témoin de l'ivresse qu'elle inspire ; elle va traverser notre département accompagnée des bénédictions de tous les habitants accourus sur son passage.

Puisse Son A. R. être bientôt réunie à cette Princesse héroïque et céleste (1), chère aux Français par ses vertus et par le souvenir, hélas ! trop douloureux de ses malheurs, de cette prin-

(1) Marie-Thérèse-Charlotte, fille de Louis XVI et de Marie-Antoinette.

cesse dont nous parlons tous les jours dans l'intérieur de nos familles, et dont nous ne parlons jamais sans verser des pleurs ».

Le cortège se mit ensuite en marche.

La route de Mérens à Ax offrait le spectacle d'une fête de famille; les vieillards, les femmes, les enfants, quittaient à l'envi leurs chaumières et venaient saluer du haut des rochers le prince, en poussant le cri de : Vive Monseigneur !

C'est ainsi, qu'au milieu d'une foule de spectateurs de tout âge et de tout sexe, le duc d'Angoulême parvint aux limites de la commune d'Ax, où M. Authié du Breil, maire, lui adressa un discours d'un style profondément senti, marqué au coin de la plus chaleureuse énergie.

Nous le donnons *in extenso* :

LE MAIRE DE LA VILLE D'AX A S. A. R. LE DUC D'ANGOULÊME.

« Monseigneur,

« Organe des fidèles habitants de la ville d'Ax et du canton, les membres du corps municipal ont l'honneur de présenter à votre A. R. l'hommage de leur profond respect et de leur attachement inviolable pour votre auguste personne, de leur amour, de leur dévouement et de leur fidélité constante pour notre Roi bien-aimé et pour l'auguste famille des Bourbons.

« Permettez-nous, Monseigneur, d'offrir un tribut particulier d'hommages à Madame, que nos cœurs et nos larmes ont accompagnée dans son exil. Elle est votre joie et la consolation de notre Roi bien-aimé ; elle est l'ange de vertu où les traits du malheur viennent s'émousser.

« Daignez agréer, Monseigneur, l'expression bien sincère de nos sentiments inspirés par des cœurs qui vous appartiennent sans réserve et que vous n'avez jamais perdus.

« En honorant nos contrées de votre présence, votre A. R. comble tous nos vœux. Le jour qui nous procure cette faveur insigne, sera à jamais le plus beau de notre vie ; il devient la garantie de notre bonheur, qui ne peut exister que par l'heureuse et brillante destinée que le ciel vous prépare.

« Vive le Roi ! »

En présentant les clefs de la ville sur un plateau d'argent, le maire dit :

« Monseigneur,

« Nous avons l'honneur de présenter les clefs de notre ville à votre A. R. ; nous les avons gardées fidèlement, en opposant sans relâche une barrière d'airain aux principes destructeurs que la séduction ou la violence voulaient introduier parmi nous ».

Le duc d'Angoulême a répondu :

« Monsieur le Maire,

« Je suis très sensible aux sentiments que vous m'exprimez, j'en conserverai, ainsi que Madame, un éternel souvenir ».

La ville était pavoisée, le drapeau blanc flottait à toutes les fenêtres, et un arc-de-triomphe fut élevé à l'entrée de la cité ; les habitants de toutes classes rivalisèrent de zèle, pour donner à cette fête toute la solennité possible.

Les transports de l'allégresse publique se prolongèrent bien avant dans la nuit, par des salves de mousqueterie et par des danses exécutées sur la place du Breil. Partout régnait la plus franche gaieté.

Un beau feu de joie termina la fête (1).

Le lendemain 21, Son A. R. quitta notre ville pour se rendre à Foix ; au moment de monter à cheval, le maire d'Ax le salua en ces termes :

« Monseigneur,

« Nous venons assurer V. A. R. que nos cœurs l'accompagnent partout, sans cesser de former les vœux les plus ardents pour son heureux voyage ».

(1) Le duc d'Angoulême fut reçu chez M. F. de Thonel d'Orgeix, où il passa la nuit. Cette maison est aujourd'hui la propriété de M. Rivière-Boulié.

Son Altesse Royale répondit :

« Je vous remercie de vos sentiments ; vous m'en avez donné des témoignages bien sensibles, et j'y compterai toujours ».

Des jeunes filles vêtues de blanc l'accompagnèrent en dansant jusqu'au village de Savignac ; le duc d'Angoulême leur prodigua des témoignages de bonté.

Sur tout son parcours, à Tarascon, à Montgaillard, à Foix, à Pamiers et à Saverdun, il fut l'objet d'ovations enthousiastes et de réceptions splendides. Des acclamations l'accueillirent à Toulouse, qu'il quitta le 3 août pour se rendre à Paris, où se trouvait déjà la duchesse d'Angoulême.

Lors de son passage dans notre département, le duc d'Angoulême accorda plusieurs décorations de la Légion d'honneur. — Pour ce qui concerne notre ville, nous avons relevé les noms de MM. F. de Thonel d'Orgeix, Rivière Denis, Rivière François Tardieu, Authié du Breil, notables (1).

(1) *Journal de l'Ariège* du 8 août 1815.
Le duc d'Angoulême laissa en souvenir de son passage à Ax une épée à M. J. Simon Sicre, lieutenant des gardes nationaux qui l'escortaient (*Rapport verbal*).

CHAPITRE XVI

Notices biographiques.

C'est l'honneur d'une ville de perpétuer le souvenir des hommes qui ont rendu de signalés services comme administrateurs, ou qui se sont illustrés par leurs travaux.

Pour mieux établir leur biographie, nous ferons deux sections :

1° *Hommes remarquables nés à Ax ou dans le canton.*

François MANSART (1598-1666) ;
Abraham SICRE (1728-1765) ;
Pierre ROUSSEL (1744-1802) ;
Gaspard ASTRIÉ (1799-1846) ;
Gatien MARCAILHOU D'AYMERIC (1807-1855) ;
Adolphe AUTHIER (1815-1858).

FRANÇOIS MANSART

(1598-1666)

Célèbre architecte, élève de Germain Gauthier, François Mansart (ou Mansard) naquit à Ax (1),

(1) Les archives d'Ax portent beaucoup de noms de Mansart à cette époque ; l'acte correspondant à la nais-

le 12 mars 1598. Cet artiste si applaudi du public avait fait sa première éducation à Paris sous la tutelle de son oncle, maitre-charpentier. Les magnifiques édifices élevés sur les plans de Mansart sont autant de monuments qui font honneur à son remarquable talent pour l'architecture ; il avait de grandes idées pour le dessin général d'un édifice, et un goût exquis, délicat, pour tous les genres d'architecture qu'il employait ; son imagination féconde recherchait toujours le style noble et majestueux.

Ses ouvrages ont embelli Paris, ses environs et la province. Il construisit plusieurs églises de Paris, les châteaux de Choisy-sur-Seine, de Balleray, de Frosnes, des Maisons, etc.

Il restaura l'hôtel de Toulouse formant la *Banque de France*, les châteaux de Berny et de Blois, dressa les plans de la cathédrale de Pamiers et de son nouvel évêché ; il commença le Val-de-Grâce, mais la mort vint le surprendre en 1666 sans lui donner le temps de terminer son œuvre.

Son nom est resté à l'invention de cette sorte

sance de Mansart a été (intentionnellement peut-être) découpé avec des ciseaux ; il était placé entre les 11 et 13 mars 1598.

(V. *Dict. historiq.*, édit 1834, tome VIII, Paris, librairie Garnier.)

(V. *Dict. encyclopédique*, de l'abbé Glaire et le comte de Walsh. Paris, imp. Parent-Desbarres, 1847, tome XIV, page 229.)

Ces deux ouvrages portent « Mansard né à Ax et non à Paris ».

de couverture brisée appelée *mansarde*. Cet architecte aussi modeste qu'habile fut le maître de l'immortel auteur du *dôme des Invalides*, Jules Hardouin Mansart.

ABRAHAM SICRE (1)

(1728-1765)

Le docteur A. Sicre était originaire de Mérens. Avec un dévouement sans bornes, ce médecin, dont le zèle était à toute épreuve, recueillit le premier, en 1758, quelques faits pratiques qui commencèrent à faire connaître avantageusement nos eaux thermales.

Le conseil politique lui vota, le 7 janvier 1759, des félicitations, et délégua le sieur Béringuier, premier consul, pour lui adresser au nom de la communauté de vifs remerciements sur son mémoire concernant les propriétés de nos sources.

L'influence qu'eut ce mémoire peut s'apprécier par l'augmentation subite du prix de fermage des bains.

Fort remarquables étaient les titres du docteur Sicre.

(1) Nous sommes heureux de signaler la belle conduite de son arrière-petit-fils, le docteur Jean-Abraham Sicre, dans maintes épidémies et surtout lors du terrible choléra de 1854. Cet homme de bien a laissé d'unanimes regrets dans le cœur des pauvres. Propagateur, dans notre pays, des idées libérales, il fut arrêté lors du funeste coup d'Etat du 2 décembre 1851, et interné aux tours de Foix.

Reçu interne à l'Hôtel-Dieu de Paris, il acquit bientôt après, par la voie du concours, la place d'agrégé près la Faculté.

Obligé de rentrer dans son pays natal pour y soigner la fille du marquis de Gudanes, il dut quitter à regret la capitale où sa carrière s'annonçait sous de brillants auspices.

Etabli à Toulouse, il devint successivement membre de l'académie des sciences, inscriptions et belles-lettres, et professeur d'accouchement à l'Ecole de médecine de cette ville.

Il y mourut à l'âge de 37 ans, prématurément enlevé à sa nombreuse clientèle. Ses obsèques furent splendides ; elles eurent lieu aux frais de la ville. Son tombeau fut recouvert d'une dalle portant cette inscription :

AU DOCTEUR SICRE ABRAHAM

LA VILLE DE TOULOUSE RECONNAISSANTE.

Il repose dans l'église Saint-Etienne.

PIERRE ROUSSEL

(26 septembre 1744 ; — 19 septembre 1802)

Le célèbre docteur Pierre Roussel est une des gloires les plus pures de l'Ariège.

Il fit ses premières études à Toulouse d'abord, à Montpellier ensuite, où Barthez jetait alors les fondements de sa grande renommée. Reçu docteur, Roussel se rendit à Paris en 1770, se lia d'amitié avec Bordeu, devint journaliste, et se livra avec beaucoup de talent à l'analyse d'ouvrages de médecine.

« Doué d'une imagination féconde, il révéla dans des pages exquises les trésors de pénétration que renfermait sa belle intelligence et la sensibilité féminine de son âme timide et tendre. »

La nature du génie de Roussel l'entraîna vers l'étude des goûts, mœurs, passions, habitudes des femmes et leur constitution physique ; de là son *Système physique et moral de la femme*, ingénieux tableau paru en 1776, auquel il se proposa de donner comme pendant la *Peinture physique et morale de l'homme.*

Roussel n'était pas seulement un physiologiste distingué, mais encore un philosophe profond.

« Le physiologiste se révèle dans les pages où il touche au cerveau et au système nerveux, aux glandes, au tissu cellulaire, aux doctrines de Stahl et de Bordeu sur la théorie du sang et sur celle des tempéraments.

« Dans son *Essai sur la sensibilité*, le disciple et l'émule de Bordeu se plaît à promener son esprit philosophique à travers les nombreux et intéressants problèmes que soulèvent les questions physiologiques du jeu de nos muscles, de nos nerfs, ainsi que les parties de notre organisme susceptibles d'irritabilité et de douleur, et celles qui y restent inaccessibles » (1).

Notre illustre compatriote a revêtu de tous les charmes du style, des variétés d'un ordre délicat et important. Ses écrits ont une allure à la fois hardie et gracieuse qui contraste avec les formes plus compassées des médecins du Nord.

Son éloge funèbre de Bordeu eut un grand succès, et l'on s'accorde à le considérer comme un modèle littéraire. «L'auteur, dit L. Alibert (qui a prononcé l'éloge historique de Roussel), pleura sur le mausolée de ce grand homme, et devenant l'interprète de la douleur publique, il immortalisa ses regrets avec cette éloquence entraînante qui fait aimer à la fois le panégyriste et le héros. »

Roussel ne brigua point les honneurs politiques, et par amour de son pays il refusa dignement les offres avantageuses du roi de Prusse, Frédéric II, qui voulait l'attirer dans ses Etats, et le nommer son médecin.

Les poètes de l'époque célébrèrent ses talents, et le vœu formulé par le célèbre docteur L. Alibert, premier médecin de Louis XVI, fut plus tard réalisé. Alibert désirait : « que des artistes célèbres représentassent l'auteur du *Système physique et moral de la femme*, recevant l'hommage de ce sexe enchanteur dont il a dévoilé

(1) L'abbé Duclos, *Hist. des Ariégeois*, tome IV.

l'organisme avec tant de finesse, comme l'on a peint l'auteur *d'Émile* (1), couronné par des enfants. »

Un artiste, interprétant la gratitude nationale, a représenté le philosophe aimable de la Haute-Ariège, couronné par la main de deux femmes dans toute la fleur de la jeunesse.

Une plaque de marbre, commémorative de sa naissance dans la rue qui porta son nom, à dater du 26 mai 1835, sur la proposition de M. Gaspard Astrié, maire, a été brisée dans le terrible incendie du 6 octobre 1880.

L'édilité actuelle s'est empressée de rétablir ce pieux souvenir de reconnaissance sur l'emplacement de sa maison natale.

Homme de mœurs simples, aimant la retraite, le docteur Roussel était reçu chez Mme Helvétius, comme autrefois le grand fabuliste Lafontaine chez Mme de la Sablière.

Il se livra peu à la pratique de l'art médical qu'il illustra par ses écrits ; il ne voulut d'autre gloire que celle de la science, et mourut à Châteaudun le 19 septembre 1802, chez M. Falaise, son ami.

(1) J.-J. Rousseau.

GASPARD ASTRIÉ (1)

(13 mai 1799 ; — 23 mai 1846)

Aprés de sérieuses études au collège de Toulouse et à celui de Sorèze, Gaspard Astrié donna la préférence à la médecine dans le choix de sa carrière.

Il étudia d'abord à la Faculté de Paris jusqu'en 1823, et l'année suivante, le 28 août, il soutint sa thèse de doctorat à la Faculté de médecine de Montpellier, sous la présidence du célèbre Lordat, doyen, avec lequel il eut toujours des relations les plus amicales.

Cette thèse ayant pour titre : *Essai sur le bégaiement*, contient des idées originales, ingénieuses, une discussion très savante et très approfondie des faits ; aussi elle obtint sous ce rapport un succès remarqué.

De retour dans son pays en 1825, il épousa la fille d'un médecin distingué, M. Rolland, et se livra avec un zèle digne de tout éloge à l'étude de la médecine thermale ; ce fut un bonheur pour lui de montrer à l'inspecteur général Boin les richesses de notre station balnéaire.

A la suite de cette visite si honorable, il reçut le titre d'inspecteur-adjoint du docteur Sériès,

(1) Né au Castelet (canton d'Ax).

inspecteur titulaire auquel il ne tarda pas à succéder.

Nommé en 1834 secrétaire du *Congrès méridional* (section des sciences médicales), qui fut tenu à Toulouse, il y donna lecture de plusieurs mémoires très importants, fruit de ses longues et patientes observations dans le traitement par les eaux sulfureuses.

Cette distinction valut plus tard à son fils Ernest (1), avocat, déjà très honorablement connu à Toulouse, l'honneur d'être appelé, en souvenir de son père, à remplir les fonctions de secrétaire dans la section des sciences morales et politiques, au Congrès de 1858.

Il publia en 1835, dans les journaux périodiques de la Gironde, une étude sur l'*Homéopathie*, et se rendit à Paris tout exprès, en 1836, pour s'initier patiemment à la nouvelle doctrine d'Hanhemann ; cependant il n'abandonna jamais le principe de l'*Allopathie,* toujours apprécié par lui de préférence.

Comme chirurgien et, opérateur il était d'une habileté remarquable. L'année 1838 vit paraître son intéressant mémoire, intitulé : « *les Trois Médecines* ».

Durant son séjour à Toulouse, où il restait six à sept mois chaque année, il se lia d'amitié avec le célèbre chirurgien Rigal (de Gaillac), son

(1) Aujourd'hui bâtonnier de l'ordre.

successeur à l'inspection d'Ax, avec les docteurs Cany et Cabrier, et avec tant d'autres illustrations médicales de la province, qui lui envoyèrent un grand nombre de malades à la station qu'il dirigeait avec tant de zèle.

Toutes ces occupations diverses ne l'empêchèrent pas d'administrer avec sagesse et sollicitude sa chère ville d'Ax, qui l'avait élu maire en 1835 ; il rechercha sans cesse avec toute son affection de patriote les gloires locales (*gloria majorum*), et sur sa proposition, le conseil municipal donna le nom de Roussel à l'une des rues disparues dans le désastre du 6 octobre 1880 ; par ses soins, on dressa une plaque biographique sur la maison natale de l'illustre médecin dont s'honore à juste titre notre ville.

En 1838, d'après un de ses rapports, le conseil général de l'Ariège émit un vœu favorable à la création d'un hôpital militaire, succursale de ceux de Barèges et d'Amélie-les-Bains; déjà à cette époque on y rattachait l'établissement d'un fort que le génie militaire va construire (1).

Sur son initiative, on activa les travaux de la route d'Espagne, on classa le chemin de grande communication d'Ax à Prades et Belcaire (Aude).

La restauration et l'aménagement de l'hôpital Saint-Louis qu'il ne put voir achevé, la fondation de l'école des frères, furent aussi son œuvre.

(1) La route est déjà terminée.

Gaspard Astrié avait conçu l'idée d'établir deux quais parallèles sur les rives de l'Auze; malheureusement, ce projet échoua.

C'est encore à son amour du bien public que sont dus l'aménagement de la fontaine d'eau chaude au quartier du Couzillou, et la distribution durant l'hiver dans les rues de la ville, des eaux chaudes pour hâter la fonte des neiges (1845 et 1846).

Il s'occupa avec une sollicitude paternelle des intérêts forestiers de la commune; en 1844, il se rendit à Paris pour plaider auprès du ministre de l'intérieur, de concert avec notre député (1), la cause du cantonnement des forêts, vu les tendances de l'administration des eaux et forêts à restreindre ou presque à annihiler nos droits d'usage. — Il eut toujours à cœur ses fonctions administratives.

Plein d'aménité et de charme dans sa conversation, travailleur infatigable, esprit fin, homme profond, doué d'une imagination brillante, le docteur Gaspard Astrié fut aussi littérateur, artiste et poète à ses heures de loisir; on a de lui un recueil de charmantes poésies.

Philosophie, critique, religion, il a tout cherché, tout épuisé.

Médecin érudit et sagace, il mania pendant vingt années les eaux d'Ax, et consigna plus de

(1) M. Dugabé.

17,000 observations, précieux trésor que son digne et regretté fils, le docteur Gustave Astrié, lauréat de la société de chirurgie, médecine et pharmacie de Toulouse (1853), si prématurément enlevé à la science et à sa famille (1854), rendit à la publicité en les interprétant d'une manière savante.

Bientôt épuisé par tant de travaux et de fatigues, il succomba, le 23 mai 1846, à la maturité de son âge (47 ans).

Son souvenir comme administrateur et comme inspecteur s'est perpétué jusqu'à nous, et la mémoire de cet homme de bien demeure entourée de respect dans le cœur de ceux qui l'ont connu.

La ville d'Ax reconnaissante lui a élevé un monument funéraire.

GATIEN MARCAILHOU D'AYMERIC

(18 décembre 1807 ; — 25 décembre 1855).

Jeune adepte d'Hippocrate, le docteur Gatien Marcailhou d'Aymeric, après de brillantes études au collège royal de Toulouse et à la Faculté de Montpellier, quitta une carrière (1) qui s'annonçait fructueuse, utile et honorée, pour s'adonner à l'étude des muses.

Ce fils de la cité d'Ax, prédisposé dès son en-

(1) Il s'était établi médecin à Léguevin (Haute-Garonne).

fance pour l'art de l'harmonie, reçut les leçons d'un musicien espagnol chassé de sa patrie, et en peu de temps l'élève éclipsa le professeur.

Bien vite apprécié, dès ses débuts, par la société languedocienne, et une fois lancé dans le monde musical de la capitale, par ses premières productions, *Indiana* et *le Torrent*, le compositeur ne s'arrêta plus, et ses productions devinrent intarissables (valses, polkas, mazurkas, etc.).

Le succès d'*Indiana*, sa première valse, qui a fait le tour du monde, fut magnifique (60,000 exemplaires). Cette succession de phrases, fortes et douces, se répétant comme la conversation de deux personnes amies, cette mélodie si suave et si agréable fit sensation; désormais son genre devint classique.

Elégant, digne et poétique de sa personne, il charma pendant quinze ans (1840-1855) Paris et la province, et borna son ambition à régner dans les salons.

Mme la duchesse de Montpensier lui adressa, le 26 janvier 1846, des témoignages flatteurs pour son talent et une épingle garnie de brillants.

Le 30 juin 1849, il déposa à l'imprimerie du ministère de l'intérieur trois exemplaires de l'ECOLE MODERNE DU PIANISTE, traité théorique pour servir d'introduction aux compositions de Thalberg et de son école, ce qui lui valut une mention honorable.

Il adressa, le 2 août 1853, un album de six valses nouvelles à Sa Majesté l'Impératrice Eugénie, qui les agréa avec reconnaissance, et tout en lui faisant ses remerciements par une jolie lettre, lui envoya une superbe médaille.

Lorsqu'il revenait dans sa ville natale, à la saison des eaux, la cité thermale prenait un air de fête. Par son initiative, des soirées musicales au profit des pauvres avaient lieu, et lorsque l'éminent élève de Dupré, Rivière-Boulié, juxtaposait sa voix fraîche, exquise, auprès des grandes ressources musicales de son parent, les auditeurs étaient nombreux ; l'on oubliait ainsi pour quelques instants les concerts des grandes villes. L'improvisation lui plaisait, et c'est surtout par les sujets religieux qu'il se sentait le mieux inspiré.

Le compositeur s'honora de l'amitié du fameux statuaire Pradier. Malheureusement il s'éteignit à la maturité de son âge et de son talent, le 25 décembre 1855, presque en même temps que son ami inséparable Foucault, le célèbre physicien qui démontra expérimentalement au Panthéon le mouvement de la terre, comme si ces deux hommes avaient convenu de ne pas vivre plus longtemps l'un que l'autre. Sa dépouille mortelle se trouve au cimetière Montparnasse.

On nous pardonnera ce souvenir attendri à la mémoire de notre oncle (1).

(1) On a réuni quelques-unes de ses œuvres en éditions :
1° Édition bijou : recueil de 20 valses ; 2° l'édition de

ADOLPHE AUTHIER

(9 juin 1815 ; — 18 février 1858.)

Homme distingué, Adolphe Authier avait fait son éducation au célèbre collège de Pont-Levoy (Loir-et-Cher). Il sut se concilier de bonne heure l'estime des habitants d'Ax et donner la preuve de ses qualités administratives ; il fut nommé successivement : maire de 1846 (20 août) à 1848 (4 septembre), et du 1er décembre 1853 au 10 mai 1856, suppléant du juge de paix en 1855 et conseiller général du canton de Quérigut (1852-1855).

Esprit vif et ingénieux, il improvisa des harangues pour maintenir la foule exaltée durant l'émeute du 24 avril 1848 ; ses exhortations pressantes parvinrent à dissiper l'attroupement, à calmer les colères. Afin d'éviter le retour de scènes regrettables, il se vit obligé de retirer l'écharpe au commissaire et de promettre la révocation du titulaire ; son attitude énergique dans cette circonstance fut au dessus de tout éloge.

Plein d'égards et de compassion pour les pauvres, il continua l'œuvre de bienfaisance

poche de Félix Mackau : *Indiana* et *le Torrent* ; 3e Edition Litolf : recueil de ses douze plus jolies valses ; 4e Edition de la bibliothèque universelle du pianiste, 2e volume, 40 valses.

de son prédécesseur G. Astrié, et acheva la restauration et l'agrandissement de l'hôpital Saint-Louis (1847).

Sur sa proposition, le conseil municipal fit l'acquisition, en 1854, des terrains et des bâtisses attenant le cimetière, afin d'établir un débouché pour la route de l'Aude; c'est alors que commença la transformation du quartier de la Ville-Vieille (1), transformation achevée en 1861.

D'une activité sans égale, il paya bravement de sa personne lors de la terrible épidémie cholérique de 1854 (6 septembre au 30 octobre), dont le funeste souvenir est encore vivant dans tous les cœurs; aussi le conseil municipal, dans un élan de patriotisme louable, lui adressa-t-il, le 21 septembre 1855, des remerciements pour son dévouement, son intégrité et l'intelligence dont il avait fait preuve.

Cet administrateur, homme de progrès, sur lequel on fondait de vives espérances, mourut jeune encore (43 ans), loin de sa ville natale. Ses restes reposent dans le cimetière d'Hix, près de Bourg-Madame (Pyrénées-Orientales).

(1) Délibérations du 26 mars et du 3 mai 1854.

§ II. — *Hommes remarquables, étrangers à la station thermale, qui ont le plus contribué à la notoriété des eaux thermo-sulfureuses d'Ax, en qualité de médecins-inspecteurs.*

J. François Pilhes (1746-1832), de Tarascon (Ariège) ;

Joseph-J.-Antoine Rigal (1797-1865), de Gaillac (Tarn) ;

Constant-Paul-Germain Alibert (1820-1882), de Castelnaudary (Aude).

JEAN-FRANÇOIS PILHES

(Né à Tarascon, en 1746 ; mort à Pamiers, en 1832.)

Intelligence d'élite, Pilhes fit ses études médicales à la Faculté de Montpellier et personnifia l'esprit, les idées de cette école, au moment où l'organicisme préparait ailleurs une éclatante révolution. Sa correspondance, ses écrits, reflet de ses doctrines médicales, nous le montrent imbu des idées de Bordeu.

Au sortir de l'Ecole, le jeune docteur alla se fixer à Pamiers où bientôt l'habileté de sa pratique lui valut une célébrité précoce.

Il fut en relations suivies avec les premiers médecins de son époque, et dut principalement à sa correspondance avec eux ses plus puissants moyens de publicité pour Ax et Ussat.

Successivement professeur d'accouchement, intendant des eaux minérales du pays de Foix et pensionné par ces Etats, correspondant de l'Académie des sciences de Toulouse, tous ces titres divers proclament assez haut la valeur du médecin et l'estime dont l'entouraient ses contemporains.

Le docteur Pilhes n'était pas seulement un médecin érudit, mais encore un habile chimiste; on lui doit la première analyse des eaux d'Ax et d'Ussat, faite en 1786, analyse succincte, il est vrai, mais qui lui coûta dix-huit mois d'un labeur incessant.

Ces premiers essais analytiques furent fructueux, et s'ils ne contribuèrent pas à donner aux eaux d'Ax la renommée dont jouissaient déjà celles de Barèges et de Luchon, ils mirent néanmoins sur la voie de la vogue et du crédit.

Le 26 septembre 1785, le conseil politique délégua deux de ses membres, M. Martin du Breil, maire, et M. Marcailhou d'Aymeric, syndic, pour remercier le docteur Pilhes, au nom de la communauté, et lui dire qu'il avait mérité, par sa sollicitude pour notre station, la reconnaissance publique ; cette délibération honore autant le conseil qui l'a prise que le médecin qui en est l'objet.

En 1807, il donna ses soins au roi de Hollande, Louis Napoléon, frère de Bonaparte, venu *incognito* aux bains d'Ussat.

En 1808, il fut remplacé, à l'inspection d'Ax, par un praticien de son choix, le docteur Sériès, qui y exerça pendant dix-huit années.

A partir de cette époque et jusqu'en 1824, Pilhes s'occupa entièrement de la station d'Ussat, dont il fit aménager les eaux et construire un bel établissement; mais il fut payé de la plus noire ingratitude pour tout le bien qu'il avait fait.

Oubliant ses services, l'ostracisme administratif lui enleva, en 1824, la place d'inspecteur titulaire qu'il occupait avec une si grande distinction depuis tant d'années.

Le vénérable docteur Pilhes, patriarche de nos eaux, s'éteignit à Pamiers, en 1832, accablé d'ans (86) et d'infirmités, laissant de nombreux legs aux pauvres de Pamiers et de Tarascon, dont il fut toujours le bienfaiteur.

JOSEPH-JEAN-ANTOINE RIGAL

(Né à Gaillac le 5 septemble 1797; mort le 27 octobre 1865.)

Fils d'un célèbre chirurgien (J.-Jacques Rigal, mort en 1823), le docteur Joseph-Jean-Antoine Rigal eut la bonne fortune de faire les premiers pas dans la carrière médicale sous l'aile paternelle.

Littérateur distingué, poète à ses heures de loisir, il quitta souvent dans sa jeunesse le bistouri et le scalpel pour composer des poésies délicieuses, ce qui lui valut les félicitations de Lamartine et de Victor Hugo.

Malgré son amour pour les belles-lettres, il délaissa la muse pour se livrer entièrement aux études chirurgicales, dans lesquelles il devait s'illustrer.

Son premier mémoire sur la *lithotricie*, lu à l'Institut en 1829, écrit avec une clarté et une méthode remarquables, le signala d'emblée comme chirurgien plein de sagacité et d'invention.

Bientôt connu dans les hôpitaux de Paris, apprécié et protégé par des médecins célèbres, Lisfranc, Roux, Malgaigne, admirateurs sincères de son habileté et de son talent opératoire, Rigal apportait un soin minutieux dans toutes les opérations chirurgicales et les réussissait avec un succès rare; « *ars tota in minimis,* » telle était sa devise.

Son dévouement aux cholériques de Lacaune, en 1830, lui valut la croix de chevalier de la Légion d'honneur.

Il toucha à toutes les branches de la chirurgie, perfectionna une foule de procédés opératoires et créa de véritables méthodes nouvelles ; il sut encore se placer au premier rang comme médecin légiste et ses rapports sont resté des modèles du genre.

Comme praticien, il était presque sans égal,

et sur soixante-dix-huit opérations *de taille*, il compta soixante-quinze guérisons.

La réputation de ses écrits le désigna aux sociétés savantes de France et de l'étranger, qui le nommèrent membre correspondant.

Chargé, en 1845, de représenter la province au *Congrès médical* de Paris, il fut nommé secrétaire de la section de médecine et se montra l'un des plus ardents partisans de la *grande Union médicale.*

Inspecteur des eaux d'Ax de 1847 à 1849, il contribua puissamment à la notoriété des eaux de la station thermale par les nombreuses cures qu'il obtint; son nom y attirait un grand nombre de malades (1).

Maire de Gaillac en 1848, déjà membre du Conseil général du Tarn, J. Rigal fut nommé représentant du peuple à l'Assemblée législative, où il siégea toujours sur les bancs de l'opinion républicaine.

Rentré dans la vie privée en 1852, il se mit sérieusement à l'œuvre pour coordonner ses remarquables travaux dont l'énumération seule serait fort longue, vu le cadre restreint de cette biographie; malheureusement sa santé s'altéra peu à peu et le 27 octobre 1865, il s'éteignit après

(1) Son fils, le docteur Hippolyte Rigal, actuellement sénateur du Tarn, continue les traditions; chaque année notre station thermale voit affluer beaucoup de baigneurs envoyés par lui.

de longues souffrances, laissant un nom béni de tous et un fils capable de le porter dignement.

La ville de Gaillac lui a élevé un monument.

CONSTANT-PAUL-GERMAIN ALIBERT

(17 mars 1820 ; — 8 mars 1882).

Le docteur Constant Alibert naquit à Castelnaudary.

Elève distingué du lycée de Montpellier, il conquit rapidement ses premiers grades universitaires, et fut nommé membre du cercle pharmaceutique de cette ville, en 1839.

Après un internat (1841 à 1843) à l'asile d'aliénés de la Sarthe, il soutint brillamment sa thèse de doctorat, le 23 juin 1843.

Voici l'énumération de ses titres, résumant sa carrière médicale :

Chirurgien major de la garde nationale de Castelnaudary, en 1848.

Inspecteur provisoire des eaux thermales d'Ax, le 18 juillet 1849.

Inspecteur définitif de ces eaux, le 4 février 1850.

Médaille d'argent accordée par l'Académie impériale de médecine, à son travail sur les eaux sulfureuses du département de l'Ariège, le 6 décembre 1853.

Membre de la Société d'agriculture et des arts de l'Ariège, le 29 septembre 1854.

Chevalier de la Légion d'honneur, le 12 août 1854.

Membre de la Société d'hydrologie médicale de Paris, le 27 janvier 1855.

Médaille d'argent accordée par l'Académie de médecine à son travail sur les eaux d'Ussat et celles d'Audinac, le 13 décembre 1859.

Médaille de bronze au concours agricole de Foix, en 1859.

Membre correspondant de l'Académie du Gard, le 17 janvier 1860.

Médaille d'argent décernée par l'Académie de médecine, le 18 juillet 1860.

Médaille d'or de la Société d'agriculture, 9 septembre 1860.

Membre de la Société d'agriculture de la Gironde, 1er avril 1863.

Principal collaborateur au livre de la *Ferme de Joigneaux.*

Auteur du *Traité des eaux d'Ax* (Paris, 1853).

Son ami et protecteur, le célèbre chirurgien Rigal, touché de ses éminentes qualités et de son instruction solide et approfondie, le désigna au choix du gouvernement, pour lui succéder à l'inspectorat d'Ax, dont il fut le titulaire de 1850 à 1863.

Il fit présenter en 1855 à l'Académie de médecine, sous le haut patronage du docteur Pâtissier, plus de mille observations cliniques, intéressantes, sur les eaux d'Ax, et dont les résultats diffèrent peu de ceux de ses prédécesseurs.

Constant Alibert s'intéressa vivement à la prospérité de notre station thermale et mit toute son intelligence et son savoir au service de nos intérêts communaux.

L'année 1853 vit paraître son remarquable *Traité des eaux d'Ax*, ouvrage écrit avec une élégance poétique parfois et qui révèle dans son auteur une profonde érudition. Le premier, en parlant de nos eaux, il a couvert de chairs et de couleurs le squelette d'une analyse chimique et mêlé aux guirlandes de l'art le récit de la vérité.

Sa belle conduite lors de l'épidémie cholérique de 1854, qui dévasta notre ville, mérite d'être signalée ; il prodigua avec un empressement remarquable ses soins aux malades.

En 1862, il appuya de tous ses efforts le projet d'achat par la commune des établissements thermaux et de la forêt de Carroutch, qui ne put malheureusement réussir ; son zèle désintéressé dans cette circonstance le recommande à la reconnaissance des habitants d'Ax.

Il est regrettable que cet homme, si heureusement doué, qui aurait bien certainement transformé notre station thermale s'il eût été secondé, n'ait pu rester davantage au milieu de nous et continuer à servir les intérêts de notre ville.

Il est mort le 8 mars 1882, à Sainte-Estèphe-de-Médoc (Gironde), à l'âge de soixante-deux ans, regretté de ses concitoyens, dont il avait géré les affaires avec une rare abnégation.

Tel est le résumé fidèle de la vie des hommes remarquables qui méritèrent à divers titres la reconnaissance des habitants d'Ax, et dont les noms et les actes étaient pour la plupart inconnus parmi nous.

Modeste biographe, nous venons réparer un oubli regrettable et si nous restons au-dessous de notre tâche, le but proposé sera notre justification ; notre humble appréciation est bien inférieure à leur mérite et nous en demandons pardon à leur mémoire.

PIÈCES JUSTIFICATIVES

ET

NOTES COMPLÉMENTAIRES

PIÈCE JUSTIFICATIVE N° 1

(Renvoi de la page 25)

COUTUMES DE LA VILLE D'AX

Privilèges concédés par le comte de Foix Roger-Rotfer en 1241 et confirmés le 17 août 1391 par le comte Mathieu et la comtesse Géralde sa mère.

. . . .

Sieguen se los priviledgés dats et autrejats per mosser Roger, per la gracia de Diu, comte de Fois et viscomte de Castelbo, als cossols et singulars d'Ax, en l'an mil et dux cents quaranta et un et aquels rectificats per Mosser (1) que Dius aya.

I. — Premierament donec et autreyec als habitans, que lavets eran del dit loc d'Ax et als que al dit loc d'aqui avant vendram poblar (2) que els et tota lor generatio et posteritat et fils lors sian francs et quittes ab totas lors causas en que sian per totas sas terras en aixi que a lui ni a dégu homme per lui no fassan ni respondan de alqun servici, ni ces in de deguna autra causa, laqual degun homme o femna deja fer iu son seignor, ni de la intestatio (3) so es per fer testament o de exorquia (4) ni respondan a de-

(1) *Mosser*, il s'agit du comte Mathieu de Castelbou ; on trouve tantôt *Mosser*, tantôt *Mossur*.

(2) *Poblar*, habiter, se fixer.

(3 et 4) *Intestatio et exorquia* sont deux mots synonymes, et d'un sens très étendu. On entendait ordinairement par ces

guna persona, ni sian jost le pode de degun hom ni de deguna femna.

II. — Item donec et autreyec à lor per tos temps que ayan et prengan per tots les locs, lenhas, aigas et pastens et que puscan aver totas las autras causas que a lor seran necessarias, montanhas et autras causas que a usatge et serviti de persona pertenir puscan et dejan et sian necessarias et a touta lor voluntat per tos-tens fazedoras (5).

III. — Item donec et autreyec à lor le mercat que es dins la vila dessus dita et prometec a lor que d'aixi avant aquel mercat d'aqui non mudara en tal maniéra que non sia streit (6) ni pejorat et aye d'aqui lo camy dreit (7).

IV. — Item donec et autreyec que degun estrangé sino que fos habitant del dit loc no sia ausard (*sic*) en deguna maniera aqui vendre a tailh, ni a taula tenir (8 et 9).

V. — Item donec et autreyec a lor, fiéra per tos-tems en la festa de Nostre-Dama d'aoust et foc rectificada et mandada l'an mil dus cent nonanta dus per mossur Roger-Bernard, comte de Fois a Santa-Crux de septembré (10).

---

termes les biens de ceux qui mouraient sans testament, ou dont le testament ne remplissait pas les conditions légales. — En conséquence, leur succession, en tout ou en partie, était dévolue au seigneur ou à l'Eglise. On désignait donc par ces mots le droit en question ou l'exercice de ce droit ; mais en vertu de l'article premier les habitants d'Ax étaient à l'abri des revendications que pouvait entraîner l'exercice de ce droit.

(5) *Fazedoras* : pour en faire à toute leur volonté ; c'est le synonyme du mot latin *faciendas*. Cette forme se retrouve dans les patois anciens.

(6) Dans le texte latin de 1241, recopié en 1447 par Raymond Sans, il y a : *ne stringatur nec pejoretur*, c'est-à-dire que l'emplacement du marché ne soit ni restreint ni mis dans des conditions moins favorables.

(7) *Et aye d'aqui lo camy dreit* : et qu'on y aille toujours par un chemin droit.

(8 et 9) *Vendré a tailh ni a taula tenir* : vendre en détail ni tenir un étalage.

(10) Ce qui semble dire que le comte Mathieu remit à N.-Dame d'août (15 août) la foire qu'en 1292 le comte Roger-Bernard avait renvoyée à la fête de Sainte-Croix de

VI. — Item autreyec a lor que si alguna persona à algun de lor injustament et sense causa attentara de fer mal, puscan aquel malfaitur prendre et destrenher ses consentement de son baïle, entro que les malfaits à lor pleniarament et entierament sian restituits et que per aquo le dit senhor baïle no pusca lor apelhar ni destreuher.

VII. — Item autreyec a lor qué tout habitant del dit loc valent del sieu mill sols melgoyres (11) sia crésut per sacrament, de son bon grat entro cent sols melgoyres, ses degun autre justamen.

VIII. — Item autreyec a lor per tota la terra siena que no donen ni paguen leuda ni peage, ni degun usatge (12) de deguna causa siena à lui ni a deguna autra persona.

IX. — Item recebec lor et totas las causas moblas et non moblas presens et endevenidorus (13) en que sian jos sa protectio et salva garda et ségur guidatge (14) et los autres novadament que a la fiera susdita vendran.

X. — Item que degun no sia ausard (*sic*) a lor ni als autres ni a lors causas, per alguna occasio, alguna causa demandar ni algun mal o contrarietat fer per tota sa terra, empero se retene per tots locs sas justicias.

XI (15). — Que els lo puscan en ost et en cavalgada (16) quantque ac mando.

---

septembre (14 septembre) et que tota persona aqui venent sia salva et ségura quinze jours avant et quinze jours après, ab totas las mercadarias.

(11) Le *sou melgorien* était une monnaie originaire de Montpellier.

(12) *Usatge*, signifie : redevance, tribut.

(13) *Endevenidorus* : futur, à venir.

(14) *Segur guidatge* : sauf conduit, c'est la protection accordée par le comte aux marchands et à leurs marchandises pendant le trajet.

(15) Il y a erreur dans la transcription : des lignes ont été interposées, aussi le sens est-il peu clair, parce que les différents membres de phrase ne se rapportent pas au même objet ; il convient de donner tout d'abord le texte, tel qu'il est dans le manuscrit ; après cela il y a lieu de proposer une restitution du texte présentant un sens logique ; dans cette intention nous avons fait imprimer d'une façon différente les deux versions).

(16) *Ost et cavalgada*, c'est-à-dire l'*host* et la *chevauchée*. On

XII. — Item autreyec que tout habitant et venent habitar al dit loc sia salp et segur de anar et retournar per touta sa terra ab toutas sas causas dejos son guidatge et salp condut.

XIII. — La dessus dita franquétat et donatio à lors son feitas et a tota lor generatio et posteritat, en la milhor forma et utilitat, lor salvant sos dreits et justicias et que seguisquan lo en ost et en cavalgada una journada ou que ac mando exceptat que non respongats (*sic*) a lui ni a deguna autra persona de là intestatio et exorquia.

Restitution proposée. XI bis. — *Que els lo seguisquan en ost et en cavalgada, una journada quant ac mando*

Restitution proposée. XIII bis. — *La dessus dita franquetat et donatio a lors son feitas et a tota la generatio et posteritat, en la milhor forma et utilitat lors salvant sos dreits et justitias, exceptat que non respondan a lui ni a deguna autra persona de la intestatio et exorquia.*

XIV. — (17) Cum los cossols del dit loc d'Ax sian judges en crim et en civil in los cossolat et castellenia et y an touta juridictio hauta et bassa et de mettre penas et aquelas relevar (18) et fer don et de pescar et de pastencs et que las pénas son del senhor retengut als forestiers ou

---

désignait par ces deux mots le service militaire dont les vassaux ou sujets étaient tenus envers le suzerain. — A l'origine le terme d'host était employé pour indiquer la convocation qui était faite pour défendre le pays, tandis que la chevauchée était réunie pour les expéditions purement seigneuriales. — La durée de la convocation variait suivant les pays et les époques.

(17) A partir du paragraphe XIV s'arrêtent les articles contenus dans la charte latine de 1241, recopiée en 1447, par Raymond Sans, notaire ; dont celle-ci n'était que la paraphrase patoise. Les articles suivants (de XIV à XXV) doivent être la paraphrase d'une autre charte, analysée dans le dénombrement de 1672 (archives d'Ax) et rapportée par Doat (archives nationales, *collection des manuscrits* ; vol. 170), complément de la précédente et concédée en 1241 par le même comte Roger-Rotfer aux habitants de la *nouvelle ville d'Ax*).

(Voir Ad. Garrigou, *Études historiques sur l'ancien pays de Foix et de Couserans*, tome I, page 174).

(18) *Relevar penas*, faire la remise des peines.

als accusadors la partida de las penas a lor donadas et ordonadas per tos dits cossols al mettement de aquelas, que d'aisi avan usen per la maniera dessus dicta et puscan fer autras ordenansas al dit loc, cossolat et castellania aixi cum a lor sera vist al profieit (19) del comun et que puscan mettre notari ordinari à la cort del dit loc.

XV. — Que tout notari puscan usar d'assi avant de offici de notaria, aixi cum ero accoustumat no contrastant la venda de las notarias per mossur que Dius aya, feita d'aisi entra, (20).

XVI. — Cum les dits cossols et universitat del dit loc d'Ax en lo temps autra (21) no fossan tenguts de donar a senhors degunas queridas (22) demandar ni autras causas sino a cap de sept ans, sept sols per foc, de la moneda corrent que d'aisi avant els ni lors no sian tenguts de pagar per degunas demandas sino des dits sept sols per lo terme dessus dit et que en aquels no sian mandats al dit fogatge (23) sino a persona que ague valent cent livras.

XVII. — Item que les dits cossols o la major partida del commun del dit loc d'Ax, cossolat et castellania, puscan mettre d'aixi avant, ajuda, o ajudas (24) a profieit del commun del dit loc d'Ax, en las causas que a lor sien vistas aquelas crexer et augmentar (?) ses licencia del senhor.

XVIII. — Item que los dits cossols et universitat no sian tenguts de fer degunas obras de castels ni de molis (25) ni... d'arrendament ni a respondre à degun geit ni gar-

---

(19) *Al proficit del comun*, au profit de la communauté.

(20) *D'aisi entra*, précédemment).

(21) *Temps autra* : temps jadis.

(22) *Queridas* pour *quistas*, redevance due aux seigneurs, payable à des époques déterminées et exigée en reconnaissance de la souveraineté. — C'est dans ce terme qu'est désigné le tribut payé à la France par l'Andorre.

(23) *Fogatge*, droit de fouage, impôt sur chaque feu.

(24) *Ajuda*, synonyme du mot latin *auxilia*, désigne ici un impôt extraordinaire.

(25) *Obras de castels ni de molis* : les habitants ne pouvaient être contraints de travailler à des châteaux ou à des moulins pour le compte des seigneurs.

nìso (26) de castels dins lo comtat ni defora ni a pagar degun gadge deguna maniera (27).

XIX. — Item cum en lodit loc d'Ax aya crida per lo senhor et no y aya deguna ordinansa de son salari que aquel no pusca re exigir ne demandar sino a concéssanda dels dits cossols.

XX. — Item cum lodit loc d'Ax sia loc estreit (28) et de montagnas et aqui no leve sino petits blads ; et cum en lodit loc lo sen-hor leve, de blad estrangé aqui portat per vendre, copatge, (29) de blad que li placia aquelo rélévar de gracia spécial ; car trop mès n'y partaran que no fen de que seria grand profieit deldit loc ; no es rasonable cum hommes deldit loc no paguen ledit copatge. (30).

XXI. — Item que tout habitant del dit loc sia quiet de la gabella (31) o pas que cuelh al dit loc d'Ax (31 bis).

XXII. — Item, cum las dits cossols ayan fiera al dit loc a Sancta Crots de septembre que lor placia autreyar autra fiera a Sancta-Crots de may, ab los privilèges autreyats à la prumiera fiera.

XXIII. — Item cum les dits cossols et singulars tostems sian en costuma de fer four en lors hostals et mazels (32)

---

(26) *Geit ni garniso* : les habitants ne pouvaient être contraints de faire le guet ni de tenir garnison dans un château situé dans ou hors le comté.

(27) *Ni a pagar degun gadge deguna maniera* ; il s'agit de l'exemption des charges militaires, et des gages destinés sans doute à la solde des gens de guerre).

(28) *Loc estreit*, lieu resserré.

(29) *Copatge* (copaglum) droit de prélever une mesure sur les blés exposés en vente aux marchés publics.

(30) Cette demande d'exemption était faite pour favoriser l'importation à Ax du blé étranger.

(31) *Quiet de la gabella*, exemption de l'impôt sur le sel, dit droit de gabelle.

(31 bis) *Pas que cuelh al dit loc d'Ax*, droit de paix qui se perçoit au dit lieu, allusion à l'impôt extraordinaire prélevé par les seigneurs sur leurs vassaux pour leur assurer sa protection et les faire jouir des bienfaits de la paix. (Voir *Glossaire*. Ducange).

(32) *Fer four en lors hostals et mazels tenir* : construire des fours dans les maisons et droit de tenir un étal de boucherie ou d'abattre chez eux des animaux.

tenir et mettre corratiers (33) que placia a Mossur (34) a lor conservar las causas dessus ditas et tots autres privilèges et libertats que ayan accoustumat ab carta o ses carta per la maniera accoustumada et lo usatge antiq et segon la ténor des encartaments (35).

XXIV. — Item que los dits cossols ni comu d'Ax ni lors successors no sian tenguts de pagar fogatge, azempre (36) ni querida, ni degunas autras causas quinhas que sian, sino aixi cum lo loc de Foix cotta per cotta (37) ; et segon lo nombre de lors focs.

XXV. — Que los dits cossols et comu d'Ax se ajuden et gausiscan de toutes les privileges, franquesas, libertats et juridictio, antiquas et noellament autreyadas per vos mossen quinhas que sian, aixi cum lodit loc de Fois, et depus lo senhor no les force ni fassa forçar en re.

Plats a Ma dona et a Mossur, en la maniera que es autreyada a la villa de Foix sabe las causas en lo capitol présent contengudas (38).

. . . .

Acta fuerunt hæc in dicto castro de Fuxo die decimâ septimâ mensis Augusti regnante domino Carolo (39), Dei gratia Francorum rege, anno Domino millesimo tricentesimo nonagesimo primo, in presentiâ et testimonio doctorum, dominorum, consiliariorum superius nominatorum. . .

. . . .

---

(33) *Mettre corratiers*, établir des marchands, exercer un commerce.

(34) *Mossur* : le comte.

(35) *Encartaments*, le contenu et la disposition des chartes.

(36) *Azempre* : c'était l'impôt payé pour jouir du droit de dépaissance.

(37) *Cotta per cotta*, maison par maison, d'après un état, un rôle.

(38) On demande au comte et à sa mère d'agir comme ils l'ont fait pour la ville de Foix).

(39) Charles VI.

PIÈCE JUSTIFICATIVE N° 2

(Renvoi de la page 29)

Extrait du livre ancien terrier et censitaire du roy et reine de Navarre, comte et comtesse de Foix, en leur villé et bailliage d'Ax.

LA LEUDE (1) DELS LOCS D'AX ET DE MÉRENS

Item diguun qué ledit baillé a accoustumat de prendre a caouse de ladite baillie les émoulumens de la leude d'Ax et de Mérens; so es à savé : en le loc d'Ax loù jour de dimercrés tant soulomen, qu'es jour dé mercat, et en lo dit loc, car les autrés jours de la semmano so pren Jean Gary et à el se apparté per crompa, et en lous locs de Mérens la se pren entièroment touto la semmano, per ce qué es propis à de Mousseu lé comté, en lou dit Mérens, nou pagon leude, de lousquals leudes la tenou del leudari s'ensiect com dessous es escrit :

Prémièrament, pago tout juziou (2), si passo por Ax, de leude.	10	sols	tournois
Et si passo per Mérens	20	»	»
Item touto jusiva (2), si passo à Ax	10	»	»
Et à Mérens	20	»	»
Item touto jusiva prens (3) pago à Ax et à Mérens	15	»	»
Item tout More (4), à Ax et à Mérens	10	»	»
Item touto Mora (4) prens, à Mérens, à cascun loc	15	»	»
Item tout Tartés (5), à Ax	10	»	»

(1) On désignait sous le nom de *leude* principalement dans le Midi, l'impôt prélevé sur les marchandises et les animaux et même les personnes, à l'entrée des villes ou en d'autres endroits déterminés; cet impôt est sous une autre forme représenté aujourd'hui par l'octroi.

(2) Juif, juive.

(3) Enceinte.

(4) Maure.

(5) ?

Et à Mérens, aixi madex (1)	10 sols tournois
Item touto Tartera prens pago à Ax.....	15 » »
Et à Mérens, aixi madex et se nou es prens.	15 » »
Item tout autrés et autros que nou soun chrestias (2) pagon à Ax	10 » »
Et à Mérens, aixi madex...............	10 » »
Item touta bougra (3), masclé ou femello, à Ax..............	12 den. tournois
Item tout gal mayme (4)...............	12 » »
A Mérens pago.........................	24 » »
Item tout sùo (5), masclé ou femelle, à Ax	5 sols tournois
Et à Mérens, aixi madex...............	5 » »
Item tout astou (6), masclé ou femelle, et tout falcou (7), aixi madex, sans que y aje esparbes (8)......................	5 » »
Item tout caval de prat (9), à Ax........	10 » »
Et à Mérens...........................	20 » »
Item tout coursier de dos célat (10), à Ax	5 » »
Et à Mérens...........................	10 » »
Item tout roussi simplé (11) que y va per vendré..............................	2 » »
Et à Mérens...........................	4 » »
Item tout pouli poupan (12), à Ax.......	2 sols et miei
Et à Mérens...........................	5 sols tournois
Item touta ega (13), al loc d'Ax	10 » »
Item tout camel (14) ou camella, à Ax....	2 den. tournois
Et à Mérens	4 » »
Item tout biau, ou bacca (15), vedel (16) ou vedello, à Ax......................	2 » »
Et à Mérens...........................	4 » »
Item tout porc ou pourcella (17), à Ax...	» » »
Et à Mérens	2 » »
Item touto bestio lanado (18), à Ax......	1 poge (19)

(1) Egalement, ici-même.
(2) Chrétiens.
(3) ?
(4) *Gallus maximus*, grand coq.
(5) ?
(6) Autour.
(7) Faucon.
(8) Epervier.
(9) Cheval mis au vert sur la montagne.
(10) Cheval de course.
(11) Cheval employé pour le commerce domestique.
(12) Poulain qui tette.
(13) Jument.
(14) Chameau.
(15) Bœuf ou vache.
(16) Veau ou génisse.
(17) Porc ou truie.
(18) Bête de laine.
(19) Petite monnaie du Puy-en-Velay.

Et à Mérens............................	1 poge grand
Item touto crabo ou boc (1), crabit ou crabido (2), à Ax....................	1 poge
Et à Mérens............................	2 poges
Item tout mul ou mulo (3), tout azé ou saumo (4), à Ax....................	4 den. tournois
Et à Mérens............................	8 » »
Item touto cargo d'oli (5), à Ax..........	1 coup d'oli
Et à Mérens............................	3 den. tournois
Et se mas ou mès peso (6), deu paga per le mas ou mès.	
Item touto cargo dé mel (7), à Ax.......	1 coup dé mel
Et à Mérens............................	3 den. tournois
Item tout cols (8) que porta oli ou mel second (9), mas ou mens.............	miex coup
Et à Mérens............................	2 den. tournois
Item touto saumado (10) de sal de quatre cestiers (11) qué se croumpe os se vendra dins le leudari (12) ou sio pourtado dedins aquel, pago à Ax............	1 coup
Et à Mérens............................	3 den. tournois
Item plus que passo d'un cestier, pago à Ax	1 coup
Et à Mérens............................	3 den. tournois
Item cinq cestiers dé sal, pago à Ax....	1 coup carrefar
Et à Mérens............................	5 den. tournois
Item uno saumado de 2 cestiers de blad (13), à Ax............................	1 coupado
Et à Mérens............................	3 den. tournois
Item touto cargo de sivado (14), à Ax pago	1 coup
Et à Mérens............................	miejo coupado
Item cargo de figos (15), d'abellanos (16), de rasins (17), à Ax et Mérens........	3 den. tournois

(1) Chèvre ou bouc.
(2) Chevreau mâle ou femelle.
(3) Mulet ou mule.
(4) Ane ou ânesse.
(5) Charge d'huile.
(6) Poids en moins ou en plus.
(7) Miel.
(8) Collier soutenu derrière la tête par deux bâtons.
(9) Miel de seconde expression.
(10) Charge de sel portée par une ânesse.
(11) Le setier ancienne mesure de grains contenant 156 litres.
(12) Ce mot signifie dans ce cas l'étendue du territoire où se perçoit la leude.
(13) Blés.
(14) Avoine.
(15) Figues.
(16) Noisettes.
(17) Raisins.

Item cargo d'amellos (1), de vi, d'epissaries (2), à Ax et Mérens..............	3 den.tournois
Item cargo de coutou (3), de burré (4), de courdelat (5), de cedo (6), à Ax et Mérens............................	Id.
Item cargo d'aureilhos (7) ou de riaylisses (8), à Ax et Mérens...............	Id.
Item cargo d'armis (9) quin que se sia, à Ax et Mérens.........................	Id.
Item tout col de que porto veyres (10)...	1 veyre
Item touto cargo de veyres.............	2 veyres
Item touto cargo anaps (11)............	2 anaps
Item touto cargo de migranos (12).......	2 migranos
Item tout col que porto migranos.......	1 migrano
Item touto cargo de safra (13)...........	3 den.tournois
Item tout col que porto safra	1 den. et miet tournois
Item touto cargo de ciro (14)............	3 den.tournois
Item touto cargo de pastel (15), ou fer (16), d'alun (17), ou de peyrussa (18)........	Id.
Item touto cargo de rabets (19), ou cendres (20), ou panetado (21)............	Id.
Item touto cargo de grasalos (22)........	2 grasalos
Item touto cargo de postam (23)..........	2 den.tournois
Item touto cargo de tailladiers (24)......	2 tailladiers
Item touto cargo de cellos de roussi (25) ou de bastés (26)	3 den.tournois
Item touto cargo de mirals (27), de pego (28), de peilho nova (29)...................	Id.

(1) Amandes.
(2) Epices.
(3) Laine à matelas.
(4) Bure.
(5) Drap grossier.
(6) Soie.
(7) Morceaux de pêche ou de pomme desséchés ayant la forme d'une oreille.
(8) Réglisse.
(9) Armes.
(10) Verres à vitre.
(11) Verre à boire, ou coupe.
(12) Grenade.
(13) Safran.
(14) Cire.
(15) Pastel.
(16) Fer.
(17) Alun.
(18) Sanguine, pierre de couleur rouge pour marquer le bétail.
(19) Navets.
(20) Cendres.
(21) Débris de pain.
(22) Baquet en bois.
(23) Planches non équarries.
(24) Tailloire.
(25) Selle de cheval.
(26) Bât.
(27) Miroirs.
(28) Poix.
(29) Chiffons neufs.

Item touto cargo de cairam (1) quin que se sia..............................	3 den.per viatgé
Item tout couir (2) de biau ou de bacca..	1 denier tolza
Item touto cargo de sabatos (3)..........	3 den.tournois
Item touto cargo de fielasso (4), de cordo (5)..............................	Id.
Item touto cargo d'arthelamas de tisseyre (6)............................	Id.
Item touto cargo de telas crusas ou abundas (7).............................	Id.
Item touto cargo de lansols nau (8) de setas de cede (9).....................	Id.
Item touto cargo d'embestas de lins (10) ou draps naux (11).................	Id.
Item touto cargo de draps d'aux (12) ou de ceda.............................	6 den.tournois

« Le présent extrait a été pris sur le propre et original livre terrier et censier, censitaire du bailliage et ville d'Ax, contenant lesdits droits et autres, du domaine des roy et reine de Navarre, comte et comtesse de Foix, desdites ville et bailliage, que nous avons expédié à M. Jean de Montguyou, prêtre d'Ax, propriétaire et possesseur de ladite *leude*, poursuivant icelle, étant ledit droit justement sans excédé.

En foi de quoy nous nous sommes signés à Ax, le vendredi, cinquième jour du mois de may, mil cinq cent cinquante-neuf.

De Regerte, conservateur et réformateur susdit ; Du Castans, procureur susdit ; Rignac, greffier (13).

(1) ?
(2) Cuir.
(3) Savate, soulier fort.
(4) Filasse.
(5) Corde.
(6) Trame de tisserand.
(7) Toiles écrues ou lavées.
(8) Draps de lit neufs.
(9) Tamis de soie.
(10) Vêtements de lin.
(11) Draps neufs.
(12) ?

(13) Cette pièce fut plus tard scellée à Ax, le 1er janvier 1741, par M. Marcailhou d'Aymeric, contrôleur de l'enregistrement (*sic*).

PIÈCE JUSTIFICATIVE N° 3

(Renvoi de la page 75.)

ARMES DE LA VILLE D'AX

Plusieurs villes du comté de Foix avaient leurs armoiries; mais à la fin du du dix-septième siècle, un édit royal ayant pour but de mettre une taxe sur les armoiries des communautés, en fit attribuer d'office aux villes qui n'en avaient pas.

Il nous a paru intéressant de rechercher soit aux archives d'Ax, soit à la bibliothèque de Foix et aux archives départementales, soit à la bibliothèque de la ville de Toulouse et même aux archives nationales de Paris, l'authenticité des armes de notre ville.

Aux archives communales d'Ax, une délibération, en date du 27 octobre 1817, dont la double expédition se trouve aux archives départementales, porte que le conseil municipal est appelé à soumettre à l'approbation et à la vérification de la chancellerie les armoiries de la ville. Un délai fut demandé. Malheureusement pour nous, ce délai dure encore.

A la bibliothèque de Foix, nos recherches ont été vaines, et, à notre grand regret, il ne nous pas été possible de contrôler l'exactitude des armoiries attribuées à la ville d'Ax, par MM. Fonds-Lamothe et Benj. Rivière, dans leur opuscule : *La ville d'Ax, son consulat et sa châtellenie* (1868).

Nous lisons à la page 27 de cette brochure : « *d'azur à une tour crénelée d'argent, maçonnée de sable, sommée d'une autre tour d'argent, surmontée d'une fleur de lys d'or, posée à dextre sur une terrasse d'argent, coupé et soutenu d'une rivière d'argent en pointe et un lion d'or rampant contre la tour à sénestre*, représentant ainsi : la rivière de l'Ariège, la ville murée d'Ax, le château de Maü où flotte l'étendard, royal, le toit défendu par la force et le courage. (Armorial des Etats de Foix.) »

Tout en faisant remarquer que ces armes se rapprochent du blason de la ville de Dax (Landes) dont l'écusson se trouve à la bibliothèque de Foix, il nous est impossible de nous prononcer à cet égard. Nous ajoutons cependant que depuis une quinzaine d'années, on fait usage à l'hospice d'Ax, d'un sceau aux armes de la ville, qui correspond, à peu près, à la légende explicative précédemment donnée par MM. Fonds-Lamothe et Benj. Rivière.

Nous n'oserions croire que ces armoiries sont le produit d'une imagination féconde.

D'autre part, l'armorial de d'Hozier (1696), celui de Gastellier de la Tour (1767), consultés par nous à la bibliothèque de Toulouse, ne mentionnent pas les armes des villes du comté de Foix.

Enfin, les patientes recherches d'un de nos amis aux archives nationales, ont eu pour résultat de trouver un écusson qui porte l'inscription suivante :

Au centre : *d'or à trois pals de gueules.*

Autour : *Sceau de la ville d'Ax, en Foix.*

Nous espérons que des personnes plus compétentes pourront donner les véritables armoiries de la ville d'Ax ; plus heureuses que nous, elles feront peut-être la lumière sur cette question.

PIÈCE JUSTIFICATIVE N° 4.

(Renvoi de la page 82).

CATALOGUE

DES CONSULS, MAIRES, ÉCHEVINS, LIEUTENANTS DE MAIRE, ADJOINTS, DE LA VILLE D'AX (1) DE 1587 A 1887.

1587. Jérôme Fournier, Antoine Martin, Jean Castelnau, Jean Nadal.

1588. Guillaume Cornet, Jean Caussonel, Jérôme Fornier, Jacques Agremont.

....

1591. Aimeric, Castelnau, Caussonel, Feriol.

....

1595. François Perier, Jean Casse, Bertrand Thonel, Olmer de Varilhes.

1596. Arnaud Pretianes, Jean-Petit Martin, Guillaume Ferriol, Jean Bonnel.

1597. Jean Verniolles, Jean-Antoine Ferriol, Guillaume Fornier, Izard Gomma.

....

1599. Arnaud Verniolles, Jean Castelnau, Jean-Petit Bonnel, Pierre Arnaud Pretianes.

1600. Jean-Petit Aymeric, François Casse, Jean-François Marty, Jean-Martin Palette.

1601. Jean-Petit Aymeric, François-Casse, Jean-François Marty, Jean-Martin Palette.

1602. Jérôme Fornier, Guillaume Ferriol, Bernard Caussonel, Antoine Flourens.

1603. Jean Caussonel, Jérôme Fornier, Paul Celis, Georges Sarda.

1604. Arnaud Casse, co-seigneur de Vaychis et Tignac, Dominique Cambon, Guilhem Gomma, Guillaume de Pretianes.

1605. Jean-Petit Martin, Martin Graule, Bernard Gomma, Dominique Cambon.

(1) Les archives ne nous ont point permis de commencer plus loin la liste des consuls. Ce catalogue est indépendant de celui paru en 1868 dans la *ville d'Ax, son consulat, sa châtellenie*, par Bⁿ Rivière et Fonds-Lamothe. Leur catalogue contenait plusieurs erreurs et omissions.

1606. Jean Aymeric, Jean Casse, François Luillet, Jean Beringuier.
1607. Jean Bonnel-Claverie, Guillaume Pretianes, Guillaume Berdoulat, Jean Sabatier.
1608. Guillaume Ferriol, Jean-François Fornier, François Casse, Bertrand de Dun.
1609. Pierre Arnaud-Pretianes, Jacques Graule, Jean Tardieu, Pierre Aymeric.
1610. Guillaume Pretianes, Tardieu, Agremont, Caussonel.
1611. Jean Bonnel, Arnaud Duperié, notaire ; Dominique Cambon, Bernard Ferriol.
1612. Les mêmes.
1613. Guillaume Pretianes, Manaud, Guichard-Belesta, Arnaud-Lafont.
1614. Jean Fornier, Etienne Sans, Jérôme Périer, Arnaud Trapé.
1615. Jean-François Fornier, seigneur de Benagues ; Jean Tardieu, notaire ; Pierre Agremont, Jean-François Marty.
1616. Guillaume Ferriol, Jean Cornet, Bertrand de Dun, Bernard Trapé.
1617. J.-F. Fornier, Bonnel, Verniolle, Beringuier.
1618. Les mêmes.
1619. Pretianes, Thonel, Verniolle, Aymeric.
1620. Jean Bonnel, Etienne Rauzy, Arnaud Casse, Raymond Silda.
1621. J. d'Orlu, Duperrié, Martin, Lulhet.
1622. Ferriol, Graule, Beda, J. Castelnau.
1623. Jean Cornet, notaire ; Bertrand Gomma, Pierre Claverie, Jean Martin.
1624. De Fornier, Guichard-Belosta, Arthur Verniolle, Arnaud Perpère.
1625. François Fornier, docteur ; Jean Ferriol, Jean Castelnau, Jean-Petit Porier.
1626. Guillaume de Pretianes, viguier d'Andorre ; Jean Tardieu, notaire ; Arnaud Casse, Raymond J.
1627. Guillaume Ferriol, Jean Cornet, Verniolle, Bertrand.
1628. Pretianes, Clauzelles, Gomma, Florence.
1629. De Cornet, Perpère, Aymeric, Verniolle.
1630. François Fornier, docteur, Bernard Gomma, J.-Francois Martin, Guillaume Guillot.
1631. Jean Tardieu, notaire ; Jean-Petit Sarda, Arnaud Casse, Guillaume Castelnau.

1632. De Cornet, Ferriol, Aymeric, Jean Martin.
1633. François Fornier, J.-François Martin, Jérôme Gomma, Jean-Martin Palette.
1634. Jean de Pretianes, seigneur de Fonfrède; J.-Pierre Martin, J. Belesta, Pierre Luillet.
1635. De Thonel, docteur en droit; Béringuier, Gomma, Florence.
1636. De Bonnel, Martin, Guillot, Moignard.
1637. Jean de Fornier de Clauzelles, Aymeric, Coustiron, Gomma.
1638. Jean-François Martin, Raymond Verniolle, Bernard Sarda, Jean Trapé.

. . . .

1644. Arnaud Thonel, seigneur d'Orgeix; Arnaud Perpère, Jean Gomma, Jean Boulié.
1645. Les mêmes.
1646. Jérôme Fornier, docteur; Pierre Luillet, Pierre Authier, Jean Martuchou.
1647. Guillaume Fornier, avocat; Sarda, Ferriol, Graulle.
1648. J.-François Martin, Jérôme Gomma, Jean-François Aymeric, Jean Florence.
1649. Noble Jean Ferriol, seigneur de Carcanières, J.-Martin Palette, J. A. Sarda, Arnaud Perpère.
1650. Jérôme Fornier, seigneur de Garanou; J. Béringuier, Bernard Gomma, Jean Boulié.

. . . .

1655. Jean Martin, docteur en droit; Jérôme Gomma, Pierre Casse, Authier.
1656. Antoine Sarda.

. . . .

1661. Pierre Luillet, Arnaud Perpère, Jean-Pierre Graule, Léonard Toustou.
1662. Guillaume Sarda, J. Belesta, notaire royal; Pierre Gomma, François Trapé, noble Jérôme Fornier, procureur du roi près le consulat.
1663. Jean Beringuier, Pierre Casse, Jean Luillet, Pierre Graule.
1664. Pierre de Claverie, Jean Belesta, Jean Beringuier, Pierre Graule.
1665. Arnaud de Thonel, seigneur d'Orgeix, docteur en droit; Pierre Authier, notaire; A. de Castelnaud, François Alazet.

. . . .

1667. Jean Tardieu, Jean-François Trapé, Jean Luillet jeune.

1668. Raymond Verniolle, Durand, Authier, Jean Boulié.
1669. Vincent de Bonnel, seigneur de Vaychis ; Jean Florence, Arnaud Gomma, Coustiron.

....

1671. Pierre de Pretianes Fontfrède, seigneur de Vaychis ; Jean Ferriol, Jean Tardieu, Jean Luillet.
1672. Arnaud Perpère, François Alazet, Jean Dutard.
1673. Durrieu, Jean Gomma, Jean Sabathier, Moignard.
1674. Guillaume de Pretianes, Lascoumes, Guillaume Bonnel, François Florence.
1675. Jean-François de Bonnel, seigneur de Pradal ; Martin jeune, J. Luillet, Guillaume Florence.

....

1680. Jérôme de Fornier, seigneur de Bernissolle ; Pierre Moignard, Adrien Luillet.

....

1682. Jean de Pretianes-Fontfrède, seigneur de Lascoumes, J. Luillet, Guillaume Lacroix.
1683. Raymond Verniolle, Jean Tardieu, Guillaume Florence, J. Roussillou.

....

1689. Abat, Serda, Martin, Pradal-Bonnel
1690. Raymond Verniolle, Guillaume Bonnel, notaire ; Adrien Luillet, Guillaume Fornier.
1691. Jean-François de Bonnel, seigneur de Pradal ; Pierre Moignard, Jérôme Roussillou, François Bernadac.
1692. Jean-François de Bonnel (Pradal), Guillaume Gomma, Jean Florence, Bernadac.
1693. Les mêmes.
1694. Guillaume de Serda, *maire* ; Guillaume Gomma, Jean Florence, Jean Arnaud, Pierre Luillet, consuls.
1695. Pierre de Luillet, Jérôme Roussillou, Jean Lafont, J. Chrestia.
1696. Jean de Perpère, co-seigneur d'Artigues ; Guillaume de Bonnel, Guillaume Florence, Jean Gali.
1697. François de Pretianes, Dominique Martin, François Bernadou, Guillaume Lacroix.
1698. Pierre Authier, Jean-Petit Arnaud, Jérôme Graule, Pierre Arnaud.
1699. Jérôme de Fornier, Jérôme de Tardieu, Jean Gomma, Jean Chrestia.
1700. Jérôme Authier, Jérôme Roussillou, Jean Arnaud Jean-François Trapé.
1701. François de Claverie, Jean Beringuier, Adrien Luillet, Jean Graule.

1702. François de Claverie, Guillaume Lafont, Jean Graule, E. Alzieu.
1703. Jean Serda, *maire*; Pierre Graule, Guillaume Bonnel, François Florence, Louis Claverie, consuls.
1704. Jean-François de Fornier de Savignac, Jean Lafont, médecin; Jean Florence.
1705. De Thonel, seigneur d'Orgeix, Jean Lafont, Beringuier, Jean Florence.
1706. Raymond Verniolle, Antoine Vézian, Jean Cazal, Pierre Gomma.
1707. Jean de Fornier, avocat; Pierre Authier, Jean Tardieu, J.-François Trapé.
1708. Arnaud Gomma, Jean Verniolle Guillaume Lacroix, Antoine Denis.
1709. Fornier de Savignac, Jean de Caldemaizou, J. Béringuier, J. Florence.
1710. Jean Beringuier, Mathieu Teynier, Louis Celery, Etienne Alzieu.
1711. Jacques Fornier, seigneur de Garanou; Jérôme Roussillou, Pierre Marcailhou, Pierre Graule.
1712. Serda, maire; Jérôme Tardieu, Antoine Vésian, Jean Florence, J.-Jérôme Laffont.
1713. Joseph Fornier, s[r] de Clauselles; Auguste Ferriol, François Roumengas, Guillaume Lacroix.
1714. Joseph Beringuier, Jean Aymeric, Jean Rouzé, Jean Graulle Fantary.
1715. Joseph de Thonel, seigneur d'Orgeix et co-seigneur de Vaychis; Pierre Marcailhou, Antoine Ruffat, Jean Florence.
1716. Noble Jean-François de Claverie, Boniface Gomma, Antoine de Vic, Pierre Roussel.
1717. Arnaud Gomma, Pierre Authier, Pierre Bernadac, Guillaume Sylvestre.
1718. Jean de Perpère, avocat; Narcisse Martin, Jean Lafont, Jean Boyer.
1719. Beringuier, Marcailhou, Ruffat, Belesta.
1720. Jean-François de Claverie, seigneur de Fontvieille; Benoit Gomma, Antoine de Vic, Jean Rouzé.
1721. Beringuier, Jean Aymeric, Jean Graule, Bernard Font.
1722. De Moreau, viguier d'Andorre; Narcisse Martin, Jean Florence, Jean Ruffat.
1723. Jean Sarda, avocat; Boniface Gomma, Belesta, Jean Lacroix.

1724. Raymond Verniolle, Graule du Breil, Antoine de Vic, Antoine Roussel.

1725. Augustin Luillet, Jean Aymeric, François Roumengas, Pierre Chrestia.

1726. Benoit Gomma-Decasse, Joseph Florence, Joseph Bernadac, Graule Etienne.

1727. Boniface Gomma, Jean Martin du Breil, Jean Luillet, Jean Florence.

1728. Pierre Gomma, Bernadac aîné, Jean Florence, Jean Graule.

1729. Jean Sarda, avocat; Guillaume Sylvestre, Louis Celery, Pierre Chaussonnet.

1730. De Vaychis de Bonnel, Martin de la Place, Etienne Alzieu, Jean-Baptiste Font.

1731. Les mêmes.

1732. De Fontfrède, Jean-Baptiste Martin du Breil, Jean Luillet, François Trapé.

1733. Joseph de Fornier, seigneur de Clauselles; Auguste Ferriol, Roussel Olive.

1734. Narcisse-Martin Lacanal, Jean-Pierre Marcailhou, Jean-Raymond Marti, Jean Arcens.

1735. 1736, 1737. Les mêmes.

1738. Perpère, avocat; Authié aîné, Auguste de Vic, Charles Alzieu.

1739. Gomma-Ducasse, Jean-Antoine Marcailhou d'Aymeric, Roussel, Jean Arnaud.

1740. Joseph Beringuier, Joseph Belesta, Paul Martin, Antoine Tardieu.

1741. Jean Aymeric, Jean-François Verniolle, Jean Arnaud, Jean Lafont.

1742. Jean-Baptiste Martin du Breil, Jean-Joseph Authier, Jean Graule, Pierre Astrié.
Les mêmes jusqu'en 1750.

1751. Marcailhou d'Aymeric, Jérôme Roussillou, Jean Arnaud, Guilhaume Sylvestre.

1752. Fornier, Baptiste Tardieu, Jean-Baptiste Font, Pierre Lacroix.

1753. Perpère, Belesta, Céléry, Jean-Authié d'Orlu. Verniolle, Céléry, Arcens, Jean-Baptiste Boulié.

1754. Jérôme Tardieu, avocat; François Marcailhou, Jean Authier-d'Orlu, Jean-Baptiste Pommiès.

1755. Ferriol aîné, Jean-Joseph Authier, Jérôme Arnaud, Jérôme Guillaume.

1756. Jean-Pierre Marcailhou d'Aymeric, Jérôme Belesta, Jean Graule, Jérôme Graule.

1757. Charles Gomma, Jean Arcen, Charles Alzieu, Jérôme Sylvestre.
1758. Verniolle aîné, Céléry, Pierre Graule, Jean Rouzé.
1759. Beringuier, Jean-Baptiste Font, Tardieu, Jérôme Astrié.
1760. De Claverie, Jean-Baptiste Tardieu, Aymeric, Jean Perry.
1761. Authier aîné, Jean Graule, Pierre Roussillou, J. Pagés.
1762. Gomma-Montaut, Antoine Roussillou, Jérôme Arnaud, Jérôme-Sylvestre.
1763. Charles Gomma, Marcailhou d'Aymeric, Pierre Lacroix, Antoine Trapé.
1764. Roussillou aîné, Graule fils, Ruffat, Pierre Chrestia.
1765. Marcailhou d'Aymeric, Ferriol, Paul Luillet, Jérôme Astrié.
1766. Jérôme Tardieu, et Antoine Marcailhou d'Aymeric, échevins.
1767. Les mêmes.
1768. Jérôme Tardieu et Bernadac, échevins.
1769. Les mêmes.
1770. Gomma-Montaut, 1er échevin, Bernadac, 2me échevin (maintenu).
1771. Abat-Dorlu, 1er échevin ; Graule de Vic, 2me échevin.
1772. François-Marie Ferriol, avocat, 1er échevin ; Graulle de Vic, 2me échevin.
1776. Gomma-Montaut, maire, Serda-Laprade, lieutenant du maire ; J. Graule, échevin, démissionnaires en 1779.
4 Février 1779. Authier aîné, maire ; Vincent Roussillou, lieutenant du maire ; Pierre Lulhet, 1er échevin.
25 Mars 1782. Jean Rouzé, 1er échevin, Pierre Astrié, 2me échevin.
14 Mars 1783. Martin du Breil, maire, Ruffat, lieutenant du maire.
24 Juin 1785. Augustin Authié, 1er échevin, Joseph Chrestia, 2me échevin.
23 Avril 1787. François-Marie Ferriol, avocat, maire ; Belesta, lieutenant du maire.
15 Septembre 1789. François Graule, 1er échevin ; Jean-Pierre Marty, 2me échevin,
25 Janvier 1790. François Ferriol, avocat au Parlement, maire.
26 Décembre 1790. Jean-François Gomma, maire.

9 Octobre 1791. François Graule, maire.
9 Décembre 1792. Fornier de Clauselles, maire, jusqu'au 2 mars 1812 (1).

Janvier 1801. Jean-Pierre Rivière, adjoint.
Janvier 1805. Jean-Baptiste Boulié, adjoint.
15 décembre 1811. Alexandre de Thonel-Orgeix, adjoint.
2 Mars 1812. Graule Joseph, maire; Martin du Breil, adjoint.
15 Mai 1814. Fornier de Clauselles, maire; Martin du Breil, adjoint.
4 Novembre 1814. Joseph Graule, maire; Martin du Breil, adjoint.
10 Juillet 1815. F. Authié du Breil, maire; Jérôme Belesta, adjoint.
25 Janvier 1817. Rivière-François Tardieu, adjoint.
27 Mars 1825. Jean-Baptiste Martin du Breil, maire; Rivière François, notaire, adjoint.
17 Novembre 1828. Abat Paul-Emile, maire; l'adjoint maintenu.
6 Août 1839. Gomma Boniface, Gomma fils, Jean-Baptiste Chrestia, Jean-Baptiste Astrié-Prédique fils, membres provisoires de la commission municipale.
20 Septembre 1830. Gomma Boniface, avocat, maire; J. Joseph Chrestia, notaire, adjoint.
1831. Chrestia Joseph, maire; Bonnel de Pradal, Dominique, adjoint.
1835. Astrié Gaspard, maire; Bonnel de Pradal, adjoint, maintenu.
2 Août 1836. Authié Hilarion, adjoint.
20 Août 1846. Authié Adolphe, maire; Rivière Honoré, Tardieu, adjoint.
20 Mars 1848. Adolphe Authié, Auguste Marcailhou d'Aymeric, Astrié J. Basile, membres de la commission municipale, maires et adjoints délégués.
20 Juillet 1848. Adolphe Authié, maintenu maire; Rivière Tardieu, adjoint.
4 Septembre 1848. Martin du Breil, maire; Sicre Jean-Simon, adjoint.

(1) De 1793 au 30 mai 1800, le titre de maire disparut pour faire place aux *agents municipaux*; une lacune dans nos archives ne nous permet pas de donner leurs noms. Le 1er juin 1800, M. Fornier de Clauselles fut renommé maire.

10 Septembre 1852. Astrié Jean, docteur-médecin ; Astrié Jérôme-Basile, adjoint.
1er Décembre 1853. Authié Adolphe, maire ; Astrié François Prédique, adjoint.
10 Mai 1856. Rivière Honoré, Tardieu, maire.
1er Janvier 1862. Boyé Firmin, adjoint.
1er Octobre 1865. Belesta Barthélemy, maire ; Sylvestre Edmond, adjoint.
10 Septembre 1870. Boyé Firmin, Labat Gaspard, Boileau Pierre, Sicre, docteur, Bribes aîné, négociant ; Souquet Antoine, membres de la commission municipale ; Boyé, président, faisant fonctions de maire ; Labat Gaspard, vice-président, faisant les fonctions d'adjoint.
14 Mai 1871. Rivière Benjamin, maire ; Sicre Edouard, adjoint.
20 Janvier 1874. Les mêmes.
10 Janvier 1878. Gomma Philippe, maire ; Prat Jean-Baptiste, adjoint.
19 Janvier 1878. Boyé Firmin, maire ; Boileau Pierre, adjoint.
22 Mars 1881. Sicre Edouard, maire ; Graule Paulin, adjoint.
Avril 1882. Bonrepaux Jean, adjoint.
Décembre 1882. Sicre Emile, maire
18 Mai 1884. Sicre Emile, maire ; Belesta Louis, adjoint.
21 Mars 1885. Jérôme Bonrepaux, maire ; Garsal Léonce, adjoint.

....

PIÈCE JUSTIFICATIVE N° 5

(Renvoi de la page 115)

ARCHIPRÊTRES D'AX ET DU SAVARTÉS (1591-1793)

ET DURÉE DE LEUR EXERCICE (1).

J. Rauzy (1591-1616).
Arnaud Bonnel de Claverie (1617-1656).
Cazabonne (1659-1670).
Henri Dorat (1671-1679).
J. François Moreau (2) (1680-1696).
J. Etienne Dufas (1697-1715).
Louis Desplas (1715-1733).
J. Lizier Peyrefitte d'Aragon (1736-1750).
Augustin Lulhet (1751-1774).
Arnaud Gardebosc (3) (1774-1793).

CURÉS DOYENS DE 1805 A 1887

Jean Albin Cussol (5 octobre 1805 ; 29 septembre 1830).
François Tourte (1er octobre 1830 ; 20 avril 1857).
Léopold Pas (1er juin 1857 ; 10 juin 1868).
Melchior Commenge (15 août 1868 ; au 26 mai 1881).
Jules Jolieu (22 février 1882.....).

(1) Les archives municipales ne nous ont pas permis de donner les noms des archiprêtres antérieurs à 1591.
(2) Archiprêtre régaliste.
(3) Mort, curé doyen d'Ax, en 1805 (12 septembre).

PIÈCE JUSTIFICATIVE N° 6

(Renvoi de la page 115)

NOMS DES ÉVÊQUES ET ARCHEVÊQUES

ÉTRANGERS AU DIOCÈSE QUI ONT PONTIFIÉ DANS L'ÉGLISE PAROISSIALE D'AX (1).

1786 Mgr Tristan de Cambon, évêque de Mirepoix (2).
1791 » J. Marc Royère, évêque de Castres (3).
1807 » Primat, archevêque de Toulouse.
1818 » de la Porte, évêque de Carcassonne.
1822 » l'Evêque d'Urgel (4).
1828 » Dubourg, évêque de Montauban.
1837 » d'Arbou, évêque de Bayonne.
1846 » de Bonnechose, évêque de Carcassonne.
1853 » Dufêtre, évêque de Nevers.
1856 » Sarrebeyrouze, évêque auxiliaire d'Ajaccio.
1875 » Caixal y Estradé, évêque d'Urgel.
1877 » Desprez, archevêque de Toulouse.
1880 » Legain, évêque de Montauban.

(1) Les évêques de Pamiers viennent chaque trois ans confirmer dans l'église Saint-Vincent.

(2-3) Evêchés supprimés par la Révolution.

(4) Ce prélat fit une ordination, avec la permission de Mgr de Clermont-Tonnerre, archevêque de Toulouse.

PIÈCE JUSTIFICATIVE N° 7

(Renvoi de la page 279)

OTAGES EMMENÉS PAR LES ESPAGNOLS
(17 et 18 février 1812)

§ 1. — Otages de Tarascon

Sur onze otages emmenés le 17 février 1812, l'un d'eux, Marc Vidalot, fermier d'octroi, s'échappa à Alp (près de Puycerda). — Les nommés Sassot Bruno, fils de famille, et Forjonel Joseph, négociant, s'évadèrent de la prison de Berga (à plus d'une journée de marche de Puycerda), le 18 mars.

Le sieur Vic. J. Bapt., notaire, mourut à Berga le 1er mai.
» Denjean Baptiste, chapelier » 2 mai.
» Dupy Jean, domestique. » 4 mai.
» Bedel J. Bapt., tisserand. » 10 mai.

Les nommés Claret François, négociant, Sans Lauriol, charpentier, Lafaille Honoré, aubergiste, et Fournié Michel, métayer, dangereusement malades à la Seu-d'Urgel et à Manresa, moururent dans le plus extrême dénûment (1).

(1) D'après le rapport de M. Pilhes, adjoint au maire de Tarascon, en date du 19 juin 1812 (Archives de l'Ariège).

§ II. — Otages du canton des Cabannes (1).

1° Commune des Cabannes :

Gouallé (Jean), forgeur ; Reynier (Paul), forgeur ; Souquet (Joseph), charpentier, emmenés comme otages, le 17 février jusqu'à Ax, et rentrés dans la commune, le 18 de ce mois, après avoir payé leur part dans la contribution demandée à la commune.

Costes (Pierre), bourgeois, parti le 17 février, et décédé, à Berga, le 6 mai suivant.

2° Commune du Pech :

Buc (Paul-Girounet), cultivateur ; Gourse (Jean), forgeur, retenus comme otages à Gudanes pendant la journée du 17 février, et délivrés le même jour, après avoir payé leur contribution proportionnelle.

3° Commune de Verdun :

Alzieu (Ignace), Miquel (Jean-Peyrete), Miquel Fustié (Jérôme), partis le 17 février pour Ax, rentrés le 18 dans la commune, après avoir payé leur quote-part dans la contribution communale exigée.

4° Commune de Larcat :

Arabeyre (J.-Pierre), maire, parti le 17 février, rentré le 22, par évasion.

Rouby (Jacques), parti le 17 février, rentré le 21 mars, par évasion.

Joulé (Jacques), Tamboury (Joseph), partis le 17 février et rentrés le 24 mars, ayant payé la contribution assignée à leur commune.

5° Commune d'Aston :

Joulé (Bernard), maire, Baqué (Alzieu), adjoint, partis le 17 pour l'Espagne, rentrés dans la commune, venant du Berga, le 20 mars suivant, après avoir payé la contribution exigée.

6° Commune de Garanou :

Sicre (André), dit la Bert ; Anglade (J.-Baptiste) ; le pre-

(1) D'après le rapport d'Ignace Remaury, secrétaire de la mairie des Cabannes (21 janvier 1812). (Archives de l'Ariège.)

mier, parti le 17 pour Berga ; le deuxième, arrêté le 19 en allant racheter le premier, et tous deux rentrés dans la commune le 15 mars, après avoir payé la contribution et marché durant trois jours sur la neige.

7° Commune d'Albiès :

Pujol (Barthélemy), parti le 17 février, évadé le 18 à l'Hospitalet et rentré dans la commune le même jour.

Rebeu (Joseph), Alzieu Baqué (Pierre), Tartié (Jean), Alazet-Remelze (Baptiste), partis pour Berga le 17 février et rentrés dans la commune le 13 mars, après avoir payé la contribution proportionnelle exigée par la commune et marché durant trois jours sur la neige.

---

§ III. — **Otages du canton d'Ax** (1).

Bélesta cadet ; Sicre (Jean-Suzet) ; le premier, emmené le 18 février, évadé de Puycerda le 19 ; le deuxième, maire de Mérens, pris au lieu et place du précédent, le 20 janvier, emmené prisonnier à Berga et évadé le 13 mars.

(1) D'après le rapport de M. de Clausellès, maire d'Ax (Archives de l'Ariège).

PIÈCE JUSTIFICATIVE N° 8

(Renvoi de la page 275)

ÉTAT

DES PERTES ÉPROUVÉES PAR LES COMMUNES DU CANTON D'AX PENDANT L'INVASION DES ESPAGNOLS (OCTOBRE 1811 ET FÉVRIER 1812.)

(*Maisons brûlées, bétail enlevé, avoines, fourrages réquisitionnés, objets de toute sorte, vin, pain, argent, meubles... etc...*) (1).

	Commune	d'Ascou	33.660 fr.
*	—	d'Ax	334.880
*	—	de l'Hospitalet	8.490
	—	d'Ignaux	6.880
*	—	de Mérens	56.700
	—	d'Orgeix	3.050
	—	d'Orlu	1.800
	—	de Perles et Castelet	2.400
	—	de Savignac	7.090
	—	de Sorgeat	35.550
		Total	490.500 fr.

(1) Les communes marquées d'un astérisque ont eu à souffrir des deux invasions.

ÉTAT DÉTAILLÉ

DES PERTES DE LA COMMUNE D'AX

Vin pour subsistances.....................	1.000 fr.
10 vaches, 50 moutons ou brebis............	2.800
Pain livré par les boulangers...............	1.180
16 barriques de vin..........................	1.500
Avoines et foin...............................	2.000
100 quintaux de paille brûlée ou employée aux bivouacs...............................	1.400
Pillage des liqueurs, vins, viandes, salées, huiles, provisions de toute espèce, literie linge, mercerie, draps, chandelles, etc.....	215.000
Dégâts des meubles et des maisons........	30.000
Contributions en argent monnayé...........	80.000
Total................	334.880 fr.

Cet état fut dressé, par MM. Paul-Emile Abat, percepteur à vie, et Astrié Prédique ; le maire le rectifia et l'approuva.

Le 17 juin 1812, le préfet de l'Ariège, M. Chassepot de Chapelaine, mû par un sentiment d'humanité fort louable, sollicita et obtint de Son Excellence le ministre des finances, la remise des contributions de l'année 1812, pour les communes de notre canton les plus éprouvées par l'invasion.

TABLE DES MATIÈRES

Imp. Vialelle et Cie, rue Tripière, 9, Toulouse

DU MÊME AUTEUR:

AX THERMAL ET PITTORESQUE

Nouveau Guide Pratique de l'Étranger

A LA STATION D'AX-LES-BAINS (ARIÈGE)

(Foix, imprimerie Pomiès, 1885)

EN PRÉPARATION:

FLORE DU CANTON D'AX

Catalogue détaillé
des plantes qui croissent spontanément dans ce canton
avec la date de leur récolte
l'altitude où elles croissent, leur habitat, etc.

(EN COLLABORATION AVEC M. L'ABBÉ MARCAILHOU D'AYMERIC)

Souvenirs et Impressions d'un Voyage en Italie

(La 1re Partie : UNE SEMAINE A NAPLES, vient de paraître.)

ÉTUDE CHIMIQUE

SUR LES SOURCES SULFUREUSES

DE LA HAUTE VALLÉE DE L'ARIÈGE

(Mérens et Sallens)

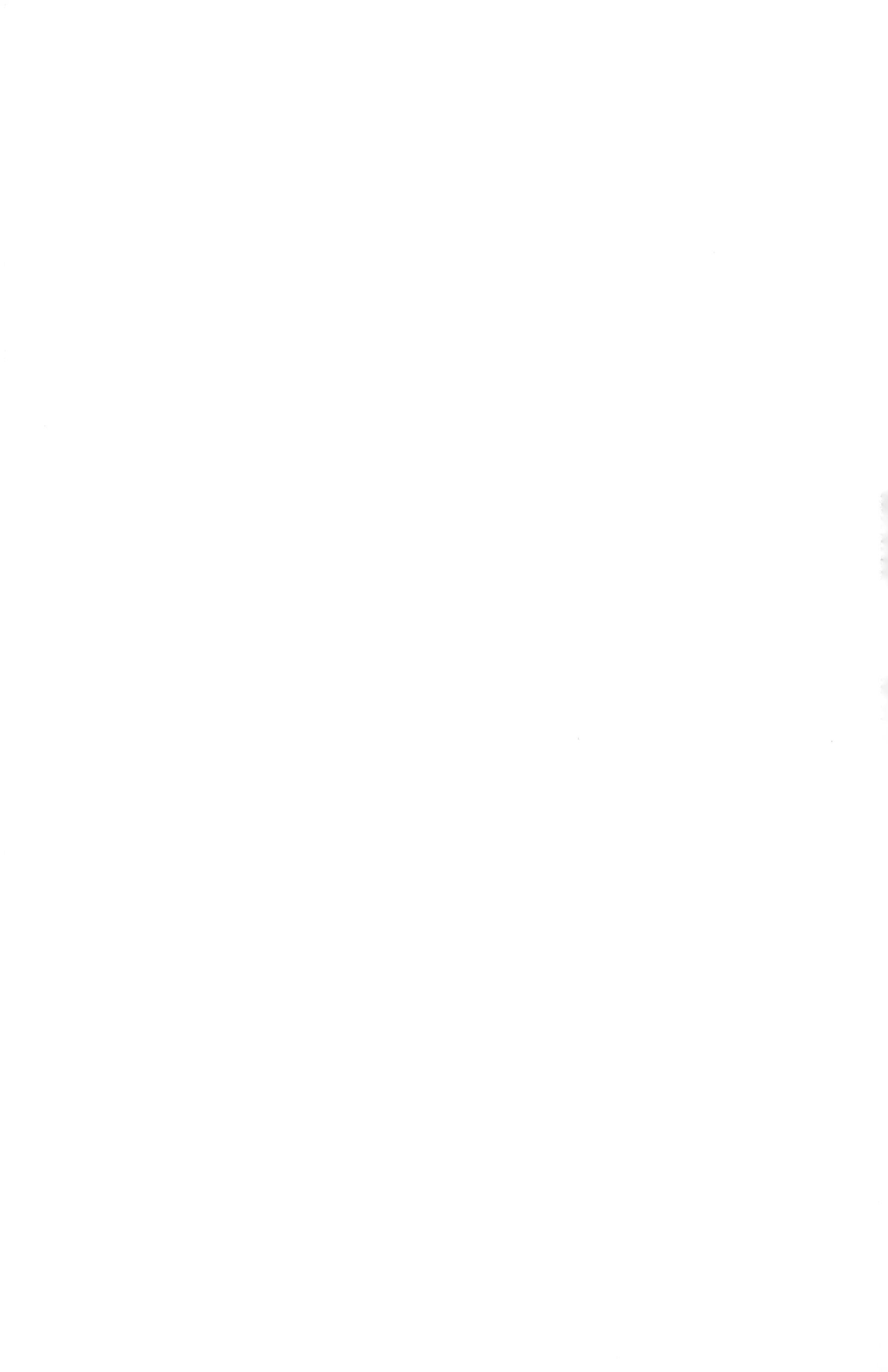

www.ingramcontent.com/pod-product-compliance
Ingram Content Group UK Ltd.
Pitfield, Milton Keynes, MK11 3LW, UK
UKHW020101200726
13856UKWH00002B/315